문 장으로 **끝**내는
HSK
단어장

5급

🎓 시사중국어사

문장으로 끝내는
HSK 5_급
단어장

초판발행	2020년 12월 20일
1판 2쇄	2022년 11월 20일

저자	최은정
편집	가석빈, 최미진, 엄수연, 高霞
펴낸이	엄태상
디자인	권진희
조판	이서영
콘텐츠 제작	김선웅
마케팅본부	이승욱, 왕성석, 노원준, 조성민, 이선민
경영기획	조성근, 최성훈, 정다운, 김다미, 최수진, 오희연
물류	정종진, 윤덕현, 신승진, 구윤주

펴낸곳	시사중국어사(시사북스)
주소	서울시 종로구 자하문로 300 시사빌딩
주문 및 문의	1588-1582
팩스	0502-989-9592
홈페이지	http://www.sisabooks.com
이메일	book_chinese@sisadream.com
등록일자	1988년 2월 12일
등록번호	제300 - 2014 - 89호

ISBN   979-11-5720-182-2 14720
          979-11-5720-181-5(set)

HSK를 가르친 지 어느덧 15년! 언젠가 이 일을 그만두기 전에 반드시 출간하려고 했던 책은 HSK 종합서도 모의고사집도 아닌 바로 이 〈문장으로 끝내는 HSK 단어장〉이었다.

외국어를 잘하는 방법은 간단하다. 문장을 소리 내어 많이 암기하면 된다. 쉽게 말해서 내가 표현하고 싶은 말이나 글이 있을 때 문장 전체를 끄집어내어 말하고 쓰면 된다.

외국어를 잘 못하게 되는 이유 또한 간단하다. 무작정 단어를 한국어로 많이 암기하려고 한다든지, 표현하고 싶은 말이나 글을 한국어로 떠올린 다음, 상황이나 품사에 대한 고려 없이 단어를 짜깁기하기 때문이다. 예를 들어 '당신의 이름은 무엇인가요?'를 '你叫什么名字?'라고 묻지 않고, 한국어 어순대로 단어를 나열하여 '你的名字是什么?'라고 묻는 것이 대표적이다.

중국어를 처음 시작하는 기초 단계에서는 문장 암기가 비교적 수월하지만 학습 단계가 높아지면서 문장보다는 단어에 집착하게 되고, 그러면서 회화나 작문 실력은 어느 수준에서 정체 현상을 보이게 된다. 자연히 중국어 자체에 대한 흥미는 떨어지게 되고, HSK와 같은 시험 성적을 위해 중국어는 재미없게 공부해야 하는 대상이 되어 버린다.

'문장을 통한 HSK 단어 암기'로, HSK의 성적 향상은 물론 회화와 작문 실력의 동반 상승으로 처음 중국어를 배울 때의 흥미를 다시 되찾을 거라 믿어 의심치 않는다.

저자 최은정

단어를 개별 암기하면
안 되는 이유

1 '漂亮', '美丽', '美观', '美好', '美妙', '优美' …
모두 똑같이 '아름답다'?

중국어는 문체, 감정 색채, 무게감, 주변 단어 등 여러 가지 상황에 따라 같은 뜻을 나타내는 단어들이 무수히 많다. 한국어에 비해 훨씬 많은 단어가 있으므로 중국어 단어를 각각 한국어 뜻으로만 암기하여 공부하면 똑같은 뜻을 가진 단어를 계속 접하게 되는데, 이런 방식의 학습은 어떤 상황에서 어떤 중국어 표현을 써야 하는지 구분하기 어렵게 된다.

2 비효율적인 단어집 암기! Z까지 가 본 적이 있는가?

A~Z로 나열된 단어집 암기는 의미적 배경 없이 단어를 무작정 암기하는 것이기 때문에 잘 외워지지 않고 꾸준히 학습하기도 힘들다. 더욱이 예제가 제시된 단어장은 하나의 단어마다 한 문장이 제시되므로 그 급수의 단어 개수만큼 많은 예제를 외우는 것 또한 현실적이지 않다. 결국 중도에 포기하게 되는 경우가 대부분이다.

3 콩차이니즈라고 들어봤나?

영어에만 콩글리시가 있는 것이 아니다. 암기한 단어를 아무리 중국어 어순에 맞게 배열한다고 해도, 중국인이 쓰지 않는 표현이면 콩차이니즈가 되어 버린다. 중국인이 실생활에서 정말 사용하는 문장을 암기해야만 진정한 중국어를 구사한다고 말할 수 있다.

문장 암기만이 가능한
일석5조의 엄청난 효과

1 실제 HSK 시험 전문 성우가 녹음한 음원으로 듣기 감각 향상
2 문장 통암기로 회화 실력 향상
3 문장 쓰기 연습으로 작문 실력 향상
4 문장 속에서 단어의 품사와 용법까지 저절로 습득
5 각 급수의 단어를 평균 1/3~1/4개의 문장으로 완성

HSK 급수	단어 개수	문장 개수	완성
1-2급	300단어	75문장	300단어를 75문장으로 마스터
3급	300단어	100문장	300단어를 100문장으로 마스터
4급	600단어	200문장	600단어를 200문장으로 마스터
5급	1300단어	320문장	1300단어를 320문장으로 마스터
6급	2500단어	640문장	2500단어를 640문장으로 마스터

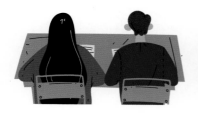
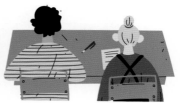

단계별로
이렇게 학습하세요!

1단계

녹음 반복 **듣기**
실제 HSK 시험 전문 성우의 녹음을 반복해서
듣고 먼저 귀에 익히도록 한다.

2단계

끊어 따라 **읽기**
녹음을 들으며, 끊어 따라 읽기 연습을 한다.

★ 음원 트랙 하나에 8개 문장을 들려주며, 총 세 번 반복됩니다. 첫 번째는 보통 속도로
들려주며 듣기에 집중합니다. 두 번째와 세 번째는 끊어 읽기를 들려주며 따라 읽을
수 있도록 중간 멈춤이 되어 있습니다.

3단계

연결하여 **말하기**
끊어 읽기가 익숙해지면 문장 전체를 연결하여
말하기 연습을 한다.

4단계

단어 **쓰기**
말이 자연스럽게 나오면 한자 쓰기 연습을 한다.
이때 잘 써지지 않는 한자는 반복해서 써 보도록 한다.

★ 한국어 문장은 중국어 문장을 말하거나 써 내기 위해 내용을 떠올리게 하는 힌트입
니다. 절대 한국어 문장의 내용이나 문장 자체를 암기하지 마세요.

✦ 학습 자료

● **베이징 현지 실제 HSK 시험 전문 성우가 녹음한 MP3 음원**
→ 시사중국어사 홈페이지에서 교재 검색 후 MP3 다운로드
*password: sisahsk5 (MP3 다운로드 시 패스워드를 입력하세요.)

● **최은정 저자 동영상 강의**
→ 시원스쿨중국어 홈페이지에서 유료 시청

목차

이 책의 구성

1 Unit마다 16개 문장으로 평균 65개의 5급 필수 단어를 학습합니다.

① Unit 학습 단어 개수와 학습 누적 단어 명시

② 문장 누적 번호

③ 문장마다 세 번씩 읽고 확인하는 체크 박스

④ 5급 필수 단어 노란색 음영 표시

⑤ 알아두면 유용한 추가 설명 제시

⑥ 베이징 현지 실제 HSK 시험 전문 성우가 녹음한 MP3 음원

☆ 품사 약어표

명 명사	동 동사	형 형용사	조동 조동사	전 전치사	접 접속사	이합 이합동사
대 대사	부 부사	조 조사	수 수사	양 양사	감 감탄사	고유 고유명사

2

어휘의 쓰임새와
주요 어법 포인트를 확인합니다.

3

문장에 들어가는
5급 필수 단어를 직접 써 봅니다.

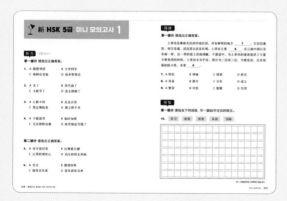

4

新HSK 미니 모의고사 2회분 수록

5

新HSK 1-5급 필수 어휘
2,500개 수록

학습 플랜

新HSK 5급 필수 어휘 1,300개를 5급 수준에 맞춘 320개 문장으로 만들어 20일(또는 40일)만에 학습할 수 있도록 구성하였습니다.

5급 20일만에 끝내기 학습 플랜

Day 1 Unit 01	Day 2 Unit 02	Day 3 Unit 03	Day 4 Unit 04	Day 5 Unit 05
문장 001-016	문장 017-032	문장 033-048	문장 049-064	문장 065-080
월 / 일	/	/	/	/

Day 6 Unit 06	Day 7 Unit 07	Day 8 Unit 08	Day 9 Unit 09	Day 10 Unit 10
문장 081-096	문장 097-112	문장 113-128	문장 129-144	문장 145-160
/	/	/	/	/

Day 11 Unit 11	Day 12 Unit 12	Day 13 Unit 13	Day 14 Unit 14	Day 15 Unit 15
문장 161-176	문장 177-192	문장 193-208	문장 209-224	문장 225-240
/	/	/	/	/

Day 16 Unit 16	Day 17 Unit 17	Day 18 Unit 18	Day 19 Unit 19	Day 20 Unit 20
문장 241-256	문장 257-272	문장 273-288	문장 289-304	문장 305-320
/	/	/	/	/

40일만에 끝내기 학습 플랜

Day 1 **Unit 01**	Day 2 **Unit 01**	Day 3 **Unit 02**	Day 4 **Unit 02**	Day 5 **Unit 03**
문장 001-008	문장 009-016	문장 017-024	문장 025-032	문장 033-040
월 / 일	/	/	/	/

Day 6 **Unit 03**	Day 7 **Unit 04**	Day 8 **Unit 04**	Day 9 **Unit 05**	Day 10 **Unit 05**
문장 041-048	문장 049-056	문장 057-064	문장 065-072	문장 073-080
/	/	/	/	/

Day 11 **Unit 06**	Day 12 **Unit 06**	Day 13 **Unit 07**	Day 14 **Unit 07**	Day 15 **Unit 08**
문장 081-088	문장 089-096	문장 097-104	문장 105-112	문장 113-120
/	/	/	/	/

Day 16 **Unit 08**	Day 17 **Unit 09**	Day 18 **Unit 09**	Day 19 **Unit 10**	Day 20 **Unit 10**
문장 121-128	문장 129-136	문장 137-144	문장 145-152	문장 153-160
/	/	/	/	/

Day 21 **Unit 11**	Day 22 **Unit 11**	Day 23 **Unit 12**	Day 24 **Unit 12**	Day 25 **Unit 13**
문장 161-168	문장 169-176	문장 177-184	문장 185-192	문장 193-200
/	/	/	/	/

Day 26 **Unit 13**	Day 27 **Unit 14**	Day 28 **Unit 14**	Day 29 **Unit 15**	Day 30 **Unit 15**
문장 201-208	문장 209-216	문장 217-224	문장 225-232	문장 233-240
/	/	/	/	/

Day 31 **Unit 16**	Day 32 **Unit 16**	Day 33 **Unit 17**	Day 34 **Unit 17**	Day 35 **Unit 18**
문장 241-248	문장 249-256	문장 257-264	문장 265-272	문장 273-280
/	/	/	/	/

Day 36 **Unit 18**	Day 37 **Unit 19**	Day 38 **Unit 19**	Day 39 **Unit 20**	Day 40 **Unit 20**
문장 281-288	문장 289-297	문장 298-304	문장 305-313	문장 314-320
/	/	/	/	/

문장으로 끝내는
HSK
단어장

5급

Unit 01

001 ☑

你要爱惜身体，尽量别熬夜。

Nǐ yào àixī shēntǐ, jǐnliàng bié áoyè.

당신은 몸을 소중하게 여기고, 가능한 한 밤을 새우지 마세요.

- **爱惜** àixī 동 아끼다, 소중하게 여기다
- **尽量** jǐnliàng 부 가능한 한, 될 수 있는 대로
- **熬夜** áoyè 이합 밤새우다, 밤샘하다

002 □

哎，你别那么小气，大方一点儿吧。

Āi, nǐ bié nàme xiǎoqì, dàfang yìdiǎnr ba.

이봐, 너 그렇게 속 좁게 굴지 말고, 좀 대범해 봐.

- **哎** āi 감 ① 아이, 아이고 [의외, 불만 등의 기분을 나타냄] ② 야, 참, 이봐 [듣는 사람의 주의를 환기함]
- **小气** xiǎoqì 형 ① 인색하다, 쩨쩨하다 ② 속이 좁다, 옹졸하다
- **大方** dàfang 형 ① (재물 등을 쓰는 것이) 시원스럽다, 인색하지 않다 ② (언행이) 시원시원하다, 자연스럽다, 대범하다 ③ (스타일, 색깔 등이) 고상하다, 우아하다

003 □

她善良也有爱心，怪不得大家都喜欢她。

Tā shànliáng yě yǒu àixīn, guàibude dàjiā dōu xǐhuan tā.

그녀는 착하고 사랑하는 마음도 있어. 어쩐지 모두가 그녀를 좋아하더라.

- **善良** shànliáng 형 선량하다, 착하다
- **爱心** àixīn 명 사랑하는 마음
- **怪不得** guàibude 부 어쩐지 =难怪

> **Point**
> 怪不得, 其实, 也许, 恐怕, 原来 등 일부 부사는 주어 앞에 올 수 있습니다.

004 □

在辩论中，她逻辑清楚地、明确地表达了自己的观点。

Zài biànlùn zhōng, tā luójí qīngchu de、míngquè de biǎodá le zìjǐ de guāndiǎn.

변론하는 과정에서 그녀는 논리가 분명하고 명확하게 자신의 관점을 표현했다.

- **辩论** biànlùn 동 변론하다
- **逻辑** luójí 명 논리 *符合逻辑 논리에 맞다
- **明确** míngquè 형 명확하다 동 명확하게 하다
- **表达** biǎodá 동 (생각이나 감정을) 표현하다
- **观点** guāndiǎn 명 관점

> **Point**
> 在 뒤에 장소나 시간이 아닌 기타 표현이 오면 반드시 '在……上/中/下/内/里/外' 등의 형식으로 씁니다.
> 예) 在工作中 업무 중에 [과정]
> 在朋友的帮助下 친구의 도움 하에 [조건]

005

你最好在有信号的时候把论文下载好，保存在电脑上。

Nǐ zuìhǎo zài yǒu xìnhào de shíhou bǎ lùnwén xiàzài hǎo, bǎocún zài diànnǎo shàng.

당신은 가장 좋기로는 신호가 있을 때 논문을 다 다운받아서 컴퓨터에 보관하도록 해요.

- **信号** xìnhào 명 신호
- **论文** lùnwén 명 논문
- **下载** xiàzài 동 다운로드하다
- **保存** bǎocún 동 보존하다, 보관하다

006

他和他对象恋爱时一直保持着良好的沟通，从来没吵过架。

Tā hé tā duìxiàng liàn'ài shí yìzhí bǎochí zhe liánghǎo de gōutōng, cónglái méi chǎo guo jià.

그와 그의 애인은 연애할 때 줄곧 좋은 소통을 유지하고 있으며, 여태껏 말다툼한 적이 없다.

- **对象** duìxiàng 명 ① 애인, 결혼 상대 ② 대상
- **恋爱** liàn'ài 명 연애 *谈恋爱 연애하다
  동 연애하다
- **保持** bǎochí 동 유지하다
- **良好** liánghǎo 형 좋다
- **沟通** gōutōng 명 소통 동 소통하다
- **吵架** chǎojià 이합 다투다, 말다툼하다

007

这几天，电视上的不同频道反复播放媒体对总统的采访。

Zhè jǐ tiān, diànshì shàng de bù tóng píndào fǎnfù bōfàng méitǐ duì zǒngtǒng de cǎifǎng.

요 며칠 텔레비전의 각기 다른 채널에서 매스컴의 대통령에 대한 인터뷰를 반복하여 방송한다.

- **频道** píndào 명 채널
- **反复** fǎnfù 부 반복적으로, 재차 동 반복하다
- **播放** bōfàng 동 방송하다
- **媒体** méitǐ 명 대중매체, 매스미디어, 매스컴
- **总统** zǒngtǒng 명 총통, 대통령
- **采访** cǎifǎng 명 취재, 인터뷰 동 취재하다,
  인터뷰하다

008

为避免传染给别人，感冒的同学应该自觉地坐在教室后面。

Wèi bìmiǎn chuánrǎn gěi biérén, gǎnmào de tóngxué yīnggāi zìjué de zuò zài jiàoshì hòumiàn.

다른 사람에게 전염시키는 것을 피하기 위해 감기에 걸린 학생들은 자각적으로 교실 뒤에 앉아야 한다.

- **避免** bìmiǎn 동 피하다
- **传染** chuánrǎn 동 ① 전염하다, 감염하다, 옮다 ② (감정, 악습 등이) 전염하다
- **自觉** zìjué 형 자각적이다 동 자각하다, 스스로 느끼다

009

很多人在池塘岸边钓鱼。

Hěn duō rén zài chítáng ànbiān diào yú.

많은 사람이 연못가에서 낚시한다.

- 池塘 chítáng 명 (비교적 작고 얕은) 못, 연못
- 岸 àn 명 (강)기슭, 강가, 해안
- 钓 diào 통 낚시하다

010

傍晚，下过雨以后的天空出现了彩虹。

Bàngwǎn, xià guo yǔ yǐhòu de tiānkōng chūxiàn le cǎihóng.

해 질 무렵 비가 온 후의 하늘에 무지개가 나타났다.

- 傍晚 bàngwǎn 명 저녁 무렵, 해 질 무렵
- 天空 tiānkōng 명 하늘, 공중
- 彩虹 cǎihóng 명 무지개

011

元旦期间在银行办理业务可以享受优惠。

Yuándàn qījiān zài yínháng bànlǐ yèwù kěyǐ xiǎngshòu yōuhuì.

양력설 기간에 은행에서 업무를 처리하면 우대 혜택을 누릴 수 있다.

- 元旦 yuándàn 명 양력 설날
- 期间 qījiān 명 기간
- 办理 bànlǐ 통 처리하다, 취급하다
- 业务 yèwù 명 업무
- 享受 xiǎngshòu 통 누리다, 즐기다
- 优惠 yōuhuì 형 특혜의, 우대의

012

这次地震必然会导致人员受伤和财产损失。

Zhè cì dìzhèn bìrán huì dǎozhì rényuán shòushāng hé cáichǎn sǔnshī.

이번 지진은 필연적으로 사람들의 부상과 재산 손실을 초래하게 될 것이다.

- 地震 dìzhèn 명 지진
- 必然 bìrán 형 필연적이다 부 반드시, 꼭, 필연적으로
- 导致 dǎozhì 통 (부정적인 사태를) 야기하다, 초래하다
- 人员 rényuán 명 인원, 요원, 멤버
- 受伤 shòushāng 이합 상처 입다, 부상 당하다
- 财产 cáichǎn 명 재산
- 损失 sǔnshī 명 손실, 손해 통 손해보다

013

人类的平均寿命延长了, 但这不见得是好事。

Rénlèi de píngjūn shòumìng yáncháng le, dàn zhè bújiàndé shì hǎoshì.

인류의 평균 수명이 연장되었지만, 그러나 이것이 반드시 좋은 일이라고는 할 수 없다.

- **人类** rénlèi 몡 인류
- **平均** píngjūn 혱 평균의, 평균적인 동 균등하다
- **寿命** shòumìng 몡 수명
- **延长** yáncháng 동 연장하다
- **不见得** bújiàndé 閉 반드시 ~인 것은 아니다, 꼭 ~라고는 할 수 없다 =不一定=未必

014

今年, 专家们在科学领域取得了厉害得不得了的新成就。

Jīnnián, zhuānjiāmen zài kēxué lǐngyù qǔdé le lìhài de bùdéliǎo de xīn chéngjiù.

올해 전문가들은 과학 영역에서 매우 대단한 새로운 성취를 거두었다.

- **专家** zhuānjiā 몡 전문가
- **领域** lǐngyù 몡 ① (국가의) 영역 ② (학술, 사상 등의) 영역, 분야
- **不得了** bùdéliǎo 혱 ① 큰일났다, 야단났다 ② 매우 심하다
- **成就** chéngjiù 몡 성취 동 성취하다, 이루다

015

编辑论文时要确认好全部内容, 包括目录、题目和标点。

Biānjí lùnwén shí yào quèrèn hǎo quánbù nèiróng, bāokuò mùlù、 tímù hé biāodiǎn.

논문을 편집할 때는 목록, 제목 그리고 문장 부호를 포함해서 전체 내용을 잘 확인해야 한다.

- **编辑** biānjí 몡 편집자 동 편집하다
- **论文** lùnwén 몡 논문
- **确认** quèrèn 동 확인하다
- **包括** bāokuò 동 포함하다
- **目录** mùlù 몡 목록
- **题目** tímù 몡 제목
- **标点** biāodiǎn 몡 문장 부호

016

针对农业问题, 政府采取了一些对农民有利的可靠措施。

Zhēnduì nóngyè wèntí, zhèngfǔ cǎiqǔ le yìxiē duì nóngmín yǒulì de kěkào cuòshī.

농민 문제를 겨냥해서 정부는 농민에게 유리한 믿을만한 조치를 취했다.

- **针对** zhēnduì 동 겨누다, 대하다, 조준하다
- **农业** nóngyè 몡 농업
- **政府** zhèngfǔ 몡 정부
- **采取** cǎiqǔ 동 (조치, 수단, 태도 등을) 채택하다, 취하다
- **农民** nóngmín 몡 농민
- **有利** yǒulì 혱 이롭다, 유리하다
- **可靠** kěkào 혱 믿을만하다, 믿음직스럽다
- **措施** cuòshī 몡 조치, 대책

알고나면 쉬워지는

최은정의 시크릿노트

---

1 2음절 형용사가 동사를 수식할 때

문장 004, 008

감정, 심리를 나타내는 형용사이면 반드시 뒤에 地를 쓰고, 그 외 경우에는 地를 생략할 수 있습니다.

예) **亲切地说** 다정하게 말하다
   심리 형용사 동사

예) **明确(地)说明** 명확하게 설명하다
   기타 형용사   동사

2 이합동사에 동태조사가 함께 쓰일 때

문장 006

동태조사 了, 着, 过는 동사 뒤에 써야 하므로 동목구조를 이루는 이합동사의 경우 동사와 목적어 사이에 써야 합니다.

예) **排队** 이합 줄을 서다, 정렬하다
   排队着 (✗) 排着队 (〇) 줄을 서고 있다

예) **熬夜** 이합 밤새다, 밤샘하다
   熬夜过 (✗) 熬过夜 (〇) 밤새운 적이 있다

3 형용사 **有利** 용법

문장 016

有利는 문장에서 '对……有利' 또는 '有利于……'의 형태로 쓰여 '〜에 이롭다', '〜에 유리하다'라는 의미를 나타냅니다.

예) **对社会发展有利** 사회 발전에 이롭다

　　有利于社会发展

4 상용 어휘 결합

문장 001, 011, 013, 014, 016

- **爱惜 ＋ 身体 / 动物 / 生命** 몸을/동물을/생명을 소중히 하다

- **办理 ＋ 业务 / 手续** 업무를 처리하다/수속을 밟다

- **享受 ＋ 优惠 / 服务 / 生活 / 幸福 / 美味**
  특혜를 누리다/서비스를 누리다/생활을 누리다/행복을 누리다/맛있는 음식을 즐기다

- **延长 ＋ 寿命 / 时间** 수명을/시간을 연장하다

- **取得 ＋ 成就 / 成果** 성취를 거두다/성과를 얻다

- **采取 ＋ 措施 / 态度** 조치를/태도를 취하다

우리말 해석을 참고하여 빈칸에 알맞은 중국어를 쓰세요.

001 당신은 몸을 소중하게 여기고, 가능한 한 밤을 새우지 마세요.

你要 ＿＿＿ 身体，＿＿＿ 别 ＿＿＿ 。
　　　 àixī　　　 jǐnliàng　　 áoyè

002 이봐, 너 그렇게 속 좁게 굴지 말고, 좀 대범해 봐.

＿＿＿ ，你别那么 ＿＿＿ ，＿＿＿ 一点儿吧。
āi　　　　　　　 xiǎoqì　　　 dàfang

003 그녀는 착하고 사랑하는 마음도 있어. 어쩐지 모두가 그녀를 좋아하더라.

她 ＿＿＿ 也有 ＿＿＿ ，＿＿＿ 大家都喜欢她。
　 shànliáng　　 àixīn　　　 guàibude

004 변론하는 과정에서 그녀는 논리가 분명하고 명확하게 자신의 관점을 표현했다.

在 ＿＿＿ 中，她 ＿＿＿ 清楚地、＿＿＿ 地 ＿＿＿ 了自己的
　 biànlùn　　　 luójí　　　　 míngquè　 biǎodá

＿＿＿ 。
guāndiǎn

빠른
정답
001 你要爱惜身体，尽量别熬夜。
002 哎，你别那么小气，大方一点儿吧。
003 她善良也有爱心，怪不得大家都喜欢她。
004 在辩论中，她逻辑清楚地、明确地表达了自己的观点。

005

당신은 가장 좋기로는 신호가 있을 때 논문을 다 다운받아서 컴퓨터에 보관하도록 해요.

你最好在有　　　　的时候把　　　　　　　好，　　　　在电脑上。
　　　　　xìnhào　　　　　lùnwén　xiàzài　　bǎocún

006

그와 그의 애인은 연애할 때 줄곧 좋은 소통을 유지하고 있으며, 여태껏 말다툼한 적이 없다.

他和他　　　　时一直　　　着　　　的　　　，从来没
　　　duìxiàng　liàn'ài　　bǎochí　liánghǎo　gōutōng

　　　过　　　。
chǎo　　jià

007

요 며칠 텔레비전의 각기 다른 채널에서 매스컴의 대통령에 대한 인터뷰를 반복하여 방송한다.

这几天，电视上的不同　　　　　　　　　　　对　　　的
　　　　　　　píndào　fǎnfù　bōfàng　méitǐ　zǒngtǒng

　　　。
cǎifǎng

008

다른 사람에게 전염시키는 것을 피하기 위해 감기에 걸린 학생들은 자각적으로 교실 뒤에 앉아야 한다.

为　　　　　给别人，感冒的同学应该　　　地坐在教室后面。
　bìmiǎn　chuánrǎn　　　　　　　　zìjué

009

많은 사람이 연못가에서 낚시한다.

很多人在 ___ 边 ___ 鱼。
　　　　　chítáng　　àn　　diào

010

해 질 무렵 비가 온 후의 하늘에 무지개가 나타났다.

___ ，下过雨以后的 ___ 出现了 ___ 。
bàngwǎn　　　　　　tiānkōng　　　cǎihóng

011

양력설 기간에 은행에서 업무를 처리하면 우대 혜택을 누릴 수 있다.

___ 在银行 ___ 可以 ___ 。
yuándàn　qījiān　　　bànlǐ　yèwù　　xiǎngshòu yōuhuì

012

이번 지진은 필연적으로 사람들의 부상과 재산 손실을 초래하게 될 것이다.

这次 ___ 会 ___ 和 ___
　　dìzhèn　bìrán　dǎozhì　rényuán shòushāng　cáichǎn

___ 。
sǔnshī

빠른 정답　009　很多人在池塘岸边钓鱼。
　　　　　010　傍晚，下过雨以后的天空出现了彩虹。
　　　　　011　元旦期间在银行办理业务可以享受优惠。
　　　　　012　这次地震必然会导致人员受伤和财产损失。

22　문장으로 끝내는 HSK 단어장 5급

013

인류의 평균 수명이 연장되었지만, 그러나 이것이 반드시 좋은 일이라고는 할 수 없다.

　　　　的　　　　　　　　　　　　了，但这　　　　是好事。

rénlèi　　píngjūn　shòumìng　yáncháng　　　　bújiàndé

014

올해 전문가들은 과학 영역에서 매우 대단한 새로운 성취를 거두었다.

今年，　　　　们在科学　　　　取得了厉害得　　　　　的新　　　。

　　　zhuānjiā　　　　lǐngyù　　　　　bùdéliǎo　　chéngjiù

015

논문을 편집할 때는 목록, 제목 그리고 문장 부호를 포함해서 전체 내용을 잘 확인해야 한다.

　　　　　　时要　　　好全部内容，　　　　　　、

biānjí　lùnwén　　quèrèn　　　　bāokuò　　mùlù

　　　　和　　　。

tímù　　biāodiǎn

016

농민 문제를 겨냥해서 정부는 농민에게 유리한 믿을만한 조치를 취했다.

　　　　　　问题，　　　　　　了一些对　　　　　　的

zhēnduì　nóngyè　　　zhèngfǔ　cǎiqǔ　　　nóngmín　yǒulì

　　　　　　。

kěkào　cuòshī

🔓 빠른
정답

013 人类的平均寿命延长了，但这不见得是好事。

014 今年，专家们在科学领域取得了厉害得不得了的新成就。

015 编辑论文时要确认好全部内容，包括目录、题目和标点。

016 针对农业问题，政府采取了一些对农民有利的可靠措施。

Unit 02

017 ☑ **唉，我父母的观念太落后了。**
Āi, wǒ fùmǔ de guānniàn tài luòhòu le.
아, 내 부모님의 관념은 너무 뒤떨어졌다.

- **唉** āi 갑 ① 예 [대답하는 소리] ② 아, 아이구 [탄식이나 연민의 소리]
- **观念** guānniàn 명 관념
- **落后** luòhòu 동 낙오하다, 뒤처지다 형 낙후되다, 뒤떨어지다

018 **她抱怨昨天买的被子太薄了。**
Tā bàoyuàn zuótiān mǎi de bèizi tài báo le.
그녀는 어제 산 이불이 너무 얇다고 불평한다.

- **抱怨** bàoyuàn 동 원망하다, 불평하다
- **被子** bèizi 명 이불
- **薄** báo 형 얇다 ↔厚 두껍다

019 **她很爱护自己的东西，陌生人碰一下也不行。**
Tā hěn àihù zìjǐ de dōngxi, mòshēng rén pèng yíxià yě bù xíng.
그녀는 자신의 물건을 매우 아껴서 낯선 사람이 한번 만지는 것도 안 된다.

- **爱护** àihù 동 애호하다, 아끼고 보호하다
- **陌生** mòshēng 형 생소하다, 낯설다 ↔熟悉 익숙하다
- **碰** pèng 동 ① 부딪히다, 충돌하다, 건드리다, 만지다 ② (우연히) 마주치다 ③ 시도해 보다

020 **人要乐观，不能悲观，不要遇到一点儿困难就灰心。**
Rén yào lèguān, bù néng bēiguān, bú yào yùdào yìdiǎnr kùnnan jiù huīxīn.
사람은 낙관적이어야지 비관적이어서는 안 된다. 약간의 어려운 문제를 만났다고 바로 낙심하지 마라.

- **乐观** lèguān 형 낙관적이다
- **悲观** bēiguān 형 비관적이다
- **灰心** huīxīn 이합 낙담하다, 낙심하다

021

不同的家庭背景没有妨碍他们两个人的密切交往。

Bùtóng de jiātíng bèijǐng méi yǒu fáng'ài tāmen liǎng ge rén de mìqiè jiāowǎng.

다른 가정 배경은 그들 두 사람의 밀접한 교제를 방해하지 않았다.

- 家庭 jiātíng 몡 가정
- 背景 bèijǐng 몡 배경
- 妨碍 fáng'ài 툉 방해하다
- 密切 mìqiè 혱 (관계가) 밀접하다
- 交往 jiāowǎng 몡 왕래, 교제 툉 왕래하다, 교제하다

022

舅舅非常善于写作，他写的小说已经印刷了几万册。

Jiùjiu fēicháng shànyú xiězuò, tā xiě de xiǎoshuō yǐjīng yìnshuā le jǐ wàn cè.

외삼촌은 글쓰기를 매우 잘해서 그가 쓴 소설은 이미 몇만 권을 인쇄했다.

- 舅舅 jiùjiu 몡 외삼촌
- 善于 shànyú 툉 ~을 잘하다
- 写作 xiězuò 툉 글을 짓다, 작문하다
- 印刷 yìnshuā 몡 인쇄 툉 인쇄하다
- 册 cè 몡 책, 책자 양 책, 권 [책을 세는 단위]

> **Point**
> 善于 뒤에는 반드시 동사가 옵니다.

023

她对同事很冷淡，同事却愿意热心地帮助她，这让她很惭愧。

Tā duì tóngshì hěn lěngdàn, tóngshì què yuànyì rèxīn de bāngzhù tā, zhè ràng tā hěn cánkuì.

그녀는 동료에게 냉담했지만, 동료는 오히려 친절하게 그녀를 돕기를 원했고, 이것은 그녀를 부끄럽게 만들었다.

- 冷淡 lěngdàn 혱 냉정하다, 냉담하다
- 热心 rèxīn 혱 친절하다, 마음이 따뜻하다
- 惭愧 cánkuì 혱 부끄럽다, 송구스럽다

024

你的想法太片面了，没有看到事情的本质，应该看得全面一点儿。

Nǐ de xiǎngfǎ tài piànmiàn le, méi yǒu kàn dào shìqing de běnzhì, yīnggāi kàn de quánmiàn yìdiǎnr.

당신의 생각은 너무 단편적이어서 일의 본질을 보지 못했으니, 좀 전반적으로 봐야 해요.

- 片面 piànmiàn 혱 일방적이다, 단편적이다
- 本质 běnzhì 몡 본질 *把握本质 본질을 파악하다
- 全面 quánmiàn 혱 전반적이다, 전면적이다

025

他温柔地称呼老婆为"宝贝"。

Tā wēnróu de chēnghu lǎopó wéi "bǎobèi".

그는 아내를 따뜻하고 상냥하게 '자기'라고 부른다.

- **温柔** wēnróu 〔형〕 따뜻하고 상냥하다
- **称呼** chēnghu 〔명〕 호칭 〔동〕 부르다
- **老婆** lǎopó 〔명〕 마누라, 처, 아내
- **宝贝** bǎobèi 〔명〕 ① 보배, 보물 ② 자기

> **Point**
> '称(呼)A为B(=把A称为B)'는 'A를 B라고
> 부르다'라는 표현입니다.

026

他忽然想起来明天要去单位报到。

Tā hūrán xiǎng qǐlái míngtiān yào qù dānwèi bàodào.

그는 갑자기 내일 직장에 가서 등록해야 한다는 것이 생각났다.

- **忽然** hūrán 〔부〕 갑자기, 별안간
- **单位** dānwèi 〔명〕 직장, 기관, 회사
- **报到** bàodào 〔이합〕 도착 보고하다, 참석 등록하다

027

报道说, 我国将与美国企业进行贸易合作。

Bàodào shuō, wǒ guó jiāng yǔ Měiguó qǐyè jìnxíng màoyì hézuò.

보도에서 우리나라는 장차 미국 기업과 무역 협력을 하게 될 것이라고 말했다.

- **报道** bàodào 〔명〕 보도 〔동〕 보도하다
- **企业** qǐyè 〔명〕 기업
- **贸易** màoyì 〔명〕 무역
- **合作** hézuò 〔명〕 합작, 협력 〔동〕 합작하다, 협력하다

028

姑姑不小心踩了别人的脚后, 连忙向对方道了歉。

Gūgu bù xiǎoxīn cǎi le biérén de jiǎo hòu, liánmáng xiàng duìfāng dào le qiàn.

고모는 조심하지 않아 다른 사람의 발을 밟고 나서 얼른 상대방에게 사과했다.

- **姑姑** gūgu 〔명〕 고모
- **踩** cǎi 〔동〕 밟다
- **连忙** liánmáng 〔부〕 얼른, 급히
- **对方** duìfāng 〔명〕 상대방, 상대측

> **Point**
> 道歉은 이합동사이므로 '跟/向+사람+道歉'
> 으로 사용합니다.

029

还是买一份保险吧，毕竟人活着难免会遇到意外。

Háishi mǎi yí fèn bǎoxiǎn ba, bìjìng rén huó zhe nánmiǎn huì yùdào yìwài.

보험을 하나 드는 게 낫겠어요. 아무래도 사람이 살다 보면 의외의 사고를 만나게 되는 것을 피할 수 없어요.

• **保险** bǎoxiǎn 명 보험 형 안전하다, 위험이 없다 ＊比较保险 비교적 안전하다
• **毕竟** bìjìng 부 그래도, 결국, 역시, 아무래도
• **难免** nánmiǎn 동 불가피하다, 피할 수 없다
• **意外** yìwài 명 의외의 사고 형 의외이다, 뜻밖이다

030

他正站在透明的玻璃前，睁大眼睛欣赏外面的风景。

Tā zhèng zhàn zài tòumíng de bōli qián, zhēng dà yǎnjing xīnshǎng wàimiàn de fēngjǐng.

그는 투명한 유리 앞에 서서 눈을 크게 뜨고 바깥의 풍경을 감상하고 있다.

• **正** zhèng 부 ① 마침, 꼭, 딱 ② 막, 한창 [동작의 진행이나 상태의 지속을 나타냄]
• **透明** tòumíng 형 ① 투명하다 ② 공개적이다, 투명하다
• **玻璃** bōli 명 유리
• **睁** zhēng 동 눈을 뜨다
• **欣赏** xīnshǎng 동 ① 감상하다 ② 마음에 들어하다, 좋다고 여기다
• **风景** fēngjǐng 명 풍경, 경치

> **Point**
> 欣赏이 ②번의 의미로 쓰이면 정도부사 (很, 非常 등)를 함께 쓸 수 있습니다.
> 예) 我很欣赏这里的环境。
> 나는 이곳의 환경이 마음에 든다.

031

测验结果表明，同学们都掌握了这个单元新学的知识。

Cèyàn jiéguǒ biǎomíng, tóngxuémen dōu zhǎngwò le zhège dānyuán xīn xué de zhīshi.

테스트 결과는 반 학생들이 이 단원의 새로 배운 지식을 모두 익혔다는 것을 분명하게 나타냈다.

• **测验** cèyàn 명 시험, 테스트 동 시험하다, 테스트하다
• **表明** biǎomíng 동 분명하게 나타내다
• **掌握** zhǎngwò 동 숙달하다, 익히다, 정통하다
• **单元** dānyuán 명 ① (교재 등의) 단원 ② (아파트 등의) 현관

032

他曾经每天为钱发愁，生活得很节省，连梳子都舍不得买。

Tā céngjīng měitiān wèi qián fāchóu, shēnghuó de hěn jiéshěng, lián shūzi dōu shěbudé mǎi.

그는 일찍이 매일 돈 때문에 걱정했고, 절약해서 생활했는데, 빗조차도 사는 것을 아까워했다.

• **曾经** céngjīng 부 일찍이, 이전에
• **发愁** fāchóu 이합 근심하다, 우려하다
• **节省** jiéshěng 동 아끼다, 절약하다
• **梳子** shūzi 명 빗
• **舍不得** shěbudé 아쉽다, 아까워하다, 섭섭하다, 미련이 남다

알고나면 쉬워지는

최은정의 시크릿노트

1 (一)点儿 vs 有(一)点儿

문장 020

	(一)点儿	有(一)点儿
뜻	조금, 약간	조금, 약간
품사	수량사	부사
위치	동사/형용사 + (一)点儿 예) 暗(一)点儿 좀 어둡다	有(一)点儿 + 동사/형용사 예) 有(一)点儿暗 좀 어둡다
	(一)点儿 + 명사 예) (一)点儿困难 약간의 어려움	–
감정 색채	긍정, 부정 모두 가능	부정적 어감

2 冷淡 vs 冷静 / 惭愧 vs 害羞

문장 023

- **冷淡** (분위기나 태도가) 차갑다, 냉담하다
  예) **态度很冷淡。** 태도가 냉랭하다.

- **冷静** (분위기가) 고요하다, (태도가) 침착하다, 냉정하다
  예) **冷静一下。** 좀 침착해.

- **惭愧** (결점이나 잘못으로 인해) 부끄럽다, 송구스럽다
  예) **这次我没完成任务，感到很惭愧。**
      이번에 나는 임무를 완성하지 못해서 부끄럽게 생각한다.

- **害羞** (낯설거나 겁이 많아서) 부끄러워하다, 수줍어하다
  예) **她在大家面前唱歌的时候感觉很害羞。**
      그녀는 모두들 앞에서 노래 부를 때 수줍음을 탄다.

3 어기부사 毕竟

문장 029

毕竟은 '어쨌든', '그래도', '결국', '역시'라는 뜻으로 주위의 특수한 상황에도 불구하고 가장 근본적인 원인이나 특성을 환기하거나 강조할 때 사용합니다.

예) **这孩子是数学英才，不过毕竟是孩子。**
    이 아이는 수학 영재지만 그래도 아이다.

我毕竟是韩国人，我的汉语还差得远。
어쨌든 저는 한국인이라 제 중국어는 아직 부족해요.

017

아, 내 부모님의 관념은 너무 뒤떨어졌다.

　　　　，我父母的　　　太　　　了。
 āi　　　　　　　　guānniàn　　luòhòu

018

그녀는 어제 산 이불이 너무 얇다고 불평한다.

她　　　昨天买的　　　太　　　了。
bàoyuàn　　　　　bèizi　　　　báo

019

그녀는 자신의 물건을 매우 아껴서 낯선 사람이 한번 만지는 것도 안 된다.

她很　　　自己的东西，　　　人　　　一下也不行。
àihù　　　　　　mòshēng　　pèng

020

사람은 낙관적이어야지 비관적이어서는 안 된다. 약간의 어려운 문제를 만났다고 바로 낙심하지 마라.

人要　　　，不能　　　，不要遇到一点儿困难就　　　。
lèguān　　　　bēiguān　　　　　　　　　huīxīn

빠른
정답
017 唉，我父母的观念太落后了。
018 她抱怨昨天买的被子太薄了。
019 她很爱护自己的东西，陌生人碰一下也不行。
020 人要乐观，不能悲观，不要遇到一点儿困难就灰心。

021

다른 가정 배경은 그들 두 사람의 밀접한 교제를 방해하지 않았다.

不同的 ⬚⬚ ⬚⬚ 没有 ⬚⬚ 他们两个人的 ⬚⬚ ⬚⬚ 。

      jiātíng bèijǐng   fáng'ài   mìqiè jiāowǎng

022

외삼촌은 글쓰기를 매우 잘해서 그가 쓴 소설은 이미 몇만 권을 인쇄했다.

⬚⬚ 非常 ⬚⬚ ⬚⬚ ，他写的小说已经 ⬚⬚ 了几万

  jiùjiu   shànyú xiězuò   yìnshuā

⬚⬚ 。

  cè

023

그녀는 동료에게 냉담했지만, 동료는 오히려 친절하게 그녀를 돕기를 원했고, 이것은 그녀를 부끄럽게 만들었다.

她对同事很 ⬚⬚ ，同事却愿意 ⬚⬚ 地帮助她，这让她很 ⬚⬚ 。

         lěngdàn   rèxīn   cánkuì

024

당신의 생각은 너무 단편적이어서 일의 본질을 보지 못했으니, 좀 전반적으로 봐야 해요.

你的想法太 ⬚⬚ 了，没有看到事情的 ⬚⬚ ，应该看得

    piànmiàn   běnzhì   quánmiàn

一点儿。

빠른
정답

021 不同的家庭背景没有妨碍他们两个人的密切交往。

022 舅舅非常善于写作，他写的小说已经印刷了几万册。

023 她对同事很冷淡，同事却愿意热心地帮助她，这让她很惭愧。

024 你的想法太片面了，没有看到事情的本质，应该看得全面一点儿。

025

그는 아내를 따뜻하고 상냥하게 '자기'라고 부른다.

他 ⬜ 地 ⬜ ⬜ 为 " ⬜ "。
　　wēnróu　chēnghu　lǎopó　　　bǎobèi

026

그는 갑자기 내일 직장에 가서 등록해야 한다는 것이 생각났다.

他 ⬜ 想起来明天要去 ⬜ ⬜。
　　hūrán　　　　　　　dānwèi　bàodào

027

보도에서 우리나라는 장차 미국 기업과 무역 협력을 하게 될 것이라고 말했다.

⬜ 说，我国将与美国 ⬜ 进行 ⬜。
bàodào　　　　　　　　　　qǐyè　　màoyì　hézuò

028

고모는 조심하지 않아 다른 사람의 발을 밟고 나서 얼른 상대방에게 사과했다.

⬜ 不小心 ⬜ 了别人的脚后，⬜ 向 ⬜ 道了歉。
gūgu　　　cǎi　　　　　　liánmáng　duìfāng

빠른
정답

025 他温柔地称呼老婆为"宝贝"。
026 他忽然想起来明天要去单位报到。
027 报道说，我国将与美国企业进行贸易合作。
028 姑姑不小心踩了别人的脚后，连忙向对方道了歉。

029

보험을 하나 드는 게 낫겠어요. 아무래도 사람이 살다 보면 의외의 사고를 만나게 되는 것을 피할 수 없어요.

还是买一份 ⬚⬚⬚ 吧，⬚⬚⬚ 人活着 ⬚⬚⬚ 会遇到 ⬚⬚⬚ 。

            bǎoxiǎn   bìjìng   nánmiǎn   yìwài

030

그는 투명한 유리 앞에 서서 눈을 크게 뜨고 바깥의 풍경을 감상하고 있다.

他 ⬚⬚⬚ 站在 ⬚⬚⬚ 的 ⬚⬚⬚ 前，⬚⬚⬚ 大眼睛 ⬚⬚⬚ 外面的

   zhèng   tòumíng   bōli   zhēng   xīnshǎng

⬚⬚⬚ 。

fēngjǐng

031

테스트 결과는 반 학생들이 이 단원의 새로 배운 지식을 모두 익혔다는 것을 분명하게 나타냈다.

⬚⬚⬚ 结果 ⬚⬚⬚ ，同学们都 ⬚⬚⬚ 了这个 ⬚⬚⬚ 新学的知识。

cèyàn   biǎomíng   zhǎngwò   dānyuán

032

그는 일찍이 매일 돈 때문에 걱정했고, 절약해서 생활했는데, 빗조차도 사는 것을 아까워했다.

他 ⬚⬚⬚ 每天为钱 ⬚⬚⬚ ，生活得很 ⬚⬚⬚ ，连 ⬚⬚⬚ 都

  céngjīng   fāchóu   jiéshěng   shūzi

⬚⬚⬚ 买。

shěbudé

빠른
정답
029 还是买一份保险吧，毕竟人活着难免会遇到意外。
030 他正站在透明的玻璃前，睁大眼睛欣赏外面的风景。
031 测验结果表明，同学们都掌握了这个单元新学的知识。
032 他曾经每天为钱发愁，生活得很节省，连梳子都舍不得买。

Unit 03

033 ☑ 他随身带着一个装粮食的包裹。

Tā suíshēn dàizhe yí ge zhuāng liángshi de bāoguǒ.

그는 식량이 담긴 보따리 하나를 몸에 지니고 있다.

- **随身** suíshēn 형 몸에 지니다, 휴대하다
- **装** zhuāng 동 ① (물품을) 담다, (화물을) 싣다 ② 설치하다, 조립하다 ③ ~인 척하다
- **粮食** liángshi 명 양식, 식량
- **包裹** bāoguǒ 명 소포, 보따리 동 싸다, 포장하다

034 蔬菜中的营养物质很容易被人体吸收。

Shūcài zhōng de yíngyǎng wùzhì hěn róngyì bèi réntǐ xīshōu.

야채 속의 영양물질은 매우 쉽게 인체에 의해 흡수된다.

- **蔬菜** shūcài 명 채소
- **营养** yíngyǎng 명 영양
- **物质** wùzhì 명 물질
- **吸收** xīshōu 동 ① (영양이나 양분을) 흡수하다 ② (사상이나 지식을) 받아들이다

035 带着充电器出门吧，万一电池没电了呢？

Dàizhe chōngdiànqì chūmén ba, wànyī diànchí méi diàn le ne?

충전기를 가지고 외출해요. 만일 배터리가 방전되면요?

- **充电器** chōngdiànqì 명 충전기
- **万一** wànyī 접 만일, 만약 명 만일
- **电池** diànchí 명 전지, 배터리

> ⚡ **Point**
> '万一……呢？'는 '만일 ~하면요?'라는 의미의 생략 의문문입니다.
> 예) 你别等他了，他万一不来呢？
> 그를 기다리지 마세요. 만일 그가 오지 않으면요?

036 中国现在还保留着除夕晚上放鞭炮的传统。

Zhōngguó xiànzài hái bǎoliú zhe chúxī wǎnshang fàng biānpào de chuántǒng.

중국은 지금 아직도 섣달그믐날 저녁 폭죽을 터뜨리는 전통을 간직하고 있다.

- **保留** bǎoliú 동 보존하다, 간직하다
- **除夕** chúxī 명 섣달그믐날 [음력으로 그 해의 마지막 날]
- **鞭炮** biānpào 명 폭죽
- **传统** chuántǒng 명 전통 형 전통적이다

037

这届本科学生毕业后，很多人都会去电台实习。

Zhè jiè běnkē xuéshēng bìyè hòu, hěn duō rén dōu huì qù diàntái shíxí.

이번 회 학부 학생들은 졸업 후에 많은 이들이 방송국에 실습하러 갈 것이다.

- 届 jiè 양 회
- 本科 běnkē 명 본과, 학부
- 电台 diàntái 명 방송국
- 实习 shíxí 동 실습하다

038

800米决赛中，始终冲在前面的那个人获得了冠军。

Bābǎi mǐ juésài zhōng, shǐzhōng chōng zài qiánmiàn de nàge rén huòdé le guànjūn.

800m 결승전에서 시종일관 앞쪽에서 돌진했던 그 사람이 챔피언이 되었다.

- 决赛 juésài 명 결승전
- 始终 shǐzhōng 부 시종일관, 처음부터 한결같이, 언제나, 늘 명 시종, 처음과 끝
- 冲 chōng 동 ① 돌진하다, 돌파하다 ② 물로 씻다
- 冠军 guànjūn 명 1등, 우승자, 우승팀, 챔피언

039

妈妈整天做家务，为孩子们操心，她觉得这是自己的义务。

Māma zhěngtiān zuò jiāwù, wèi háizimen cāoxīn, tā juéde zhè shì zìjǐ de yìwù.

엄마는 온종일 집안일을 하고 아이들을 위해 마음을 쓰는데, 그녀는 이것이 자신의 의무라고 생각한다.

- 家务 jiāwù 명 가사, 집안일
- 操心 cāoxīn 이합 마음을 쓰다, 걱정하다, 애태우다
- 义务 yìwù 명 의무

> **Point**
> 操心은 이합동사이므로 목적어를 앞에 쓰며, 목적어 앞에 为를 써서 '为……操心'으로 사용합니다.

040

早上地铁车厢里十分拥挤，一点儿多余的移动空间也没有。

Zǎoshang dìtiě chēxiāng lǐ shífēn yōngjǐ, yìdiǎnr duōyú de yídòng kōngjiān yě méi yǒu.

아침 지하철 객실 칸 안은 매우 혼잡해서 조금의 남는 이동 공간도 없다.

- 车厢 chēxiāng 명 (열차의) 객실, 수화물칸
- 拥挤 yōngjǐ 형 붐비다, 혼잡하다
- 多余 duōyú 형 ① 여분의, 나머지의 ② 쓸데없는, 필요 없는
- 移动 yídòng 명 이동 동 이동하다
- 空间 kōngjiān 명 공간

> **Point**
> '一点儿＋명사＋都/也＋没有'는 '조금의 ～도 없다'라는 표현입니다.
> 예) 我现在一点儿钱也没有。
> 나는 지금 약간의 돈도 없다.

041

□ 一般结婚的程序是先登记再举行婚礼。

□ Yìbān jiéhūn de chéngxù shì xiān dēngjì zài jǔxíng hūnlǐ.

□ 일반적인 결혼 절차는 먼저 혼인신고를 하고 그런 다음 결혼식을 올리는 것이다.

- 程序 chéngxù 명 ① 순서, 단계, 절차 ② 프로그램
- 登记 dēngjì 통 등기하다, 등록하다
- 婚礼 hūnlǐ 명 혼례, 결혼식

> **Point**
> '先A再B'는 '먼저 A하고 그런 다음 B하다'라는 표현입니다. 여기서 再는 반복을 뜻하는 '다시', '또'가 아님을 주의하세요.

042

□ 在农村生活的记忆对他来说非常宝贵。

□ Zài nóngcūn shēnghuó de jìyì duì tā láishuō fēicháng bǎoguì.

□ 농촌에서 생활한 기억은 그에게 있어서 매우 소중하다.

- 农村 nóngcūn 명 농촌
- 记忆 jìyì 명 기억 통 기억하다
- 宝贵 bǎoguì 형 귀중하다, 소중하다

043

□ 妹妹上幼儿园时就知道很多成语，真了不起。

□ Mèimei shàng yòu'éryuán shí jiù zhīdào hěn duō chéngyǔ, zhēn liǎobuqǐ.

□ 여동생은 유치원에 다닐 때 많은 성어를 알았다. 정말 대단하다.

- 幼儿园 yòu'éryuán 명 유치원
- 成语 chéngyǔ 명 성어
- 了不起 liǎobuqǐ 형 대단하다

044

□ 据说这个车库拆掉以后，会在这儿建一个宠物医院。

□ Jùshuō zhège chēkù chāi diào yǐhòu, huì zài zhèr jiàn yí ge chǒngwù yīyuàn.

□ 듣기로 이 차고를 헐어버린 후, 이곳에 동물병원을 하나 지을 것이라고 한다.

- 据说 jùshuō 통 말하는 바에 의하면, 듣건대
- 车库 chēkù 명 차고
- 拆 chāi 통 ① (붙어있는 것을) 뜯다, 떼다 ② 헐다, 해체하다, 분해하다
- 宠物 chǒngwù 명 반려견, 반려동물

> **Point**
> • 据说는 据와 说 사이에 3인칭 사람을 넣어 말할 수 있습니다.
> 예) 据他说…… 그가 말하길~
>   据医生说…… 의사가 말하길~
> • 동사 뒤에 掉를 쓰면 결과보어로서 '~해버리다'의 뜻입니다.
> 예) 吃掉 먹어버리다
>   扔掉 내버리다
>   去掉 없애버리다

045

她提高声调骂我做什么事都不敢冒险，简直是个胆小鬼。

Tā tígāo shēngdiào mà wǒ zuò shénme shì dōu bù gǎn màoxiǎn, jiǎnzhí shì ge dǎnxiǎoguǐ.

그녀는 목소리를 높여 내가 무슨 일을 해도 다 대담하게 모험을 하지 않고, 그야말로 겁쟁이라고 질책했다.

- **声调** shēngdiào 명 ① 말투, 어조, 톤, 목소리 ② 성조
- **骂** mà 통 욕하다, 질책하다, 꾸짖다
- **冒险** màoxiǎn 이합 모험하다, 위험을 무릅쓰다
- **简直** jiǎnzhí 부 그야말로, 정말
- **胆小鬼** dǎnxiǎoguǐ 명 겁쟁이

046

这里的历史神秘悠久，流传着很多与龙相关的神话传说。

Zhèlǐ de lìshǐ shénmì yōujiǔ, liúchuán zhe hěn duō yǔ lóng xiāngguān de shénhuà chuánshuō.

이곳의 역사는 신비하고 유구하며, 용과 관련된 많은 신화 전설이 전해져 오고 있다.

- **神秘** shénmì 형 신비하다
- **悠久** yōujiǔ 형 유구하다
- **流传** liúchuán 통 널리 전해 오다
- **龙** lóng 명 용
- **相关** xiāngguān 통 상관되다, 관련되다
- **神话** shénhuà 명 신화
- **传说** chuánshuō 명 전설

047

当面对成长中的困难时，我们不能失去勇气，也不能逃避。

Dāng miànduì chéngzhǎng zhōng de kùnnan shí, wǒmen bù néng shīqù yǒngqì, yě bù néng táobì.

자라면서 어려움에 직면했을 때, 우리는 용기를 잃어서는 안 되며, 도피해서도 안 된다.

- **面对** miànduì 통 만나다, 직면하다
- **成长** chéngzhǎng 통 성장하다, 자라다
- **失去** shīqù 통 잃다, 잃어버리다
- **勇气** yǒngqì 명 용기
- **逃避** táobì 통 도피하다

048

这本书的结论是，早在公元前几千年前人类就已经发现了黄金的价值。

Zhè běn shū de jiélùn shì, zǎo zài gōngyuán qián jǐ qiān nián qián rénlèi jiù yǐjīng fāxiàn le huángjīn de jiàzhí.

이 책의 결론은 일찍이 기원전 몇천 년 전 인류가 이미 황금의 가치를 발견했다는 것이다.

- **结论** jiélùn 명 결론 *下结论 결론을 내리다 / 得出结论 결론을 얻다
- **公元** gōngyuán 명 서기
- **人类** rénlèi 명 인류
- **黄金** huángjīn 명 황금
- **价值** jiàzhí 명 가치

알고나면 쉬워지는

최은정의 시크릿노트

---

1 동태조사 着 문장 033, 035, 036, 046

- 진행형 문장에서 동사 뒤에 쓰여 동작의 지속을 나타냅니다.

  주어 + 正/在/正在 + 동사 + 着 …… 呢。

  예) **我正在看着书呢。**   나는 마침 책을 읽고 있는 중이다.

- 두 가지 동작을 동시에 할 때 첫 번째 동사 뒤에 와서 '~하면서 ~하다'라는 뜻을 나타냅니다.

  동사1 + 着 + 동사2

  예) **他看着书吃饭。**   그는 책을 보면서 밥을 먹는다.

2 就 vs 才

문장 048

- 就 : 동작의 발생이 예상보다 이를 때

  예) **他三点就来了。** 그는 3시에 이미 왔다.

- 才 : 동작의 발생이 예상보다 늦을 때

  예) **他三点才来。** 그는 3시가 되어서야 왔다.

033

그는 식량이 담긴 보따리 하나를 몸에 지니고 있다.

他 ⬚⬚ 带着一个 ⬚⬚ ⬚⬚ 的 ⬚⬚ 。

    suíshēn   zhuāng liángshi   bāoguǒ

034

야채 속의 영양물질은 매우 쉽게 인체에 의해 흡수된다.

⬚⬚ 中的 ⬚⬚ 很容易被人体 ⬚⬚ 。

shūcài   yíngyǎng wùzhì   xīshōu

035

충전기를 가지고 외출해요. 만일 배터리가 방전되면요?

带着 ⬚⬚ 出门吧， ⬚⬚ 没电了呢?

    chōngdiànqì   wànyī   diànchí

036

중국은 지금 아직도 섣달그믐날 저녁 폭죽을 터뜨리는 전통을 간직하고 있다.

中国现在还 ⬚⬚ 着 ⬚⬚ 晚上放 ⬚⬚ 的 ⬚⬚ 。

    bǎoliú   chúxī   biānpào chuántǒng

빠른
정답

033 他随身带着一个装粮食的包裹。
034 蔬菜中的营养物质很容易被人体吸收。
035 带着充电器出门吧，万一电池没电了呢?
036 中国现在还保留着除夕晚上放鞭炮的传统。

037

이번 회 학부 학생들은 졸업 후에 많은 이들이 방송국에 실습하러 갈 것이다.

这 ⬜（jiè） ⬜（běnkē） 学生毕业后，很多人都会去 ⬜（diàntái） ⬜（shíxí）。

038

800m 결승전에서 시종일관 앞쪽에서 돌진했던 그 사람이 챔피언이 되었다.

800米 ⬜（juésài） 中， ⬜（shǐzhōng） ⬜（chōng） 在前面的那个人获得了 ⬜（guànjūn）。

039

엄마는 온종일 집안일을 하고 아이들을 위해 마음을 쓰는데, 그녀는 이것이 자신의 의무라고 생각한다.

妈妈整天做 ⬜（jiāwù）， 为孩子们 ⬜（cāoxīn）， 她觉得这是自己的 ⬜（yìwù）。

040

아침 지하철 객실 칸 안은 매우 혼잡해서 조금의 남는 이동 공간도 없다.

早上地铁 ⬜（chēxiāng） 里十分 ⬜（yōngjǐ）， 一点儿 ⬜（duōyú） 的 ⬜（yídòng） ⬜（kōngjiān） 也没有。

빠른
정답

037 这届本科学生毕业后，很多人都会去电台实习。
038 800米决赛中，始终冲在前面的那个人获得了冠军。
039 妈妈整天做家务，为孩子们操心，她觉得这是自己的义务。
040 早上地铁车厢里十分拥挤，一点儿多余的移动空间也没有。

Unit 03   41

041

일반적인 결혼 절차는 먼저 혼인신고를 하고 그런 다음 결혼식을 올리는 것이다.

一般结婚的 　　　　 是先 　　　　 再举行 　　　　 。
　　　　　 chéngxù　　　 dēngjì　　　　 hūnlǐ

042

농촌에서 생활한 기억은 그에게 있어서 매우 소중하다.

在 　　　　 生活的 　　　　 对他来说非常 　　　　 。
　 nóngcūn　　　 jìyì　　　　　　　 bǎoguì

043

여동생은 유치원에 다닐 때 많은 성어를 알았다. 정말 대단하다.

妹妹上 　　　　 时就知道很多 　　　　 ，真 　　　　 。
　　　 yòu'éryuán　　　　　 chéngyǔ　　 liǎobuqǐ

044

듣기로 이 차고를 헐어버린 후, 이곳에 동물병원을 하나 지을 것이라고 한다.

　　　　 这个 　　　　　　 掉以后，会在这儿建一个 　　　　 医院。
jùshuō　 chēkù　 chāi　　　　　　　　　　　　　 chǒngwù

🔓 빠른
정답

041 一般结婚的程序是先登记再举行婚礼。
042 在农村生活的记忆对他来说非常宝贵。
043 妹妹上幼儿园时就知道很多成语，真了不起。
044 据说这个车库拆掉以后，会在这儿建一个宠物医院。

045

그녀는 목소리를 높여 내가 무슨 일을 해도 다 대담하게 모험을 하지 않고, 그야말로 겁쟁이라고 질책했다.

她提高 _____ _____ 我做什么事都不敢 _____ , _____ 是个
　　　shēngdiào　mà　　　　　　　　　　　màoxiǎn　　jiǎnzhí

_____ 。
dǎnxiǎoguǐ

046

이곳의 역사는 신비하고 유구하며, 용과 관련된 많은 신화 전설이 전해져 오고 있다.

这里的历史 _____ _____ , _____ 着很多与 _____ _____ 的
　　　　　shénmì　yōujiǔ　　　liúchuán　　　　lóng　xiāngguān

_____ _____ 。
shénhuà chuánshuō

047

자라면서 어려움에 직면했을 때, 우리는 용기를 잃어서는 안 되며, 도피해서도 안 된다.

当 _____ _____ 中的困难时，我们不能 _____ _____ ，也不能
　miànduì chéngzhǎng　　　　　　　　shīqù　yǒngqì

_____ 。
táobì

048

이 책의 결론은 일찍이 기원전 몇천 년 전 인류가 이미 황금의 가치를 발견했다는 것이다.

这本书的 _____ 是，早在 _____ 前几千年前 _____ 就已经发现了
　　　　jiélùn　　　　　gōngyuán　　　　　　rénlèi

_____ 的 _____ 。
huángjīn　jiàzhí

빠른
정답

045 她提高声调骂我做什么事都不敢冒险，简直是个胆小鬼。

046 这里的历史神秘悠久，流传着很多与龙相关的神话传说。

047 当面对成长中的困难时，我们不能失去勇气，也不能逃避。

048 这本书的结论是，早在公元前几千年前人类就已经发现了黄金的价值。

Unit 04

049

报社出版了一本初级汉语词汇教材。

Bàoshè chūbǎn le yì běn chūjí Hànyǔ cíhuì jiàocái.

신문사는 한 권의 초급 중국어 어휘 교재를 출판했다.

- **报社** bàoshè 몡 신문사
- **出版** chūbǎn 동 출판하다
- **初级** chūjí 몡 초급
- **词汇** cíhuì 몡 어휘
- **教材** jiàocái 몡 교재

050

哥哥写的销售报告得到了大家的称赞。

Gēge xiě de xiāoshòu bàogào dédào le dàjiā de chēngzàn.

오빠가 쓴 판매 보고서는 모두의 칭찬을 받았다.

- **销售** xiāoshòu 동 팔다, 판매하다
- **报告** bàogào 몡 보고(서), 리포트 동 보고하다
- **称赞** chēngzàn 몡 칭찬 동 칭찬하다

051

教授承认自己的物理研究没有很大的成果。

Jiàoshòu chéngrèn zìjǐ de wùlǐ yánjiū méi yǒu hěn dà de chéngguǒ.

교수는 자신의 물리학 연구에 큰 성과는 없다고 인정했다.

- **承认** chéngrèn 동 인정하다, 시인하다
- **物理** wùlǐ 몡 물리(학)
- **成果** chéngguǒ 몡 성과

052

学生时期应该多参与集体活动，多和同学们接触。

Xuéshēng shíqī yīnggāi duō cānyù jítǐ huódòng, duō hé tóngxuémen jiēchù.

학생 시기에는 단체 활동에 많이 참여하고, 반 친구들과 많이 접촉해야 한다.

- **时期** shíqī 몡 시기
- **参与** cānyù 동 참여하다
- **集体** jítǐ 몡 집단, 단체
- **接触** jiēchù 동 접촉하다

Point

多가 동사 앞에 쓰이면 명령, 제안의 문장이
되고, 동사 뒤에 오면 결과보어로 쓰입니다.

예) 多吃吧。 많이 먹어라.
　　吃多了。 많이 먹었다.

053

放文具的抽屉里有一把尺子，你可以找出来递给我吗？

Fàng wénjù de chōuti lǐ yǒu yì bǎ chǐzi, nǐ kěyǐ zhǎo chūlái dì gěi wǒ ma?

문구를 넣어두는 서랍 안에 자가 하나 있는데, 당신이 찾아내서 나에게 건네줄 수 있나요?

- **文具** wénjù 명 문구
- **抽屉** chōuti 명 서랍
- **尺子** chǐzi 명 자
- **递** dì 동 넘겨주다, 건네주다, 전해주다

054

多亏你叫救护车把外公送到急诊，现在他的情况已经稳定了。

Duōkuī nǐ jiào jiùhùchē bǎ wàigōng sòng dào jízhěn, xiànzài tā de qíngkuàng yǐjīng wěndìng le.

당신이 구급차를 불러서 외할아버지를 응급실에 보내준 덕분에 지금 그의 상황은 이미 안정되었다.

- **多亏** duōkuī 동 덕분이다
- **救护车** jiùhùchē 명 구급차
- **外公** wàigōng 동 외조부, 외할아버지
- **急诊** jízhěn 명 응급 진료, 응급실 동 응급 진료하다
- **稳定** wěndìng 형 안정하다, 안정적이다 동 안정시키다

055

国家改革以后，劳动妇女的地位提高了，男女越来越平等了。

Guójiā gǎigé yǐhòu, láodòng fùnǚ de dìwèi tígāo le, nánnǚ yuèláiyuè píngděng le.

국가 개혁 이후 근로 여성의 지위가 향상되었고, 남녀는 갈수록 평등해졌다.

- **改革** gǎigé 명 개혁 동 개혁하다
- **劳动** láodòng 명 노동 동 노동하다
- **妇女** fùnǚ 명 부녀자, 여성
- **地位** dìwèi 명 지위
- **平等** píngděng 형 평등하다

056

他们连续十年没见，因为有时差，联系也不方便，难怪感情变淡了。

Tāmen liánxù shí nián méi jiàn, yīnwèi yǒu shíchā, liánxì yě bù fāngbiàn, nánguài gǎnqíng biàn dàn le.

그들은 10년간 계속 만나지 못했고, 시차가 있어서 연락도 불편했다. 당연히 감정이 식어버렸다.

- **连续** liánxù 동 연속하다, 계속하다
- **时差** shíchā 명 시차 *倒dǎo时差 시차에 적응하다
- **难怪** nánguài 부 당연히, 어쩐지, 과연 =怪不得
- **淡** dàn 형 ① (액체나 기체 속의 성분이) 적다, 엷다, 희박하다 ② (맛이) 싱겁다 ③ (색이) 엷다 ↔浓 짙다

057

这个房间太暗了，不如多安装几个灯。

Zhège fángjiān tài àn le, bùrú duō ānzhuāng jǐ ge dēng.

이 방은 너무 어두워서 몇 개의 등을 더 설치하는 편이 낫다.

- 暗 àn [형] 어둡다, 캄캄하다 ↔亮 밝다
- 不如 bùrú [동] ~만 못하다, ~하는 편이 낫다
- 安装 ānzhuāng [동] 설치하다, 장치하다

058

他总是做没把握的事情，迟早会吃亏的。

Tā zǒngshì zuò méi bǎwò de shìqing, chízǎo huì chīkuī de.

그는 항상 가망 없는 일을 해서 언젠가 손해를 보게 될 것이다.

- 把握 bǎwò [명] 자신, 가망, 성공의 가능성 [동] 잡다, 파악하다
- 迟早 chízǎo [부] 조만간, 언젠가 =早晚=总有一天
- 吃亏 chīkuī [이합] 손해를 보다

059

你应该学会吸取教训，不然不会进步的。

Nǐ yīnggāi xué huì xīqǔ jiàoxùn, bùrán bú huì jìnbù de.

당신은 교훈을 받아들이는 법을 배워야 해요. 그렇지 않으면 진보하지 않을 거예요.

- 吸取 xīqǔ [동] ① (영양을) 빨아들이다, 섭취하다 ② (경험이나 교훈을) 받아들이다
- 教训 jiàoxùn [명] 교훈 [동] 가르치고 타이르다, 훈계하다
- 不然 bùrán [접] 그렇지 않으면
- 进步 jìnbù [동] 진보하다 [형] 진보적이다

060

爸爸无奈地沉默下来，不想再和妈妈吵了。

Bàba wúnài de chénmò xiàlái, bù xiǎng zài hé māma chǎo le.

아빠는 어쩔 수 없이 침묵했고, 더는 엄마와 언쟁하고 싶지 않아 했다.

- 无奈 wúnài [동] 어쩔 수 없다, 할 수 없다, 부득이하다
- 沉默 chénmò [형] 입이 무겁다, 말이 적다 [동] 침묵하다
- 吵 chǎo [형] 시끄럽다 [동] 말다툼하다, 언쟁하다

> **Point**
> '형용사+下来'는 주로 빠름에서 느림으로, 움직임에서 정지로, 밝음에서 어둠으로 등의 변화를 나타냅니다.

061

演讲的时候要抓住中心，省略那些次要的内容。

Yǎnjiǎng de shíhou yào zhuā zhù zhōngxīn, shěnglüè nàxiē cìyào de nèiróng.

강연할 때는 핵심을 붙잡고, 부차적인 내용을 생략해야 한다.

- **演讲** yǎnjiǎng 동 강연하다, 연설하다
- **抓** zhuā 동 (물건, 요점, 마음 등을) 잡다
- **中心** zhōngxīn 명 ① 중심, 사물의 주요 부분 ② 센터
- **省略** shěnglüè 동 생략하다
- **次要** cìyào 형 이차적인, 부차적인, 다음으로 중요한

> **✿ Point**
> 住는 동사 뒤에서 결과보어로 사용할 수 있습니다.
> 예) **站住** 서다 [고정·정지]
> **顶住** 버티다, 지탱하다 [견고·안정]

062

这个行业对形象有很高的要求，此外也重视学历。

Zhège hángyè duì xíngxiàng yǒu hěn gāo de yāoqiú, cǐwài yě zhòngshì xuélì.

이 업종은 이미지에 대해 매우 높은 요구가 있고, 이 밖에 학력도 중시한다.

- **行业** hángyè 명 업계, 업종
- **形象** xíngxiàng 명 형상, 이미지 형 생동감 있다
- **此外** cǐwài 접 이 밖에, 이 외에
- **学历** xuélì 명 학력

063

这些天真单纯的孩子有时候调皮、淘气，有时候很乖。

Zhèxiē tiānzhēn dānchún de háizi yǒu shíhou tiáopí、táoqì, yǒu shíhou hěn guāi.

이 천진하고 단순한 아이들은 때로는 말을 안 듣고 장난이 심하고, 때로는 말을 잘 듣는다.

- **天真** tiānzhēn 형 ① 천진하다, 순수하다, 꾸밈없다 ② 유치하다, 단순하다
- **单纯** dānchún 형 단순하다
- **调皮** tiáopí 형 말을 잘 듣지 않다, 장난스럽다
- **淘气** táoqì 형 장난이 심하다
- **乖** guāi 형 (어린이가) 얌전하다, 말을 잘 듣다, 착하다

064

手机突然振动了一阵，我被吓到了，感觉心脏受到了刺激。

Shǒujī tūrán zhèndòng le yí zhèn, wǒ bèi xià dào le, gǎnjué xīnzàng shòu dào le cìjī.

휴대폰이 갑자기 잠시 진동했고, 나는 놀라서 심장이 자극을 받았다고 느꼈다.

- **振动** zhèndòng 동 진동하다
- **阵** zhèn 양 짧은 시간, 잠시 동안
- **吓** xià 동 놀라다
- **心脏** xīnzàng 명 심장
- **刺激** cìjī 명 자극 동 자극하다

알고나면 쉬워지는

최은정의 시크릿노트

1 多亏의 쓰임

문장 054

- 多亏 A，才 B：A한 덕분에 B하다

  예) **多亏你提醒，我才没迟到。**
  네가 알려준 덕분에 나는 늦지 않았다.

- 多亏 A，要不然 / 否则 B：A해서 다행이지, 그렇지 않으면 B할 뻔하다

  예) **多亏你提醒，否则我就迟到了。**
  네가 알려줘서 다행이다. 안 그랬으면 나는 늦을 뻔했다.

2 비교 관계

문장 057

- A 比 B……：A ＞ B

  예) **这间屋比那间屋还亮。**　　이 방은 저 방보다 환하다.

- A 没有 B……：A ＜ B

  예) **这间屋没有那间屋那么亮。**　　이 방은 저 방만큼 환하지 않다.

- A 不如 B(……)：A ＜ B

  예) **这间屋不如那间屋那么亮。**　　이 방은 저 방처럼 환하지 않다.

3 상용 어휘 결합

문장 051, 052, 054, 058, 059

- **承认 ＋ 错误** 잘못을 인정하다
- **参与 ＋ 活动** 활동에 참여하다
- **稳定 ＋ 情绪** 정서를 안정시키다
- **把握 ＋ 机会 / 重点** 기회를 잡다/중점을 파악하다
- **吸取 ＋ 营养 / 教训** 영양을 섭취하다/교훈을 받아들이다

写一写 우리말 해석을 참고하여 빈칸에 알맞은 중국어를 쓰세요.

049

신문사는 한 권의 초급 중국어 어휘 교재를 출판했다.

　　　　　了一本　　　　汉语　　　　　　　。

bàoshè　　chūbǎn　　　　chūjí　　　　cíhuì　　jiàocái

050

오빠가 쓴 판매 보고서는 모두의 칭찬을 받았다.

哥哥写的　　　　　　　　得到了大家的　　　　　　。

　　　　xiāoshòu　bàogào　　　　　　　chēngzàn

051

교수는 자신의 물리학 연구에 큰 성과는 없다고 인정했다.

教授　　　自己的　　　研究没有很大的　　　　　。

　　chéngrèn　　　　wùlǐ　　　　　　chéngguǒ

052

학생 시기에는 단체 활동에 많이 참여하고, 반 친구들과 많이 접촉해야 한다.

学生　　　应该多　　　　　活动，多和同学们　　　　。

　　　shíqī　　　cānyù　jítǐ　　　　　　jiēchù

빠른
정답

049 报社出版了一本初级汉语词汇教材。
050 哥哥写的销售报告得到了大家的称赞。
051 教授承认自己的物理研究没有很大的成果。
052 学生时期应该多参与集体活动，多和同学们接触。

053

문구를 넣어두는 서랍 안에 자가 하나 있는데, 당신이 찾아내서 나에게 건네줄 수 있나요?

放　　　　的　　　　　里有一把　　　　　，你可以找出来　　　　给我
　　wénjù　　　　chōuti　　　　　　chǐzi　　　　　　　　　　dì

吗？

054

당신이 구급차를 불러서 외할아버지를 응급실에 보내준 덕분에 지금 그의 상황은 이미 안정되었다.

　　　　　你叫　　　　把　　　　送到　　　　　，现在他的情况已经
duōkuī　　　jiùhùchē　　wàigōng　　jízhěn

　　　　　了。
wěndìng

055

국가 개혁 이후 근로 여성의 지위가 향상되었고, 남녀는 갈수록 평등해졌다.

国家　　　　以后，　　　　　　　的　　　　提高了，男女越来越
　　gǎigé　　　　　　láodòng　　fùnǚ　　dìwèi

　　　　了。
píngděng

056

그들은 10년간 계속 만나지 못했고, 시차가 있어서 연락도 불편했다. 당연히 감정이 식어버렸다.

他们　　　　十年没见，因为有　　　　，联系也不方便，　　　　感情
　　liánxù　　　　　　　　shíchā　　　　　　　　nánguài

变　　　了。
　dàn

빠른
정답

053 放文具的抽屉里有一把尺子，你可以找出来递给我吗？

054 多亏你叫救护车把外公送到急诊，现在他的情况已经稳定了。

055 国家改革以后，劳动妇女的地位提高了，男女越来越平等了。

056 他们连续十年没见，因为有时差，联系也不方便，难怪感情变淡了。

057

이 방은 너무 어두워서 몇 개의 등을 더 설치하는 편이 낫다.

这个房间太 ＿＿＿ 了，＿＿＿ 多 ＿＿＿ 几个灯。

　　　　　　àn　　　　　bùrú　　　ānzhuāng

058

그는 항상 가망 없는 일을 해서 언젠가 손해를 보게 될 것이다.

他总是做没 ＿＿＿ 的事情，＿＿＿ 会 ＿＿＿ 的。

　　　　　bǎwò　　　　chízǎo　　　chīkuī

059

당신은 교훈을 받아들이는 법을 배워야 해요. 그렇지 않으면 진보하지 않을 거예요.

你应该学会 ＿＿＿ ＿＿＿ ，＿＿＿ 不会 ＿＿＿ 的。

　　　　xīqǔ　jiàoxùn　　bùrán　　　jìnbù

060

아빠는 어쩔 수 없이 침묵했고, 더는 엄마와 언쟁하고 싶지 않아 했다.

爸爸 ＿＿＿ 地 ＿＿＿ 下来，不想再和妈妈 ＿＿＿ 了。

　　　wúnài　chénmò　　　　　　　chǎo

빠른
정답

057 这个房间太暗了，不如多安装几个灯。

058 他总是做没把握的事情，迟早会吃亏的。

059 你应该学会吸取教训，不然不会进步的。

060 爸爸无奈地沉默下来，不想再和妈妈吵了。

061

강연할 때는 핵심을 붙잡고, 부차적인 내용을 생략해야 한다.

　　　　的时候要　　　住　　　，　　　　那些　　　　的内容。
yǎnjiǎng　　　　　zhuā　　zhōngxīn　　shěnglüè　　cìyào

062

이 업종은 이미지에 대해 매우 높은 요구가 있고, 이 밖에 학력도 중시한다.

这个　　　对　　　有很高的要求，　　　也重视　　　。
hángyè　xíngxiàng　　　　　　cǐwài　　　xuélì

063

이 천진하고 단순한 아이들은 때로는 말을 안 듣고 장난이 심하고, 때로는 말을 잘 듣는다.

这些　　　　　　的孩子有时候　　　、　　　，有时候很
tiānzhēn　dānchún　　　　tiáopí　　táoqì

　　　。
guāi

064

휴대폰이 갑자기 잠시 진동했고, 나는 놀라서 심장이 자극을 받았다고 느꼈다.

手机突然　　　了一　　　，我被　　　到了，感觉　　　受到
zhèndòng　　zhèn　　　xià　　　xīnzàng

了　　　。
cìjī

🔓 빠른
정답

061 演讲的时候要抓住中心，省略那些次要的内容。

062 这个行业对形象有很高的要求，此外也重视学历。

063 这些天真单纯的孩子有时候调皮、淘气，有时候很乖。

064 手机突然振动了一阵，我被吓到了，感觉心脏受到了刺激。

065 ☑ 他下决心从此戒酒，不再去酒吧了。
　　□ Tā xià juéxīn cóngcǐ jièjiǔ, bú zài qù jiǔbā le.
　　□ 그는 이제부터 술을 끊고 다시는 술집에 가지 않겠다고 결심했다.

- 决心 juéxīn 명 결심 동 결심하다
- 从此 cóngcǐ 부 ① 이제부터, 지금부터 ② 여기부터, 이곳부터
- 戒 jiè 동 끊다, 중단하다
- 酒吧 jiǔbā 명 바, 술집

> **Point**
> 명사 决心 앞에 동사 下를 붙여
> '결심하다'라는 표현을 씁니다.
> ＊做决定 결정하다

066 □ 她如果不耐烦了，便会直接表现出来。
　　□ Tā rúguǒ búnàifán le, biàn huì zhíjiē biǎoxiàn chūlái.
　　□ 그녀는 만약 못 참겠으면 직접 드러낼 것이다.

- 不耐烦 búnàifán 형 못 참다, 귀찮다, 성가시다
- 便 biàn 부 곧, 즉 ＝就
- 表现 biǎoxiàn ① (자신의 태도, 품행, 능력을 겉으로) 드러내다 ② 과시하다

067 □ 能控制好自己的情绪和表情也是一种本领。
　　□ Néng kòngzhì hǎo zìjǐ de qíngxù hé biǎoqíng yě shì yì zhǒng běnlǐng.
　　□ 자신의 정서와 표정을 잘 제어할 수 있는 것 또한 일종의 능력이다.

- 控制 kòngzhì 동 제어하다, 규제하다, 억제하다
- 情绪 qíngxù 명 정서, 기분
- 表情 biǎoqíng 명 표정
- 本领 běnlǐng 명 재능, 능력

068 □ 具备承受痛苦的能力，是一个人成熟的标志。
　　□ Jùbèi chéngshòu tòngkǔ de nénglì, shì yí ge rén chéngshú de biāozhì.
　　□ 고통을 견디는 능력을 갖추는 것은 한 사람이 성숙했다는 지표이다.

- 具备 jùbèi 동 갖추다
- 承受 chéngshòu 동 견디다, 감당하다
- 痛苦 tòngkǔ 명 고통, 아픔 형 고통스럽다, 괴롭다
- 成熟 chéngshú 형 ① (과일, 곡식 등이) 익다, 여물다 ② 성숙하다
- 标志 biāozhì 명 표지, 지표, 상징 동 상징하다, 명시하다

> **Point**
> 具备는 추상적 목적어를 '갖추고 있다'라는 의미로 '구비하다'라고 해석하지 않습니다.
> 예) 具备条件 조건을 갖추다
> 　　具备资格 자격을 갖추다

069

政府很重视青少年一代男女比例不平衡的问题。

Zhèngfǔ hěn zhòngshì qīngshàonián yídài nánnǚ bǐlì bù pínghéng de wèntí.

정부는 청소년 세대의 남녀 비율 불균형 문제를 매우 중시한다.

- **政府** zhèngfǔ 몡 정부
- **青少年** qīngshàonián 몡 청소년
- **比例** bǐlì 몡 비례, 비율
- **平衡** pínghéng 톙 평형하다, 균형이 맞다 튕 평형이 되게 하다, 균형 있게 하다

070

我所尊敬的教授不仅很有学问，而且很讲究道德。

Wǒ suǒ zūnjìng de jiàoshòu bùjǐn hěn yǒu xuéwèn, érqiě hěn jiǎngjiu dàodé.

내가 존경하는 교수님은 매우 학식이 있을 뿐만 아니라, 게다가 도덕을 매우 중요시한다.

- **所** suǒ 줩 ① 동사를 명사화함 ② 동사 앞에 붙어 함께 명사를 수식함 ③ '被', '为'와 함께 피동을 나타냄
- **尊敬** zūnjìng 툉 존경하다 톙 존경스럽다
- **学问** xuéwèn 몡 ① 학문 ② 학식, 지식
- **讲究** jiǎngjiu 몡 따져볼 만한 것, 주의할 만한 내용 ＊有讲究 따져볼 것이 있다 톙 중요하게 여기다, 신경을 쓰다, 주의하다 ＊讲究卫生 위생을 중시하다 톙 정교하다, 꼼꼼하다
- **道德** dàodé 몡 도덕 톙 도덕적이다

071

公司提前制定了很多原则，从而预防了一些问题的产生。

Gōngsī tíqián zhìdìng le hěn duō yuánzé, cóng'ér yùfáng le yìxiē wèntí de chǎnshēng.

회사는 사전에 많은 원칙을 세웠고, 이에 따라 일부 문제 발생을 예방했다.

- **制定** zhìdìng 툉 제정하다, 만들다, 세우다
- **原则** yuánzé 몡 원칙
- **从而** cóng'ér 줩 따라서
- **预防** yùfáng 툉 예방하다
- **产生** chǎnshēng 몡 발생, 출현 툉 발생하다, 출현하다, 나타나다

072

她在最后一场射击比赛中失去了优势，让对手获得了胜利。

Tā zài zuìhòu yì chǎng shèjī bǐsài zhōng shīqù le yōushì, ràng duìshǒu huòdé le shènglì.

그녀는 마지막 한 차례의 사격 경기에서 우위를 잃었고, 상대로 하여금 승리를 차지하게 했다.

- **射击** shèjī 몡 사격 툉 사격하다
- **失去** shīqù 툉 잃다, 잃어버리다
- **优势** yōushì 몡 우세, 우위
- **对手** duìshǒu 몡 상대
- **胜利** shènglì 몡 승리 툉 승리하다

073

□ 我们应该从根本上阻止病毒的传播。

□ Wǒmen yīnggāi cóng gēnběn shàng zǔzhǐ bìngdú de chuánbō.

□ 우리는 근본적으로 바이러스의 전파를 막아야 한다.

- **根本** gēnběn 몡 근본 튄 전혀, 아예 [부정을 강조]
- **阻止** zǔzhǐ 통 저지하다, 가로막다
- **病毒** bìngdú 몡 ① 바이러스 ② 컴퓨터 바이러스
- **传播** chuánbō 몡 전파, 유포 통 전파하다, 널리 퍼뜨리다

074

□ 除非先交押金，不然不能用这间屋子。

□ Chúfēi xiān jiāo yājīn, bùrán bù néng yòng zhè jiān wūzi.

□ 오직 먼저 보증금을 내야지, 그렇지 않으면 이 방을 사용할 수 없다.

- **除非** chúfēi 젭 ① 오직 ~하여야 ＝只有 ② ~하지 않고서는
- **押金** yājīn 몡 보증금, 담보금, 선금
- **不然** bùrán 혱 그렇지 않다 젭 그렇지 않으면
- **屋子** wūzi 몡 ① 집 ② 방

075

□ 别耽误时间了，尽快看看日历确定日程吧。

□ Bié dānwu shíjiān le, jǐnkuài kànkan rìlì quèdìng rìchéng ba.

□ 시간을 지체하지 말고, 되도록 빨리 달력을 좀 보고 일정을 확정하세요.

- **耽误** dānwu 통 시간을 지체하다, (시간을 지체하다가) 일을 그르치다
- **尽快** jǐnkuài 튄 되도록 빨리
- **日历** rìlì 몡 달력
- **确定** quèdìng 혱 확정적이다 통 확정하다
- **日程** rìchéng 몡 일정

076

□ 妹妹边吃冰激凌边投入地看有狮子的动画片。

□ Mèimei biān chī bīngjīlíng biān tóurù de kàn yǒu shīzi de dònghuàpiàn.

□ 여동생은 아이스크림을 먹으면서 사자가 있는 애니메이션을 몰두해서 본다.

- **冰激凌** bīngjīlíng 몡 아이스크림 ＝冰淇淋
- **投入** tóurù 혱 전념하다, 몰두하다 통 ① (자금, 인력 등을) 투입하다 ② (시간, 열정 등을) 쏟아 붓다
- **狮子** shīzi 몡 사자
- **动画片** dònghuàpiàn 몡 만화 영화, 애니메이션

★ Point

'把……投入到……中去'는 '~을 ~에 쏟아 붓다'라는 표현입니다.

예) 我把大部分时间投入到读书中去。
　　 나는 대부분의 시간을 책을 읽는 데 전념한다.

077

☐ **你的脑袋挡住字幕了, 可以坐得低一点儿吗?**

☐ Nǐ de nǎodai dǎng zhù zìmù le, kěyǐ zuò de dī yìdiǎnr ma?

☐ 당신의 머리가 자막을 가리는데, 좀 낮게 앉아줄 수 있나요?

- **脑袋** nǎodai 몡 ① 뇌, 머리 ② 두뇌, 지능
- **挡** dǎng 통 ① 막다, 차단하다 ② 가리다
- **字幕** zìmù 몡 자막

078

☐ **我只是不小心摔倒了, 不要紧, 你没必要来看我。**

☐ Wǒ zhǐshì bù xiǎoxīn shuāidǎo le, búyàojǐn, nǐ méi bìyào lái kàn wǒ.

☐ 나는 단지 조심하지 않아서 넘어진 건데 괜찮아요. 당신은 나를 보러 올 필요 없어요.

- **摔倒** shuāidǎo 통 자빠지다, 넘어지다, 엎어지다
- **不要紧** búyàojǐn 혱 괜찮다, 문제 없다, 대수롭지 않다
- **必要** bìyào 몡 필요 [주로 '有必要', '没(有)必要'로 사용] 혱 필요로 하다

079

☐ **这座温暖的岛屿上有很多美丽的沙滩, 生长着很多竹子。**

☐ Zhè zuò wēnnuǎn de dǎoyǔ shàng yǒu hěn duō měilì de shātān, shēngzhǎng zhe hěn duō zhúzi.

☐ 이 따뜻한 섬에는 아름다운 백사장이 많고, 대나무가 많이 자라고 있다.

- **温暖** wēnnuǎn 혱 따뜻하다, 따스하다
- **岛屿** dǎoyǔ 몡 섬
- **沙滩** shātān 몡 모래사장, 백사장
- **生长** shēngzhǎng 통 성장하다, 나서 자라다
- **竹子** zhúzi 몡 대나무

080

☐ **哥哥对桃毛过敏, 碰到桃不但会打喷嚏, 还会全身发痒。**

☐ Gēge duì táo máo guòmǐn, pèng dào táo búdàn huì dǎ pēntì, hái huì quán shēn fā yǎng.

☐ 형은 복숭아털에 알레르기가 있어서 복숭아를 만지면 재채기를 할 뿐만 아니라, 온몸이 가렵게 된다.

- **桃** táo 몡 복숭아
- **过敏** guòmǐn 혱 과민하다, 예민하다 통 알레르기가 있다, 알레르기 반응을 보이다
  *对……过敏 ~에 알레르기가 있다
- **碰** pèng 통 ① 부딪히다, 충돌하다 ② 닿다, 건드리다, 만지다 ③ (우연히) 만나다, 마주치다
- **打喷嚏** dǎ pēntì 재채기를 하다
- **痒** yǎng 혱 가렵다, 근질근질하다

최은정의 시크릿노트

---

1 所의 쓰임

문장 070

- 동사 앞에 쓰여 동사를 명사화합니다.

  예) **我的汉语有所提高。** 내 중국어는 향상됐다.
        명사

- 동사 앞에서 명사를 함께 수식하면서 문어체 성격을 띠게 합니다.
  이때는 생략할 수 있습니다.

  예) **我(所)看的电影** 내가 보는 영화

- 'A 被/为 B＋所＋동사'의 형식으로 피동문에 쓰입니다.

  예) **我被他的话所感动。** 나는 그의 말에 감동했다.

2 除非의 쓰임

문장 074

- **除非A, 才B** : 오직 A해야 B하다

  예) **除非坚持不懈地努力，你才能成功。**
  꾸준히 노력해야만 너는 성공할 수 있다.

- **除非A, 要不然(的话) / 不然(的话) / 要不 / 否则 B** :
  오직 A해야지, 그렇지 않으면 B하다

  예) **除非坚持不懈地努力，否则你不能成功。**
  꾸준히 노력하지 않고서는 너는 성공할 수 없다.

3 상용 어휘 결합

문장 068, 071, 072, 075

- **具备 ＋ 能力 / 条件 / 资格** 능력을/조건을/자격을 갖추다
- **制定 ＋ 原则 / 目标 / 计划** 원칙을/목표를/계획을 세우다
- **产生 ＋ 问题 / 感情 / 误会** 문제가/감정이/오해가 생기다
- **失去 ＋ 机会 / 信心 / 勇气** 기회를/자신을/용기를 잃다
- **耽误 ＋ 时间 / 休息 / 治疗** 시간을 허비하다/휴식을 놓치다/치료를 놓치다
- **安排 / 确定 ＋ 日程** 일정을 계획하다/확정하다

写一写 우리말 해석을 참고하여 빈칸에 알맞은 중국어를 쓰세요.

065

그는 이제부터 술을 끊고 다시는 술집에 가지 않겠다고 결심했다.

他下　　　　　　　　　　酒，不再去　　　　　了。
　　　juéxīn　　cóngcǐ　　jiè　　　　　　　jiǔbā

066

그녀는 만약 못 참겠으면 직접 드러낼 것이다.

她如果　　　了，　　　　会直接　　　　出来。
　　　　búnàifán　　　　biàn　　　　biǎoxiàn

067

자신의 정서와 표정을 잘 제어할 수 있는 것 또한 일종의 능력이다.

能　　　好自己的　　　和　　　也是一种　　　　。
　kòngzhì　　　　　qíngxù　　biǎoqíng　　　　běnlǐng

068

고통을 견디는 능력을 갖추는 것은 한 사람이 성숙했다는 지표이다.

　　　　　　　　　　的能力，是一个人　　　的　　　　。
jùbèi　chéngshòu　tòngkǔ　　　　　　chéngshú　biāozhì

🔑 빠른
정답

065 他下决心从此戒酒，不再去酒吧了。
066 她如果不耐烦了，便会直接表现出来。
067 能控制好自己的情绪和表情也是一种本领。
068 具备承受痛苦的能力，是一个人成熟的标志。

069

정부는 청소년 세대의 남녀 비율 불균형 문제를 매우 중시한다.

_____ 很重视 _____ 一代男女 _____ 不 _____ 的问题。

zhèngfǔ　　qīngshàonián　　　bǐlì　　　pínghéng

070

내가 존경하는 교수님은 매우 학식이 있을 뿐만 아니라, 게다가 도덕을 매우 중요시한다.

我 _____ 的教授不仅很有 _____，而且很 _____ _____。

suǒ　zūnjìng　　　　　　xuéwèn　　　　jiǎngjiu　dàodé

071

회사는 사전에 많은 원칙을 세웠고, 이에 따라 일부 문제 발생을 예방했다.

公司提前 _____ 了很多 _____，_____ _____ 了一些问题的

zhìdìng　　　　yuánzé　　cóng'ér　yùfáng

_____。

chǎnshēng

072

그녀는 마지막 한 차례의 사격 경기에서 우위를 잃었고, 상대로 하여금 승리를 차지하게 했다.

她在最后一场 _____ 比赛中 _____ 了 _____，让 _____ 获得了

shèjī　　　　shīqù　　yōushì　　duìshǒu

_____。

shènglì

빠른
정답

069 政府很重视青少年一代男女比例不平衡的问题。
070 我所尊敬的教授不仅很有学问，而且很讲究道德。
071 公司提前制定了很多原则，从而预防了一些问题的产生。
072 她在最后一场射击比赛中失去了优势，让对手获得了胜利。

073

우리는 근본적으로 바이러스의 전파를 막아야 한다.

我们应该从 _____ 上 _____ _____ 的 _____ 。

      gēnběn   zǔzhǐ   bìngdú   chuánbō

074

오직 먼저 보증금을 내야지, 그렇지 않으면 이 방을 사용할 수 없다.

_____ 先交 _____ ， _____ 不能用这间 _____ 。

chúfēi   yājīn   bùrán   wūzi

075

시간을 지체하지 말고, 되도록 빨리 달력을 좀 보고 일정을 확정하세요.

别 _____ 时间了， _____ 看看 _____ _____ _____ 吧。

   dānwu   jǐnkuài   rìlì   quèdìng   rìchéng

076

여동생은 아이스크림을 먹으면서 사자가 있는 애니메이션을 몰두해서 본다.

妹妹边吃 _____ 边 _____ 地看有 _____ 的 _____ 。

    bīngjīlíng   tóurù   shīzi   dònghuàpiàn

빠른
정답

073 我们应该从根本上阻止病毒的传播。

074 除非先交押金，不然不能用这间屋子。

075 别耽误时间了，尽快看看日历确定日程吧。

076 妹妹边吃冰激凌边投入地看有狮子的动画片。

077

당신의 머리가 자막을 가리는데, 좀 낮게 앉아줄 수 있나요?

你的 ____ ____ 住 ____ 了，可以坐得低一点儿吗？

　　nǎodai　dǎng　　zìmù

078

나는 단지 조심하지 않아서 넘어진 건데 괜찮아요. 당신은 나를 보러 올 필요 없어요.

我只是不小心 ____ 了， ____ ，你没 ____ 来看我。

　　shuāidǎo　　búyàojǐn　　bìyào

079

이 따뜻한 섬에는 아름다운 백사장이 많고, 대나무가 많이 자라고 있다.

这座 ____ 的 ____ 上有很多美丽的 ____ ， ____ 着很多

wēnnuǎn　dǎoyǔ　　　　shātān　shēngzhǎng

____ 。

zhúzi

080

형은 복숭아털에 알레르기가 있어서 복숭아를 만지면 재채기를 할 뿐만 아니라, 온몸이 가렵게 된다.

哥哥对 ____ 毛 ____ ， ____ 到 ____ 不但会 ____ ，还会

　　táo　　guòmǐn　　pèng　　táo　　dǎ pēntì

全身发 ____ 。

yǎng

빠른
정답

077 你的脑袋 挡住字幕了，可以坐得低一点儿吗？

078 我只是不小心摔倒了，不要紧，你没必要来看我。

079 这座温暖的岛屿上有很多美丽的沙滩，生长着很多竹子。

080 哥哥对桃毛过敏，碰到桃不但会打喷嚏，还会全身发痒。

Unit 06

081 ☑ 你随时可以在操场上看见有人在打太极拳。

☐ Nǐ suíshí kěyǐ zài cāochǎng shàng kànjiàn yǒu rén zài dǎ tàijíquán.

☐ 당신은 언제든지 운동장에서 누군가 태극권을 하는 것을 볼 수 있어요.

· **随时** suíshí 뷔 수시로, 언제나
· **操场** cāochǎng 몡 운동장
· **太极拳** tàijíquán 몡 태극권 ＊打/练+太极拳 태극권을 하다

082 ☐ 这种穿着很舒适的牛仔裤是为成人设计的。

☐ Zhè zhǒng chuān zhe hěn shūshì de niúzǎikù shì wèi chéngrén shèjì de.

☐ 이런 입고 있으면 매우 편안한 청바지는 성인을 위해 디자인한 것이다.

· **舒适** shūshì 혱 쾌적하다, 편안하다
· **牛仔裤** niúzǎikù 몡 청바지
· **成人** chéngrén 몡 성인
· **设计** shèjì 몡 설계, 디자인 통 설계하다, 디자인하다

083 ☐ 今天在博物馆有一个古代美术作品的展览。

☐ Jīntiān zài bówùguǎn yǒu yí ge gǔdài měishù zuòpǐn de zhǎnlǎn.

☐ 오늘 박물관에서 고대 미술 작품 전시회가 하나 있다.

· **博物馆** bówùguǎn 몡 박물관
· **古代** gǔdài 몡 고대
· **美术** měishù 몡 미술
· **作品** zuòpǐn 몡 작품
· **展览** zhǎnlǎn 몡 전시(회), 전람(회) 통 전시하다, 전람하다

084 ☐ 他不但没虚心接受批评，还否认了自己的错误。

☐ Tā búdàn méi xūxīn jiēshòu pīpíng, hái fǒurèn le zìjǐ de cuòwù.

☐ 그는 겸손하게 비판을 받아들이지 않았을 뿐만 아니라, 또한 자신의 잘못을 부인했다.

· **虚心** xūxīn 혱 겸손하다 ＝谦虚
· **否认** fǒurèn 통 부인하다, 부정하다

085

制作这种窗帘儿的布使用了进口原料，很结实。

Zhìzuò zhè zhǒng chuāngliánr de bù shǐyòng le jìnkǒu yuánliào, hěn jiēshi.

이 종류의 커튼을 제작한 천은 수입한 원료를 사용해서 질기다.

- **制作** zhìzuò 통 제작하다, 제조하다, 만들다
- **窗帘(儿)** chuānglián(r) 명 커튼, 블라인드
- **布** bù 명 천
- **进口** jìnkǒu 이합 수입하다
- **原料** yuánliào 명 원료
- **结实** jiēshi 형 ① 단단하다, 질기다 ② (신체가) 튼튼하다, 건강하다

086

与其讲抽象的理论，不如给学生举几个具体的例子。

Yǔqí jiǎng chōuxiàng de lǐlùn, bùrú gěi xuésheng jǔ jǐ ge jùtǐ de lìzi.

추상적인 이론을 강의하느니, 학생에게 몇 개의 구체적인 예를 드는 것이 낫다.

- **与其** yǔqí 접 ~하느니
- **抽象** chōuxiàng 형 추상적이다
- **理论** lǐlùn 명 이론
- **不如** bùrú 통 ~만 못하다, ~하는 편이 낫다
- **具体** jùtǐ 형 구체적이다

087

他闯进来的时候拿着枪，大家以为他要杀人，都吓傻了。

Tā chuǎng jìnlái de shíhou ná zhe qiāng, dàjiā yǐwéi tā yào shā rén, dōu xià shǎ le.

그가 뛰어 들어왔을 때 총을 들고 있었고, 다들 그가 사람을 죽이려고 한다고 생각해서 모두 놀라 멍해졌다.

- **闯** chuǎng 통 갑자기 뛰어들다
- **枪** qiāng 명 총
- **杀** shā 통 죽이다, 살해하다
- **吓** xià 통 놀라다
- **傻** shǎ 형 ① 어리석다, 미련하다 ② 멍하다

> **Point**
> - 认为: 객관적이고 정확한 견해나 판단에 쓰입니다.
> - 以为: 주관적인 생각이 객관적 사실과 다를 때 '착각하다', '잘못 생각하다' 등의 의미로 쓰입니다.

088

姥姥 去世前年纪已经很大了，眼睛又瞎了，走路需要别人扶着。

Lǎolao qùshì qián niánjì yǐjīng hěn dà le, yǎnjing yòu xiā le, zǒu lù xūyào biérén fú zhe.

외할머니는 돌아가시기 전에 연세가 이미 많으셨고 눈도 멀어서, 길을 걸으려면 다른 사람이 부축할 필요가 있었다.

- **姥姥** lǎolao 명 외할머니
- **去世** qùshì 통 세상을 떠나다, 사망하다
- **年纪** niánjì 명 (사람의) 연령, 나이
- **瞎** xiā 통 눈이 멀다, 실명하다 부 근거 없이, 함부로 *瞎说 허튼 소리를 하다
- **扶** fú 통 (손으로) 떠받치다, 부축하다

089
☐ 欧洲人可以熟练地靠叉子吃饭。
☐ Ōuzhōu rén kěyǐ shúliàn de kào chāzi chīfàn.
☐ 유럽 사람은 숙련되게 포크에 의지해서 밥을 먹을 수 있다.

- **欧洲** Ōuzhōu 몡 유럽
- **熟练** shúliàn 혱 숙련되어 있다, 능숙하다
- **靠** kào 통 기대하다, 의지하다
- **叉子** chāzi 몡 포크

> ⭐ **Point**
> **熟练**은 주로 기술, 조작, 기교 등이 능숙함을
> 나타내고, **熟悉**는 주로 어떤 상황, 장소, 사람
> 에 대해 잘 알고 있음을 나타냅니다.

090
☐ 这两家公司之间因为合同问题产生了矛盾。
☐ Zhè liǎng jiā gōngsī zhījiān yīnwèi hétong wèntí chǎnshēng le máodùn.
☐ 이 두 회사 간에 계약 문제 때문에 갈등이 생겼다.

- **合同** hétong 몡 계약(서)
- **产生** chǎnshēng 통 생기다, 발생하다, 나타나다
- **矛盾** máodùn 몡 ① 모순 ② 갈등 혱 모순적이다 통 모순되다

091
☐ 我在犹豫要不要答应朋友那个自私的请求。
☐ Wǒ zài yóuyù yào bú yào dāying péngyou nàge zìsī de qǐngqiú.
☐ 나는 친구의 그 이기적인 부탁을 승낙해야 할지 말아야 할지 주저하고 있다.

- **犹豫** yóuyù 통 주저하다, 망설이다
- **答应** dāying 통 ① 대답하다 ② 동의하다, 승낙하다, 허락하다
- **自私** zìsī 혱 이기적이다
- **请求** qǐngqiú 몡 요구, 요청, 부탁 통 요청하다, 부탁하다

092
☐ 我们公司这次生产的数码产品有很多新功能。
☐ Wǒmen gōngsī zhè cì shēngchǎn de shùmǎ chǎnpǐn yǒu hěn duō xīn gōngnéng.
☐ 우리 회사가 이번에 생산한 디지털 제품은 많은 새로운 기능이 있다.

- **生产** shēngchǎn 통 생산하다
- **数码** shùmǎ 몡 디지털
- **产品** chǎnpǐn 몡 제품, 생산품
- **功能** gōngnéng 몡 기능

093

姐姐很寂寞，因为她的生活相当单调，缺乏乐趣。

Jiějie hěn jìmò, yīnwèi tā de shēnghuó xiāngdāng dāndiào, quēfá lèqù.

언니는 쓸쓸한데, 그녀의 생활이 상당히 단조롭고 즐거움이 부족하기 때문이다.

- **寂寞** jìmò 혱 적막하다, 쓸쓸하다
- **相当** xiāngdāng 튀 상당히, 무척, 꽤 통 상당하다, 비슷하다 혱 적합하다, 알맞다
- **单调** dāndiào 혱 단조롭다
- **缺乏** quēfá 혱 부족하다, 모자라다

094

公司老板对比以后发现，今年投资获得的利润涨了。

Gōngsī lǎobǎn duìbǐ yǐhòu fāxiàn, jīnnián tóuzī huòdé de lìrùn zhǎng le.

회사 사장은 대조해본 후, 올해 투자를 해서 얻은 이윤이 올랐다는 것을 발견했다.

- **老板** lǎobǎn 명 주인, 사장
- **对比** duìbǐ 명 비, 비율 통 대비하다, 대조하다
- **投资** tóuzī 명 투자 통 투자하다
- **利润** lìrùn 명 이윤
- **涨** zhǎng 통 ① 물이 불어나다 ② (값이) 오르다

095

他说自己受伤了让你救他，是逗你呢，不要听他胡说。

Tā shuō zìjǐ shòushāng le ràng nǐ jiù tā, shì dòu nǐ ne, bú yào tīng tā húshuō.

그가 자신이 상처를 입었다며 너더러 그를 구해달라고 하는 것은 너를 놀리는 거니까, 그가 허튼소리 하는 것을 듣지 마.

- **受伤** shòushāng 이합 상처를 입다, 부상을 당하다
- **救** jiù 통 구하다, 구조하다
- **逗** dòu 통 희롱하다, 놀리다, 골리다 혱 우습다, 재미있다
- **胡说** húshuō 통 터무니없는 말을 하다, 허튼소리를 하다, 엉터리로 말하다

096

只是等待而不追求想要的东西，是没有意义的，只会留下遗憾。

Zhǐshì děngdài ér bù zhuīqiú xiǎng yào de dōngxi, shì méi yǒu yìyì de, zhǐ huì liúxià yíhàn.

단지 기다리기만 하고 원하는 것을 추구하지 않는 것은 의미가 없는 것이며, 오직 유감만 남기게 된다.

- **等待** děngdài 통 기다리다
- **追求** zhuīqiú 통 추구하다
- **意义** yìyì 명 ① 뜻, 의미 ② 의의, 가치
- **遗憾** yíhàn 명 유감 혱 유감스럽다

알고나면 쉬워지는

최은정의 시크릿노트

1. 与其 A，不如 B vs 宁可 A，也不 B

문장 086

- **与其 A，不如 B** : A하느니 차라리 B하다 → [B 선택]

  예) **与其看电影，不如休息。** 영화를 보느니 차라리 쉬겠다.

- **宁可 A，也不 B** : 차라리 A하지, B하지 않다 → [A 선택]

  예) **宁可休息，也不想看电影。** 차라리 쉬지 영화를 보고 싶지 않다.

2. 产生 vs 生产

문장 090, 092

产生과 生产은 의미가 유사하지만 쓰임새가 다릅니다.

- **生产 + 구체적 사물**

  예) **生产产品** 상품을 생산하다

  　　生产电脑 컴퓨터를 생산하다

- **产生 + 추상적인 것**

  예) **产生感情** 감정이 생기다

  　　产生影响 영향을 끼치다

  　　产生问题 문제가 발생하다

3 형용사 相当

문장 093

相当이 '같다', '비슷하다'라는 뜻의 형용사로 쓰였을 때 주로 'A跟/和/与B相当' 또는 'A相当于B'의 형식으로 쓰여 'A는 B와 비슷하다'라는 의미를 나타냅니다.

예) 学生证跟学生的身份证相当。　　학생증은 학생의 신분증과 같다.
　　学生证相当于学生的身份证。

4 상용 어휘 결합

문장 093, 094, 096

- 缺乏 + 乐趣 / 经验 / 知识　즐거움이/경험이/지식이 부족하다
- 获得 + 利润 / 冠军 / 胜利　이윤을/우승을/승리를 얻다
- 留下 + 遗憾 / 印象 / 财产　유감을/인상을/재산을 남기다

写一写 우리말 해석을 참고하여 빈칸에 알맞은 중국어를 쓰세요.

081

당신은 언제든지 운동장에서 누군가 태극권을 하는 것을 볼 수 있어요.

你 ＿＿＿ 可以在 ＿＿＿ 上看见有人在打 ＿＿＿ 。
   suíshí   cāochǎng   tàijíquán

082

이런 입고 있으면 매우 편안한 청바지는 성인을 위해 디자인한 것이다.

这种穿着很 ＿＿＿ 的 ＿＿＿ 是为 ＿＿＿ ＿＿＿ 的。
    shūshì   niúzǎikù   chéngrén shèjì

083

오늘 박물관에서 고대 미술 작품 전시회가 하나 있다.

今天在 ＿＿＿ 有一个 ＿＿＿ ＿＿＿ ＿＿＿ 的 ＿＿＿ 。
  bówùguǎn   gǔdài měishù zuòpǐn zhǎnlǎn

084

그는 겸손하게 비판을 받아들이지 않았을 뿐만 아니라, 또한 자신의 잘못을 부인했다.

他不但没 ＿＿＿ 接受批评，还 ＿＿＿ 了自己的错误。
    xūxīn   fǒurèn

 빠른
정답

081 你随时可以在操场上看见有人在打太极拳。
082 这种穿着很舒适的牛仔裤是为成人设计的。
083 今天在博物馆有一个古代美术作品的展览。
084 他不但没虚心接受批评，还否认了自己的错误。

085

이 종류의 커튼을 제작한 천은 수입한 원료를 사용해서 질기다.

这种 ___ 的 ___ 使用了 ___ , 很 ___ 。

zhìzuò chuāngliánr bù jìnkǒu yuánliào jiēshi

086

추상적인 이론을 강의하느니, 학생에게 몇 개의 구체적인 예를 드는 것이 낫다.

___ 讲 ___ 的 ___ , ___ 给学生举几个 ___ 的例子。

yǔqí chōuxiàng lǐlùn bùrú jùtǐ

087

그가 뛰어 들어왔을 때 총을 들고 있었고, 다들 그가 사람을 죽이려고 한다고 생각해서 모두 놀라 멍해졌다.

他 ___ 进来的时候拿着 ___ , 大家以为他要 ___ 人，都

chuǎng qiāng shā

___ ___ 了。

xià shǎ

088

외할머니는 돌아가시기 전에 연세가 이미 많으셨고 눈도 멀어서, 길을 걸으려면 다른 사람이 부축할 필요가 있었다.

___ ___ 前 ___ 已经很大了，眼睛又 ___ 了，走路需要

lǎolao qùshì niánjì xiā

别人 ___ 着。

fú

빠른
정답

085 制作这种窗帘儿的布使用了进口原料，很结实。

086 与其讲抽象的理论，不如给学生举几个具体的例子。

087 他闯进来的时候拿着枪，大家以为他要杀人，都吓傻了。

088 姥姥去世前年纪已经很大了，眼睛又瞎了，走路需要别人扶着。

089 유럽 사람은 숙련되게 포크에 의지해서 밥을 먹을 수 있다.

___人可以___地___吃饭。

Ōuzhōu　　shúliàn　　kào　　chāzi

090 이 두 회사 간에 계약 문제 때문에 갈등이 생겼다.

这两家公司之间因为___问题___了___。

hétong　　chǎnshēng　　máodùn

091 나는 친구의 그 이기적인 부탁을 승낙해야 할지 말아야 할지 주저하고 있다.

我在___要不要___朋友那个___的___。

yóuyù　　dāying　　zìsī　　qǐngqiú

092 우리 회사가 이번에 생산한 디지털 제품은 많은 새로운 기능이 있다.

我们公司这次___的___有很多新___。

shēngchǎn　　shùmǎ　　chǎnpǐn　　gōngnéng

빠른
정답

089 欧洲人可以熟练地靠叉子吃饭。
090 这两家公司之间因为合同问题产生了矛盾。
091 我在犹豫要不要答应朋友那个自私的请求。
092 我们公司这次生产的数码产品有很多新功能。

093

언니는 쓸쓸한데, 그녀의 생활이 상당히 단조롭고 즐거움이 부족하기 때문이다.

姐姐很 ____ ，因为她的生活 ____ ____ ， ____ 乐趣。

jìmò　　　　　　　xiāngdāng dāndiào　quēfá

094

회사 사장은 대비해본 후, 올해 투자를 해서 얻은 이윤이 올랐다는 것을 발견했다.

公司 ____ ____ 以后发现，今年 ____ 获得的 ____ ____

lǎobǎn　duìbǐ　　　　　　tóuzī　　　lìrùn　zhǎng

了。

095

그가 자신이 상처를 입었다며 너더러 그를 구해달라고 하는 것은 너를 놀리는 거니까, 그가 허튼소리 하는 것을 듣지 마.

他说自己 ____ 了让你 ____ 他，是 ____ 你呢，不要听他

shòushāng　　　jiù　　　dòu

____ 。

húshuō

096

단지 기다리기만 하고 원하는 것을 추구하지 않는 것은 의미가 없는 것이며, 오직 유감만 남기게 된다.

只是 ____ 而不 ____ 想要的东西，是没有 ____ 的，只会留下

dēngdài　　zhuīqiú　　　　　　　yìyì

____ 。

yíhàn

097
英俊的他娶了个丑女人，还对她很体贴。

Yīngjùn de tā qǔ le ge chǒu nǚrén, hái duì tā hěn tǐtiē.

멋진 그는 못생긴 여자를 아내로 얻었고, 또 그녀에게 자상하다.

- **英俊** yīngjùn 형 잘생기다, 멋지다
- **娶** qǔ 동 장가가다, 아내를 얻다
- **丑** chǒu 형 못생기다
- **体贴** tǐtiē 동 자상하게 돌보다

098
现在的汇率非常适合用韩币兑换人民币。

Xiànzài de huìlǜ fēicháng shìhé yòng hánbì duìhuàn rénmínbì.

지금의 환율은 한국 화폐를 사용해서 인민폐로 환전하기에 매우 적합하다.

- **汇率** huìlǜ 명 환율
- **兑换** duìhuàn 동 현금으로 바꾸다, 화폐로 교환하다, 환전하다
- **人民币** rénmínbì 명 인민폐

099
妈妈把高档的围巾系在脖子上绕了两圈。

Māma bǎ gāodàng de wéijīn jì zài bózi shàng rào le liǎng quān.

엄마는 고급 스카프를 목에 매고 두 바퀴를 감았다.

- **高档** gāodàng 형 고급의
- **围巾** wéijīn 명 목도리, 스카프
- **系** jì 동 매다, 묶다 *系领带 넥타이를 매다 / 系安全带 안전띠를 매다
- **脖子** bózi 명 목
- **绕** rào 동 ① 둘둘 감다, 휘감다 ② 감싸고 돌다, 빙글빙글 돌다 ③ 우회하다, 길을 돌아서 가다
- **圈** quān 명 원, 동그라미 동 ① 둘러싸다 ② 원을 그리다

> **Point**
> '把+A+동사+在+B'는 'A를 B에 ~하다'
> 라는 표현입니다.
> 예) 你把书放在桌子上。
> 너는 책을 책상 위에 놓아라.

100
哥哥是一个有个性有思想，而且很独立的人。

Gēge shì yí ge yǒu gèxìng yǒu sīxiǎng, érqiě hěn dúlì de rén.

형은 한 명의 개성 있고 생각 있으며, 게다가 매우 독립적인 사람이다.

- **个性** gèxìng 명 개성
- **思想** sīxiǎng 명 사상, 의식, 생각
- **独立** dúlì 형 독립적이다 동 독립하다

101 在接受心理咨询的时候，她一直显得很不安。

Zài jiēshòu xīnlǐ zīxún de shíhou, tā yìzhí xiǎnde hěn bù'ān.

심리 자문을 받을 때, 그녀는 줄곧 불안해 보였다.

- 心理 xīnlǐ 몡 심리
- 咨询 zīxún 통 자문하다, 상의하다, 의논하다
- 显得 xiǎnde 통 ~하게 보이다
- 不安 bù'ān 혱 불안하다

> **Point**
> 동사 显得 뒤에는 주로 형용사 목적어가 옵니다.
> 예) 显得很年轻 젊어 보이다
> 显得很聪明 똑똑해 보이다

102 你的提纲已经很完善了，其余的不需要我再补充了。

Nǐ de tígāng yǐjing hěn wánshàn le, qíyú de bù xūyào wǒ zài bǔchōng le.

당신의 개요는 이미 완벽해서 나머지 것은 내가 다시 보충할 필요가 없어요.

- 提纲 tígāng 몡 대강, 개요
- 完善 wánshàn 혱 완벽하다, 나무랄 데가 없다 통 완벽하게 하다
- 其余 qíyú 떼 나머지, 남은 것
- 补充 bǔchōng 통 보충하다

103 能在沙漠中发现数千吨煤炭资源，真是一个奇迹。

Néng zài shāmò zhōng fāxiàn shù qiān dūn méitàn zīyuán, zhēn shì yí ge qíjì.

사막 속에서 수천 톤의 석탄 자원을 발견할 수 있다는 것은 정말 하나의 기적이다.

- 沙漠 shāmò 몡 사막
- 吨 dūn 양 톤
- 煤炭 méitàn 몡 석탄
- 资源 zīyuán 몡 자원
- 奇迹 qíjì 몡 기적

> **Point**
> 克 kè 그램(g) / 公斤 gōngjīn 킬로그램(kg) = 千克 qiānkè

104 去北京被称为"胡同"的地方，经常能看到人们在下象棋。

Qù Běijīng bèi chēng wéi "hútòng"de dìfang, jīngcháng néng kàn dào rénmen zài xià xiàngqí.

베이징의 '골목'이라 불리는 곳에 가면, 종종 사람들이 장기를 두고 있는 것을 볼 수 있다.

- 称 chēng 통 부르다, 칭하다
- 胡同 hútòng 몡 골목
- 象棋 xiàngqí 몡 장기 *下象棋 장기를 두다

105

□ 我的家乡盖起了无数的高楼大厦。

□ Wǒ de jiāxiāng gài qǐ le wúshù de gāolóu dàshà.

□ 나의 고향은 무수한 고층 빌딩을 짓기 시작했다.

- **家乡** jiāxiāng 명 고향
- **盖** gài 명 덮개, 뚜껑 동 ① 덮다, 씌우다 ② 건축하다, 짓다 *盖房子 집을 짓다
- **无数** wúshù 형 무수하다, 매우 많다
- **大厦** dàshà 명 고층 건물, 빌딩

106

□ 制造假的营业执照的中介被罚款了。

□ Zhìzào jiǎ de yíngyè zhízhào de zhōngjiè bèi fákuǎn le.

□ 가짜 영업 허가증을 만든 브로커는 벌금을 부과 당했다.

- **制造** zhìzào 동 제조하다, 만들다
- **营业** yíngyè 동 영업하다
- **执照** zhízhào 명 면허증, 허가증, 인가증
- **中介** zhōngjiè 명 중개, 매개
- **罚款** fákuǎn 명 벌금, 과태료 이합 벌금을 내다, 벌금을 부과하다

107

□ 长辈说话时小孩子插嘴，是没礼貌的表现。

□ Zhǎngbèi shuō huà shí xiǎo háizi chāzuǐ, shì méi lǐmào de biǎoxiàn.

□ 연장자가 말할 때 어린아이가 말참견하는 것은 예의가 없는 태도이다.

- **长辈** zhǎngbèi 명 손윗사람, 연장자
- **插** chā 동 ① 끼우다, 삽입하다, 꽂다 ② 개입하다, 끼어들다
- **表现** biǎoxiàn 동 ① (자신의 태도, 품행, 능력을 겉으로) 드러내다 ② 과시하다 명 태도, 품행, 활약

108

□ 做实验时我们需要参考一下书上的实验步骤。

□ Zuò shíyàn shí wǒmen xūyào cānkǎo yíxià shū shàng de shíyàn bùzhòu.

□ 실험할 때 우리는 책의 실험 순서를 좀 참고할 필요가 있다.

- **实验** shíyàn 명 실험 동 실험하다
- **参考** cānkǎo 동 참고하다
- **步骤** bùzhòu 명 (일 진행의) 순서, 절차, 차례, 단계

109

请你发表一下参加这次夏令营的体会和感想吧。

Qǐng nǐ fābiǎo yíxià cānjiā zhè cì xiàlìngyíng de tǐhuì hé gǎnxiǎng ba.

당신은 이번 하계 캠프에 참가한 체험과 감상을 한번 발표해 보세요.

- **发表** fābiǎo 통 발표하다
- **夏令营** xiàlìngyíng 명 하계 캠프
- **体会** tǐhuì 명 체득, 이해 통 체험하여 터득하다, 이해하다
- **感想** gǎnxiǎng 명 감상

110

老板不断地催他赶紧干活儿，所以他很不痛快。

Lǎobǎn búduàn de cuī tā gǎnjǐn gànhuór, suǒyǐ tā hěn bú tòngkuài.

사장은 끊임없이 그가 서둘러 일하기를 재촉하고, 그래서 그는 매우 기분이 좋지 않다.

- **老板** lǎobǎn 명 주인, 사장
- **不断** búduàn 부 끊임없이 통 끊임없다
- **催** cuī 통 독촉하다, 재촉하다
- **赶紧** gǎnjǐn 부 서둘러, 급히, 재빨리
- **干活(儿)** gànhuó(r) 이합 (육체적인) 일을 하다
- **痛快** tòngkuài 형 ① 유쾌하다, 즐겁다, 기분 좋다 ② (성격이) 시원스럽다, 시원시원하다

111

为了买喜欢的银耳环，妈妈跟柜台老板讨价还价。

Wèile mǎi xǐhuan de yín ěrhuán, māma gēn guìtái lǎobǎn tǎojià huánjià.

좋아하는 은귀걸이를 사기 위해 엄마는 카운터에서 사장과 흥정하고 있다.

- **银** yín 명 은, 실버
- **耳环** ěrhuán 명 귀걸이 ＊**戴**dài**耳环** 귀걸이를 (착용)하다 / **摘**zhāi**耳环** 귀걸이를 빼다
- **柜台** guìtái 명 계산대, 카운터
- **老板** lǎobǎn 명 주인, 사장
- **讨价还价** tǎojià huánjià 흥정하다

112

你觉得主任是会赞成我的想法，还是会否定我的想法呢？

Nǐ juéde zhǔrèn shì huì zànchéng wǒ de xiǎngfǎ, háishi huì fǒudìng wǒ de xiǎngfǎ ne?

당신은 주임이 내 생각에 찬성할 것 같나요, 아니면 내 생각을 부정할 것 같나요?

- **主任** zhǔrèn 명 주임
- **赞成** zànchéng 통 찬성하다
- **否定** fǒudìng 통 부정하다, 반대하다 형 부정적인

> **Point**
>
> 의문문 끝에 呢를 붙이면 어기가 완화됩니다.
>
> 예) 他去哪呢? 그는 어디 가나요?
>
> 他去不去呢? 그는 가나요, 안 가나요?
>
> 他去中国还是去日本呢?
>
> 그는 중국에 가나요, 일본에 가나요?

알고나면 쉬워지는

최은정의 시크릿노트

---

1 合适 VS 适合

문장 098

合适와 适合는 모두 '알맞다', '적합하다'라는 의미를 나타내지만, 쓰임에는 차이가 있습니다.

- 合适는 형용사로 뒤에 목적어를 취할 수 없습니다.

  예) **这件衣服(对你来说)很合适。** 이 옷 (너에게) 잘 어울린다.

- 适合는 동사로 뒤에 목적어를 취할 수 있습니다.

  예) **这件衣服很适合你。** 이 옷 너에게 잘 어울린다.

---

2 동사+一下(儿)와 동사중첩

문장 108

동사 뒤에 一下(儿)를 붙이면 동사를 중첩하여 나타내는 '시험 삼아 하다', '한번 ~해보다', '잠시 ~하다'라는 의미와 같습니다.

예) **吹吹 = 吹一下** (입으로) 불어보다

  安慰安慰 = 安慰一下 위로하다

3 还是 vs 或者

문장 112

- 'A还是B'는 'A 아니면 B'라는 의미로 둘 중 하나만 선택해야 할 때 주로 의문문에서 사용합니다.

  예) **今天是星期三还是星期四?**   오늘은 수요일인가요 아니면 목요일인가요?

- 'A或者B'는 'A 또는 B'라는 의미로 한 가지 또는 두 가지 모두 해당할 때 주로 평서문에서 사용합니다.

  예) **周末他在家睡觉或者看电视。**   주말에 그는 집에서 잠을 자거나 TV를 본다.

4 상용 어휘 결합

문장 102, 108, 109

- **补充 + 内容** 내용을 보충하다
- **参考 + 资料** 자료를 참고하다
- **发表 + 论文** 논문을 발표하다

写一写 우리말 해석을 참고하여 빈칸에 알맞은 중국어를 쓰세요.

097

멋진 그는 못생긴 여자를 아내로 얻었고, 또 그녀에게 자상하다.

　　　的他　　　了个　　　女人，还对她很　　　。
yīngjùn　　　qǔ　　　chǒu　　　　　　tǐtiē

098

지금의 환율은 한국 화폐를 사용해서 인민폐로 환전하기에 매우 적합하다.

现在的　　　非常适合用韩币　　　　　。
　　　huìlǜ　　　　　duìhuàn　rénmínbì

099

엄마는 고급 스카프를 목에 매고 두 바퀴를 감았다.

妈妈把　　　的　　　在　　　上　　　了两圈。
　　gāodàng　　wéijīn　　jì　　bózi　　rào

100

형은 한 명의 개성 있고 생각 있으며, 게다가 매우 독립적인 사람이다.

哥哥是一个有　　　有　　，而且很　　　的人。
　　　gèxìng　　sīxiǎng　　　dúlì

빠른
정답

097 英俊的他娶了个丑女人，还对她很体贴。
098 现在的汇率非常适合用韩币兑换人民币。
099 妈妈把高档的围巾系在脖子上绕了两圈。
100 哥哥是一个有个性有思想，而且很独立的人。

101

심리 자문을 받을 때, 그녀는 줄곧 불안해 보였다.

在接受 _____ _____ 的时候，她一直 _____ 很 _____ 。

xīnlǐ　　zīxún　　　　　　　　xiǎnde　　bù'ān

102

당신의 개요는 이미 완벽해서 나머지 것은 내가 다시 보충할 필요가 없어요.

你的 _____ 已经很 _____ 了，_____ 的不需要我再 _____ 了。

tígāng　　　wánshàn　　　qíyú　　　　　　bǔchōng

103

사막 속에서 수천 톤의 석탄 자원을 발견할 수 있다는 것은 정말 하나의 기적이다.

能在 _____ 中发现数千 _____ _____ _____ ，真是一个 _____ 。

shāmò　　　　　dūn　　méitàn　zīyuán　　　　　　qíjì

104

베이징의 '골목'이라 불리는 곳에 가면, 종종 사람들이 장기를 두고 있는 것을 볼 수 있다.

去北京被 _____ 为 " _____ " 的地方，经常能看到人们在下

chēng　　　　hútòng

_____ 。

xiàngqí

105

나의 고향은 무수한 고층 빌딩을 짓기 시작했다.

我的 ＿＿＿ 起了 ＿＿＿ 的高楼 ＿＿＿ 。

jiāxiāng　gài　　wúshù　　dàshà

106

가짜 영업 허가증을 만든 브로커는 벌금을 부과 당했다.

＿＿＿ 假的 ＿＿＿ 的 ＿＿＿ 被 ＿＿＿ 了。

zhìzào　　yíngyè　zhízhào　zhōngjiè　　fákuǎn

107

연장자가 말할 때 어린아이가 말참견하는 것은 예의가 없는 태도이다.

＿＿＿ 说话时小孩子 ＿＿＿ 嘴，是没礼貌的 ＿＿＿ 。

zhǎngbèi　　　　chā　　　　　biǎoxiàn

108

실험할 때 우리는 책의 실험 순서를 좀 참고할 필요가 있다.

做 ＿＿＿ 时我们需要 ＿＿＿ 一下书上的 ＿＿＿ 。

shíyàn　　　cānkǎo　　　shíyàn　bùzhòu

109

당신은 이번 하계 캠프에 참가한 체험과 감상을 한번 발표해 보세요.

请你 ____ 一下参加这次 ____ 的 ____ 和 ____ 吧。
　　　fābiǎo　　　　　　　　xiàlìngyíng　tǐhuì　　gǎnxiǎng

110

사장은 끊임없이 그가 서둘러 일하기를 재촉하고. 그래서 그는 매우 기분이 좋지 않다.

____ ____ 地 ____ 他 ____ ____ ，所以他很不 ____ 。
lǎobǎn　búduàn　　cuī　　gǎnjǐn　gànhuór　　　　　　　tòngkuài

111

좋아하는 은귀걸이를 사기 위해 엄마는 카운터에서 사장과 흥정하고 있다.

为了买喜欢的 ____ ____ ，妈妈跟 ____ ____ ____ 。
　　　　　　yín　ěrhuán　　　　　　guìtái　lǎobǎn　tǎojià huánjià

112

당신은 주임이 내 생각에 찬성할 것 같나요, 아니면 내 생각을 부정할 것 같나요?

你觉得 ____ 是会 ____ 我的想法，还是会 ____ 我的想法呢？
　　zhǔrèn　　zànchéng　　　　　　　fǒudìng

🔓 빠른
정답

109 请你发表一下参加这次夏令营的体会和感想吧。
110 老板不断地催他赶紧干活儿，所以他很不痛快。
111 为了买喜欢的银耳环，妈妈跟柜台老板讨价还价。
112 你觉得主任是会赞成我的想法，还是会否定我的想法呢？

113 ☑ 油炸食物中有危害健康的成分。

□ Yóuzhá shíwù zhōng yǒu wēihài jiànkāng de chéngfèn.

□ 기름에 튀긴 음식 속에는 건강을 해치는 성분이 있다.

- 油炸 yóuzhá 동 기름에 튀기다
- 食物 shíwù 명 음식물
- 危害 wēihài 동 해치다
  *危害健康 건강을 해치다
- 成分 chéngfèn 명 성분

114 □ 犯了错误就应该主动承担后果。

□ Fàn le cuòwù jiù yīnggāi zhǔdòng chéngdān hòuguǒ.

□ 잘못을 저지르면 자발적으로 결과를 책임져야 한다.

- 主动 zhǔdòng 형 주동적이다, 자발적이다
- 承担 chéngdān 동 맡다, 담당하다
- 后果 hòuguǒ 명 (나쁜) 결과

115 □ 为了实现人生的愿望，朝着未来努力奋斗吧！

□ Wèile shíxiàn rénshēng de yuànwàng, cháozhe wèilái nǔlì fèndòu ba!

□ 인생의 소망을 실현하기 위해 미래를 향해 노력하고 분투합시다!

- 实现 shíxiàn 동 실현하다
- 人生 rénshēng 명 인생
- 愿望 yuànwàng 명 바람, 소망, 희망
- 朝 cháo 전 ~(으)로 향하여
- 未来 wèilái 명 미래
- 奋斗 fèndòu 동 (목적에 도달하기 위해) 분투하다

116 □ 我帮女朋友办好了所有手续后，被她夸了一顿。

□ Wǒ bāng nǚ péngyou bàn hǎo le suǒyǒu shǒuxù hòu, bèi tā kuā le yí dùn.

□ 나는 여자 친구를 도와 모든 수속을 다 처리한 후, 그녀에게 한 바탕 칭찬을 받았다.

- 手续 shǒuxù 명 수속 *办理手续 수속을 밟다
- 夸 kuā 동 ① 과장하다 ② 칭찬하다
- 顿 dùn 양 ① 끼 [끼니를 세는 단위] ② 번, 바탕 [질책, 칭찬, 권고, 욕 등의 횟수를 세는 단위]

117

她吻了一下阳台上的花盆里开出的那朵美丽的花。

Tā wěn le yíxià yángtái shàng de huāpén lǐ kāi chū de nà duǒ měilì de huā.

그녀는 베란다의 화분 속에서 피어난 그 아름다운 꽃에 잠시 입맞춤했다.

- **吻** wěn 동 키스하다, 입맞춤하다
- **阳台** yángtái 명 발코니, 베란다
- **盆** pén 명 대야, 화분
- **朵** duǒ 양 송이, 조각 [꽃이나 구름을 세는 단위]

118

幸亏你事先躲藏起来了，要不就被追上来的敌人发现了。

Xìngkuī nǐ shìxiān duǒcáng qǐlái le, yàobù jiù bèi zhuī shànglái de dírén fāxiàn le.

당신이 미리 도망쳐 숨었으니 다행이지. 그렇지 않으면 추격해온 적에게 발견됐을 거예요.

- **幸亏** xìngkuī 부 다행히, 운 좋게
- **事先** shìxiān 명 사전
- **躲藏** duǒcáng 동 도망쳐 숨다
- **要不** yàobù 접 그렇지 않으면
- **追** zhuī 동 쫓다, 뒤쫓아가다, 추격하다, 뒤따르다
- **敌人** dírén 명 적

119

你愿意就说"嗯"，不愿意就摇摇头，不要像木头一样没反应。

Nǐ yuànyì jiù shuō "èng", bú yuànyì jiù yáoyáo tóu, bú yào xiàng mùtou yíyàng méi fǎnyìng.

너는 원하면 '응'이라고 말하고, 원하지 않으면 고개를 가로저어야지, 마치 나무토막처럼 반응이 없지는 마라.

- **嗯** èng 감 응, 그래
- **摇** yáo 동 (좌우로) 흔들다, 흔들어 움직이다
- **木头** mùtou 명 나무, 나무토막
- **反应** fǎnyìng 명 반응 동 반응하다

120

虽然他身份独特，权力很大，但他经常谦虚地征求别人的意见。

Suīrán tā shēnfèn dútè, quánlì hěn dà, dàn tā jīngcháng qiānxū de zhēngqiú biérén de yìjiàn.

비록 그는 신분이 독특하고 권력이 크지만, 그러나 그는 자주 겸손하게 다른 사람의 의견을 구한다.

- **身份** shēnfèn 명 신분
- **独特** dútè 형 독특하다
- **权力** quánlì 명 권력
- **谦虚** qiānxū 형 겸손하다, 겸허하다 =虚心
- **征求** zhēngqiú 동 (의견을) 구하다
  *征求意见 의견을 구하다

121

☐☐☐ 这张纸很轻，难怪风一吹就飘起来了。

Zhè zhāng zhǐ hěn qīng, nánguài fēng yì chuī jiù piāo qǐlái le.

이 종이는 가벼워서, 어쩐지 바람이 불자 바로 펄럭이기 시작했다.

- **难怪** nánguài 囝 어쩐지
- **吹** chuī 동 ① (바람이) 불다 ② 입으로 불다, 숨을 내뿜다
- **飘** piāo 동 (바람에) 나부끼다, 펄럭이다, 흩날리다

122

☐☐☐ 服务员再三向我们道歉，语气特别诚恳。

Fúwùyuán zàisān xiàng wǒmen dàoqiàn, yǔqì tèbié chéngkěn.

종업원은 여러 번 우리에게 사과했는데, 말투가 매우 간절했다.

- **再三** zàisān 囝 재삼, 여러 번
- **语气** yǔqì 명 어기, 말투, 어투
- **诚恳** chéngkěn 형 진실하다, 간절하다

123

☐☐☐ 这些志愿者是自愿来这么艰苦的地方做老师的。

Zhèxiē zhìyuànzhě shì zìyuàn lái zhème jiānkǔ de dìfang zuò lǎoshī de.

이 자원봉사자들은 자원해서 이렇게 고생스러운 곳에 와서 선생님을 하는 사람들이다.

- **志愿者** zhìyuànzhě 명 지원자, 자원봉사자
- **自愿** zìyuàn 동 자원하다
- **艰苦** jiānkǔ 형 고달프다, 힘들고 어렵다, 고생스럽다

124

☐☐☐ 他彻底破产了，现在说不定连贷款都不能申请。

Tā chèdǐ pòchǎn le, xiànzài shuōbudìng lián dàikuǎn dōu bù néng shēnqǐng.

그는 완전히 파산했고, 지금은 아마 대출조차도 신청할 수 없을 것이다.

- **彻底** chèdǐ 형 철저하다
- **破产** pòchǎn 이합 파산하다
- **说不定** shuōbudìng 囝 아마 ~일 것이다
- **贷款** dàikuǎn 명 대출(금) 이합 대출하다

> **Point**
> - '아마도'라는 뜻의 어기부사: 说不定, 可能, 也许, 或许, 大概, 大约, 恐怕
> - '连……都/也……'는 '~조차도 ~하다'라는 뜻으로 강조를 나타냅니다.

125

我太饿了, 忍不住趁休息的时候吃了一个馒头。

Wǒ tài è le, rěnbuzhù chèn xiūxi de shíhou chī le yí ge mántou.

나는 너무 배가 고파서, 참지 못하고 휴식할 때 얼른 찐빵 하나를 먹었다.

- **忍不住** rěnbuzhù 참을 수 없다, 견딜 수 없다, ~하지 않을 수 없다
- **趁** chèn 젠 (때, 기회를) 이용해서, 틈타서, ~할 때 얼른
- **馒头** mántou 명 (소가 없는) 찐빵

> **Point**
> 趁 뒤에 着를 붙일 수 있으며, 的时候는 생략할 수 있습니다.
> 예) 趁(着)热吃吧! 따뜻할 때 얼른 먹어!

126

他把青春献给了国家, 为建设国家做出了重大的贡献。

Tā bǎ qīngchūn xiàn gěi le guójiā, wèi jiànshè guójiā zuò chū le zhòngdà de gòngxiàn.

그는 청춘을 국가에 바쳤고, 국가 건설을 위해 중대한 공헌을 해냈다.

- **青春** qīngchūn 명 청춘
- **建设** jiànshè 동 건설하다
- **重大** zhòngdà 형 중대하다, 크다
- **贡献** gòngxiàn 명 공헌, 기여 동 공헌하다, 기여하다

127

不管用什么方式, 反正我要说服他取消预订那些乐器。

Bùguǎn yòng shénme fāngshì, fǎnzhèng wǒ yào shuōfú tā qǔxiāo yùdìng nàxiē yuèqì.

무슨 방식을 사용하든 관계없이, 어쨌든 나는 그가 그 악기들을 주문한 것을 취소하도록 설득하려고 한다.

- **方式** fāngshì 명 방식
- **反正** fǎnzhèng 부 어차피, 어쨌든, 아무튼
- **说服** shuōfú 동 설득하다
- **取消** qǔxiāo 동 취소하다
- **预订** yùdìng 동 예약하다, 주문하다
- **乐器** yuèqì 명 악기

128

我只知道这次考试题目的类型, 至于范围, 现在还不确定。

Wǒ zhǐ zhīdào zhè cì kǎoshì tímù de lèixíng, zhìyú fànwéi, xiànzài hái bú quèdìng.

나는 단지 이번 시험 문제의 유형만 알고, 범위에 대해서는 지금 아직 확정적이지 않다.

- **题目** tímù 명 ① 제목 ② 문제
- **类型** lèixíng 명 유형
- **至于** zhìyú 전 ~으로 말하면, ~에 관해서는 [화제를 바꾸거나 제시함] 동 ~의 정도에 이르다
- **范围** fànwéi 명 범위
- **确定** quèdìng 동 확정하다, 확실히 하다 형 확정적이다

> **Point**
> 전치사 至于는 화제를 바꾸거나 다음 화제를 제시하는 역할을 합니다.

알고나면 쉬워지는

최은정의 시크릿노트

---

1 幸亏

문장 118

- 幸亏 A，才 B : A한 덕분에 B하다

  예) **幸亏你提醒，我才没迟到。**
  네가 알려준 덕분에 나는 늦지 않았다.

- 幸亏 A，要不然 / 否则 B : A해서 다행이지, 그렇지 않으면 B할 뻔하다

  예) **幸亏你提醒，否则我就迟到了。**
  네가 알려줘서 다행이다. 안 그랬으면 나는 늦을 뻔했다.

2 不管/无论……

문장 127

'~과(와) 관계없이', '~을(를) 막론하고'라는 의미의 不管, 无论은 뒤에 반드시 의문사나 还是, 또는 정반의문문이 와야 합니다.

예) **不管/无论天气怎么样，我都得去。**　날씨가 어떠하든 나는 가야 한다.
　　　　　　　의문사

　　不管/无论天气好还是不好，我都得去。　날씨가 좋든 안 좋든,
　　　　　　　还是　　　　　　　　　　나는 가야 한다.

　　不管/无论天气好不好，我都得去。　날씨가 좋거나 좋지 않거나,
　　　　　　　정반의문문　　　　　　나는 가야 한다.

3 상용 어휘 결합

문장 114, 115, 126

- 犯 / 承认 / 改正 + 错误　잘못을 저지르다/인정하다/고치다
- 承担 + 后果 / 责任 / 风险　결과를/책임을/위험을 짊어지다
- 实现 + 理想 / 梦想 / 目标　이상을/꿈을/목표를 실현하다
- 建设 + 国家 / 城市 / 经济　국가를/도시를/경제를 건설하다

우리말 해석을 참고하여 빈칸에 알맞은 중국어를 쓰세요.

113

기름에 튀긴 음식 속에는 건강을 해치는 성분이 있다.

_____ 中有 _____ 健康的 _____ 。
yóuzhá   shíwù   wēihài   chéngfèn

114

잘못을 저지르면 자발적으로 결과를 책임져야 한다.

犯了错误就应该 _____ 。
          zhǔdòng chéngdān hòuguǒ

115

인생의 소망을 실현하기 위해 미래를 향해 노력하고 분투합시다!

为了 _____ 的 _____ ， _____ 着 _____ 努力 _____ 吧！
    shíxiàn rénshēng yuànwàng   cháo   wèilái   fèndòu

116

나는 여자 친구를 도와 모든 수속을 다 처리한 후, 그녀에게 한 바탕 칭찬을 받았다.

我帮女朋友办好了所有 _____ 后，被她 _____ 了一 _____ 。
                   shǒuxù   kuā   dùn

빠른
정답

113 油炸食物中有危害健康的成分。
114 犯了错误就应该主动承担后果。
115 为了实现人生的愿望，朝着未来努力奋斗吧！
116 我帮女朋友办好了所有手续后，被她夸了一顿。

117

그녀는 베란다의 화분 속에서 피어난 그 아름다운 꽃에 잠시 입맞춤했다.

她 ___ 了一下 ___ 上的花 ___ 里开出的那 ___ 美丽的花。
　　 wěn　　　　 yángtái　　　　 pén　　　　　　 duǒ

118

당신이 미리 도망쳐 숨었으니 다행이지. 그렇지 않으면 추격해온 적에게 발견됐을 거예요.

___ 你 ___ 起来了, ___ 就被 ___ 上来的
xìngkuī　 shìxiān　duǒcáng　　　　 yàobù　　　　 zhuī

___ 发现了。
dírén

119

너는 원하면 '응'이라고 말하고, 원하지 않으면 고개를 가로저어야지. 마치 나무토막처럼 반응이 없지는 마라.

你愿意就说" ___ ", 不愿意就 ___ 头, 不要像 ___ 一样没
　　　　　　　 èng　　　　　 yáoyáo　　　　　　 mùtou

___ 。
fǎnyìng

120

비록 그는 신분이 독특하고 권력이 크지만, 그러나 그는 자주 겸손하게 다른 사람의 의견을 구한다.

虽然他 ___ ___ , ___ 很大, 但他经常 ___ 地
　　　 shēnfèn　 dútè　　 quánlì　　　　　　 qiānxū　 zhēngqiú

别人的意见。

빠른
정답

117 她吻了一下阳台上的花盆里开出的那朵美丽的花。

118 幸亏你事先躲藏起来了，要不就被追上来的敌人发现了。

119 你愿意就说"嗯"，不愿意就摇摇头，不要像木头一样没反应。

120 虽然他身份独特，权力很大，但他经常谦虚地征求别人的意见。

121

이 종이는 가벼워서, 어쩐지 바람이 불자 바로 펄럭이기 시작했다.

这张纸很轻，⎯⎯⎯⎯ 风一 ⎯⎯⎯ 就 ⎯⎯⎯ 起来了。

               nánguài   chuī   piāo

122

종업원은 여러 번 우리에게 사과했는데, 말투가 매우 간절했다.

服务员 ⎯⎯⎯⎯ 向我们道歉，⎯⎯⎯⎯ 特别 ⎯⎯⎯⎯。

      zàisān   yǔqì   chéngkěn

123

이 자원봉사자들은 자원해서 이렇게 고생스러운 곳에 와서 선생님을 하는 사람들이다.

这些 ⎯⎯⎯⎯ 是 ⎯⎯⎯ 来这么 ⎯⎯⎯⎯ 的地方做老师的。

zhìyuànzhě   zìyuàn   jiānkǔ

124

그는 완전히 파산했고, 지금은 아마 대출조차도 신청할 수 없을 것이다.

他 ⎯⎯⎯⎯ 了，现在 ⎯⎯⎯ 连 ⎯⎯⎯ 都不能申请。

      chèdǐ   pòchǎn   shuōbudìng   dàikuǎn

빠른
정답

121 这张纸很轻，难怪风一吹就飘起来了。

122 服务员再三向我们道歉，语气特别诚恳。

123 这些志愿者是自愿来这么艰苦的地方做老师的。

124 他彻底破产了，现在说不定连贷款都不能申请。

125

나는 너무 배가 고파서, 참지 못하고 휴식할 때 얼른 찐빵 하나를 먹었다.

我太饿了，_____ _____休息的时候吃了一个_____。
　　　　　　rěnbuzhù　chèn　　　　　　　　　　　　mántou

126

그는 청춘을 국가에 바쳤고, 국가 건설을 위해 중대한 공헌을 해냈다.

他把_____献给了国家，为_____国家做出了_____的_____。
　　qīngchūn　　　　　　　jiànshè　　　　　zhòngdà　gòngxiàn

127

무슨 방식을 사용하든 관계없이, 어쨌든 나는 그가 그 악기들을 주문한 것을 취소하도록 설득하려고 한다.

不管用什么_____，_____我要_____他_____那些
　　　　　fāngshì　fǎnzhèng　shuōfú　qǔxiāo　yùdìng

_____。
yuèqì

128

나는 단지 이번 시험 문제의 유형만 알고, 범위에 대해서는 지금 아직 확정적이지 않다.

我只知道这次考试_____的_____，_____，现在还不
　　　　　　　　　　tímù　lèixíng　　zhìyú　fànwéi

_____。
quèdìng

빠른
정답

125 我太饿了，忍不住趁休息的时候吃了一个馒头。
126 他把青春献给了国家，为建设国家做出了重大的贡献。
127 不管用什么方式，反正我要说服他取消预订那些乐器。
128 我只知道这次考试题目的类型，至于范围，现在还不确定。

Unit
09

129 这只蝴蝶的翅膀色彩非常鲜艳。

Zhè zhī húdié de chìbǎng sècǎi fēicháng xiānyàn.

이 나비의 날개 색채는 매우 아름답다.

- 蝴蝶 húdié 몡 나비
- 翅膀 chìbǎng 몡 (새나 곤충의) 날개
- 色彩 sècǎi 몡 ① 색채 ② 경향, 분위기
- 鲜艳 xiānyàn 혱 (색이) 산뜻하고 아름답다

130 事实证明，我们最初的假设不能成立。

Shìshí zhèngmíng, wǒmen zuìchū de jiǎshè bù néng chénglì.

사실이 증명하기를, 우리의 최초의 가설은 성립할 수가 없다.

- 事实 shìshí 몡 사실
- 最初 zuìchū 몡 최초, 맨 처음
- 假设 jiǎshè 몡 가설, 가정 통 가설하다, 가정하다
- 成立 chénglì 통 ① (조직, 기구 등을) 창립하다, 결성하다
  ② (이론, 의견 등이) 성립하다, 성립되다

131 炒菜的时候应该先在锅里放几克油，这是常识。

Chǎo cài de shíhou yīnggāi xiān zài guō lǐ fàng jǐ kè yóu, zhè shì chángshí.

요리를 볶을 때 먼저 냄비에 몇 그램의 기름을 넣어야 하는데, 이것은 상식이다.

- 炒 chǎo 통 (기름 따위로) 볶다
- 锅 guō 몡 냄비, 솥
- 克 kè 양 그램(g)
- 常识 chángshí 몡 상식

132 天气预报说最近气温会持续下降，你要当心着凉。

Tiānqì yùbào shuō zuìjìn qìwēn huì chíxù xiàjiàng, nǐ yào dāngxīn zháoliáng.

일기예보에서 최근 기온이 지속해서 떨어진다고 말했으니, 당신은 감기에 걸리는 것에 주의해야 해요.

- 预报 yùbào 몡 예보 통 예보하다
- 持续 chíxù 통 지속하다
- 当心 dāngxīn 통 조심하다, 주의하다
- 着凉 zháoliáng 이합 감기에 걸리다

133

虽然他们在相似的地方打工，但待遇却有很大差距。

Suīrán tāmen zài xiāngsì de dìfang dǎgōng, dàn dàiyù què yǒu hěn dà chājù.

비록 그들은 비슷한 곳에서 일하지만, 그러나 대우는 매우 큰 격차가 있다.

- **相似** xiāngsì 혱 닮다, 비슷하다
- **打工** dǎgōng 이합 일하다, 아르바이트 하다
- **待遇** dàiyù 몡 (봉급, 급여 등의) 대우
- **差距** chājù 몡 차, 격차, 갭

134

他一坐飞机就想吐，所以每次宁可坐长途汽车回家。

Tā yí zuò fēijī jiù xiǎng tù, suǒyǐ měicì nìngkě zuò chángtú qìchē huíjiā.

그는 비행기만 타면 토하고 싶고, 그래서 매번 차라리 장거리 버스를 타고 집에 돌아간다.

- **吐** tù 동 구토하다
- **宁可** nìngkě 뮈 차라리 (~하는 것이 낫다)
- **长途** chángtú 몡 장거리

135

调整呼吸可以缓解紧张，帮你在比赛中发挥更高的水平。

Tiáozhěng hūxī kěyǐ huǎnjiě jǐnzhāng, bāng nǐ zài bǐsài zhōng fāhuī gèng gāo de shuǐpíng.

호흡을 조절하면 긴장을 풀 수 있어서, 당신이 경기에서 더 높은 수준을 발휘하는 데 도움이 된다.

- **调整** tiáozhěng 동 조정하다, 조절하다
- **呼吸** hūxī 몡 호흡, 숨 동 호흡하다
- **缓解** huǎnjiě 동 ① 완화되다, 풀어지다 ② 완화시키다, 풀다
- **发挥** fāhuī 동 발휘하다

136

你看一看发票上的日期，就知道这条项链是什么时候买的了。

Nǐ kàn yí kàn fāpiào shàng de rìqī, jiù zhīdào zhè tiáo xiàngliàn shì shénme shíhou mǎi de le.

당신은 영수증 상의 날짜를 한번 보면, 이 목걸이를 언제 산 것인지 알게 될 거예요.

- **发票** fāpiào 몡 영수증
- **日期** rìqī 몡 날짜
- **项链** xiàngliàn 몡 목걸이

137
□ 企业需要善于思考和创造的人才。
□ Qǐyè xūyào shànyú sīkǎo hé chuàngzào de réncái.
□ 기업은 사고와 창조를 잘하는 인재를 필요로 한다.

- **企业** qǐyè 〔명〕 기업
- **善于** shànyú 〔동〕 ~을 잘하다
- **思考** sīkǎo 〔동〕 사고하다
- **创造** chuàngzào 〔동〕 창조하다
- **人才** réncái 〔명〕 인재

138
□ 他对所有时尚的事物都充满热爱。
□ Tā duì suǒyǒu shíshàng de shìwù dōu chōngmǎn rè'ài.
□ 그는 모든 유행하는 사물에 대해서는 모두 애정이 넘친다.

- **时尚** shíshàng 〔명〕 유행 〔형〕 유행에 맞다
- **事物** shìwù 〔명〕 사물
- **充满** chōngmǎn 〔동〕 충만하다, 가득하다, 넘치다
- **热爱** rè'ài 〔동〕 열애하다, 열렬히 사랑하다

139
□ 在雾中，我闻到了极其强烈的臭味。
□ Zài wù zhōng, wǒ wén dào le jíqí qiángliè de chòu wèi.
□ 안개 속에서 나는 지극히 강렬한 역겨운 냄새를 맡았다.

- **雾** wù 〔명〕 안개
- **闻** wén 〔동〕 ① 듣다 ② 냄새를 맡다
- **极其** jíqí 〔부〕 지극히, 매우
- **强烈** qiángliè 〔형〕 강렬하다
- **臭** chòu 〔형〕 (냄새가) 구리다, 역겹다

140
□ 现在还没有充分的证据能证明他违反了法律。
□ Xiànzài hái méi yǒu chōngfèn de zhèngjù néng zhèngmíng tā wéifǎn le fǎlǜ.
□ 현재는 아직 그가 법률을 위반했다는 것을 증명할 수 있는 충분한 증거가 없다.

- **充分** chōngfèn 〔형〕 충분하다
- **证据** zhèngjù 〔명〕 증거
- **违反** wéifǎn 〔동〕 위반하다 ↔ 遵守 준수하다

141

你把电子邮件中这段话整个儿复制粘贴一下吧。

Nǐ bǎ diànzǐyóujiàn zhōng zhè duàn huà zhěnggèr fùzhì zhāntiē yíxià ba.

당신은 이메일 중 이 말을 전부 복사해서 붙여보세요.

- **整个(儿)** zhěnggè(r) 〔형〕 전부의, 전체의, 모두의
- **复制** fùzhì 〔동〕 복제하다, 복사하다
- **粘贴** zhāntiē 〔동〕 붙이다

142

姐姐以前对保持身材没什么概念，也不喜欢健身。

Jiějie yǐqián duì bǎochí shēncái méi shénme gàiniàn, yě bù xǐhuan jiànshēn.

언니는 이전에 몸매를 유지하는 것에 대해 별다른 개념이 없었고, 또한 신체를 단련하는 것을 좋아하지 않았다.

- **保持** bǎochí 〔동〕 유지하다
- **身材** shēncái 〔명〕 몸매
- **概念** gàiniàn 〔명〕 개념
- **健身** jiànshēn 〔동〕 몸을 건강하게 하다, 신체를 단련하다 ＊健身房 헬스장

143

这里缺少能源，经常发生自然灾害，环境十分恶劣。

Zhèlǐ quēshǎo néngyuán, jīngcháng fāshēng zìrán zāihài, huánjìng shífēn èliè.

이곳은 에너지원이 부족하고, 종종 자연 재해가 발생해서 환경이 매우 열악하다.

- **能源** néngyuán 〔명〕 에너지(원)
- **灾害** zāihài 〔명〕 재해
- **恶劣** èliè 〔형〕 아주 나쁘다, 열악하다

144

考试铃响了，现在请大家以"孝顺"为主题画一幅画儿。

Kǎoshì líng xiǎng le, xiànzài qǐng dàjiā yǐ "xiàoshùn" wéi zhǔtí huà yì fú huàr.

시험 종이 울렸으니, 이제 다들 '효도하다'를 주제로 그림 한 점을 그려주세요.

- **铃** líng 〔명〕 방울, 종, 벨
- **孝顺** xiàoshùn 〔동〕 효도하다
- **主题** zhǔtí 〔명〕 주제
- **幅** fú 〔양〕 점, 폭 [그림을 세는 단위]

> ⭐ **Point**
> '以 A 为 B'는 'A를 B로 삼다', 'A를 B로 여기다'
> 라는 표현입니다.
> 예) 中国菜以炒菜为主。
> 중국요리는 볶음요리가 주이다.

알고나면 쉬워지는

최은정의 시크릿노트

---

1 **下降 VS 降低**

문장 132

下降과 降低는 모두 '하락하다', '낮아지다'라는 뜻이 있습니다. 의미는 유사하지만 쓰임새가 다릅니다.

- 下降 뒤에는 목적어가 올 수 없습니다.

  예) **成绩不断下降。**   성적이 계속 떨어진다.
      成绩不断降低。

- 降低 뒤에는 목적어가 올 수 있습니다.

  예) **我们要降低价格。**   우리는 가격을 낮추려고 한다.

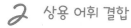

2 상용 어휘 결합

문장 129, 135, 138, 140, 142, 143

- 色彩 + 鲜艳 / 鲜明 / 单调 색채가 화려하다/선명하다/단조롭다
- 调整 + 呼吸 / 时间 / 状态 호흡을 조절하다/시간을 조정하다/상태를 가다듬다
- 缓解 + 紧张 / 压力 / 疲劳 긴장을/스트레스를/피로를 풀다
- 发挥 + 能力 / 作用 능력을/효과를 발휘하다
- 充满 + 希望 / 信心 / 笑声 희망이/자신감이/웃음소리가 가득하다
- 违反 + 法律 / 规定 / 规则 법률을/규정을/규칙을 위반하다
- 保持 + 身材 / 联系 / 冷静 / 平衡 몸매를/연락을/침착함을/평형을 유지하다
- 环境 / 条件 / 气候 + 恶劣 환경이/조건이/기후가 열악하다

129 이 나비의 날개 색채는 매우 아름답다.

这只 ____ 的 ____ 非常 ____ 。
　　　húdié　　　chìbǎng　sècǎi　　xiānyàn

130 사실이 증명하기를, 우리의 최초의 가설은 성립할 수가 없다.

____ 证明，我们 ____ 的 ____ 不能 ____ 。
shìshí　　　　　zuìchū　　jiǎshè　　　chénglì

131 요리를 볶을 때 먼저 냄비에 몇 그램의 기름을 넣어야 하는데, 이것은 상식이다.

____ 菜的时候应该先在 ____ 里放几 ____ 油，这是 ____ 。
chǎo　　　　　　　　　guō　　　　kè　　　　　chángshí

132 일기예보에서 최근 기온이 지속해서 떨어진다고 말했으니, 당신은 감기에 걸리는 것에 주의해야 해요.

天气 ____ 说最近气温会 ____ 下降，你要 ____ ____ 。
　yùbào　　　　　　chíxù　　　　　dāngxīn zháoliáng

빠른 정답
129 这只蝴蝶的翅膀色彩非常鲜艳。
130 事实证明，我们最初的假设不能成立。
131 炒菜的时候应该先在锅里放几克油，这是常识。
132 天气预报说最近气温会持续下降，你要当心着凉。

133

비록 그들은 비슷한 곳에서 일하지만, 그러나 대우는 매우 큰 격차가 있다.

虽然他们在 _____ 的地方 _____ ，但 _____ 却有很大 _____ 。
    xiāngsì   dǎgōng   dàiyù   chājù

134

그는 비행기만 타면 토하고 싶고, 그래서 매번 차라리 장거리 버스를 타고 집에 돌아간다.

他一坐飞机就想 _____ ，所以每次 _____ 坐 _____ 汽车回家。
              tù   nìngkě   chángtú

135

호흡을 조절하면 긴장을 풀 수 있어서, 당신이 경기에서 더 높은 수준을 발휘하는 데 도움이 된다.

_____ _____ 可以 _____ 紧张，帮你在比赛中 _____ 更高的水平。
tiáozhěng hūxī   huǎnjiě   fāhuī

136

당신은 영수증 상의 날짜를 한번 보면, 이 목걸이를 언제 산 것인지 알게 될 거예요.

你看一看 _____ 上的 _____ ，就知道这条 _____ 是什么时候买的
    fāpiào   rìqī   xiàngliàn

了。

137

기업은 사고와 창조를 잘하는 인재를 필요로 한다.

需要 ____ 和 ____ 的 ____。

qǐyè　　　shànyú　sīkǎo　chuàngzào　réncái

138

그는 모든 유행하는 사물에 대해서는 모두 애정이 넘친다.

他对所有 ____ 的 ____ 都 ____ ____。

shíshàng　shìwù　chōngmǎn　rè'ài

139

안개 속에서 나는 지극히 강렬한 역겨운 냄새를 맡았다.

在 ____ 中，我 ____ 到了 ____ ____ 的 ____ 味。

wù　　　wén　　jíqí　qiángliè　chòu

140

현재는 아직 그가 법률을 위반했다는 것을 증명할 수 있는 충분한 증거가 없다.

现在还没有 ____ 的 ____ 能证明他 ____ 了法律。

chōngfèn　zhèngjù　　　wéifǎn

빠른
정답
137 企业需要善于思考和创造的人才。
138 他对所有时尚的事物都充满热爱。
139 在雾中，我闻到了极其强烈的臭味。
140 现在还没有充分的证据能证明他违反了法律。

102　문장으로 끝내는 HSK 단어장 5급

141

당신은 이메일 중 이 말을 전부 복사해서 붙여보세요.

你把电子邮件中这段话 ⬚⬚⬚ ⬚⬚ ⬚⬚ 一下吧。
　　　　　zhěnggèr　fùzhì　zhāntiē

142

언니는 이전에 몸매를 유지하는 것에 대해 별다른 개념이 없었고, 또한 신체를 단련하는 것을 좋아하지 않았다.

姐姐以前对 ⬚⬚ ⬚⬚ 没什么 ⬚⬚ ，也不喜欢 ⬚⬚ 。
　　　bǎochí　shēncái　　　gàiniàn　　　　jiànshēn

143

이곳은 에너지원이 부족하고, 종종 자연 재해가 발생해서 환경이 매우 열악하다.

这里缺少 ⬚⬚ ，经常发生自然 ⬚⬚ ，环境十分 ⬚⬚ 。
　　　néngyuán　　　　　zāihài　　　　　èliè

144

시험 종이 울렸으니, 이제 다들 '효도하다'를 주제로 그림 한 점을 그려주세요.

考试 ⬚⬚ 响了，现在请大家以" ⬚⬚ "为 ⬚⬚ 画一
　　líng　　　　　　　　　xiàoshùn　　　zhǔtí　　　　fú
画儿。

빠른
정답
141 你把电子邮件中这段话整个儿复制粘贴一下吧。
142 姐姐以前对保持身材没什么概念，也不喜欢健身。
143 这里缺少能源，经常发生自然灾害，环境十分恶劣。
144 考试铃响了，现在请大家以"孝顺"为主题画一幅画儿。

Unit 09　103

145 ☑ 我们没理由不遵守网络世界的秩序。

Wǒmen méi lǐyóu bù zūnshǒu wǎngluò shìjiè de zhìxù.

우리는 인터넷 세계의 질서를 지키지 않을 이유가 없다.

- **理由** lǐyóu 몡 이유
- **遵守** zūnshǒu 동 준수하다, 지키다
  ↔违反 위반하다
- **网络** wǎngluò 몡 네트워크, 인터넷
- **秩序** zhìxù 몡 질서

146 只有当地人知道这条路的出口在哪里。

Zhǐyǒu dāngdì rén zhīdào zhè tiáo lù de chūkǒu zài nǎlǐ.

오직 현지인만이 이 길의 출구가 어디에 있는지 안다.

- **当地** dāngdì 몡 현지, 그 지방
- **出口** chūkǒu 몡 출구 이합 수출하다

147 电脑是近代最让人类自豪的伟大发明。

Diànnǎo shì jìndài zuì ràng rénlèi zìháo de wěidà fāmíng.

컴퓨터는 근대 인류로 하여금 가장 긍지를 느끼게 하는 위대한 발명이다.

- **近代** jìndài 몡 근대
- **人类** rénlèi 몡 인류
- **自豪** zìháo 혱 긍지를 느끼다, 자랑스러워하다
- **伟大** wěidà 혱 위대하다
- **发明** fāmíng 몡 발명 동 발명하다

148 好, 现在一律不允许翻书, 我要提问了。

Hǎo, xiànzài yílǜ bù yǔnxǔ fān shū, wǒ yào tíwèn le.

자, 이제 책을 펴는 것을 일절 허용하지 않고, 내가 질문을 하겠다.

- **一律** yílǜ 붜 일률적으로, 예외 없이, 모두 혱 일률적이다
- **翻** fān 동 ① (물건을 찾기 위해) 뒤지다, 헤집다 ② (책을) 펴다, 펼치다
  ③ (산 등을) 넘다, 건너다 ④ 번역하다
- **提问** tíwèn 동 (주로 교사가 학생에게) 질문하다

149

经过长时间的刻苦努力，姐姐达到了自己的目标。

Jīngguò cháng shíjiān de kèkǔ nǔlì, jiějie dádào le zìjǐ de mùbiāo.

장시간 각고의 노력을 거쳐, 언니는 자신의 목표에 도달했다.

- **刻苦** kèkǔ 형 몹시 애를 쓰다
- **达到** dádào 동 (추상적인 것에) 도달하다
- **目标** mùbiāo 명 ① 목표물, 표적 ② 목표

150

个别的人不听指挥，影响了我们汽油公司整体的利益。

Gèbié de rén bù tīng zhǐhuī, yǐngxiǎng le wǒmen qìyóu gōngsī zhěngtǐ de lìyì.

소수의 사람들이 지휘에 따르지 않아, 우리 휘발유 회사 전체의 이익에 영향을 주었다.

- **个别** gèbié 형 ① 개별적인 ② 일부의, 소수의
- **指挥** zhǐhuī 명 지휘, 지휘자 동 지휘하다
- **汽油** qìyóu 명 휘발유, 가솔린
- **整体** zhěngtǐ 명 (집단이나 사물의) 전체
- **利益** lìyì 명 이익

151

虽然已经移民几十年了，但他依然感觉自己的根在中国。

Suīrán yǐjīng yímín jǐ shí nián le, dàn tā yīrán gǎnjué zìjǐ de gēn zài Zhōngguó.

비록 이미 이민한 지 몇십 년이 되었지만, 그러나 그는 여전히 자신의 뿌리는 중국에 있다고 느낀다.

- **移民** yímín 이합 이민하다
- **依然** yīrán 동 여전하다, 예전 그대로이다 부 여전히
- **根** gēn 명 뿌리 양 가늘고 긴 것을 세는 단위

152

听他叙述完，老师不但没责备他，反而赞美了他的行为。

Tīng tā xùshù wán, lǎoshī búdàn méi zébèi tā, fǎn'ér zànměi le tā de xíngwéi.

그가 다 서술한 것을 듣고, 선생님은 그를 꾸짖지 않았을 뿐만 아니라, 오히려 그의 행위를 칭찬했다.

- **叙述** xùshù 동 서술하다
- **责备** zébèi 동 탓하다, 책망하다, 꾸짖다
- **反而** fǎn'ér 부 오히려
- **赞美** zànměi 동 찬미하다, 칭송하다
- **行为** xíngwéi 명 행위

153

注册银行账户时需要出示一下您的证件。

Zhùcè yínháng zhànghù shí xūyào chūshì yíxià nín de zhèngjiàn.

은행 계좌를 등록할 때는 당신의 신분증을 좀 제시할 필요가 있습니다.

- **注册** zhùcè [동] ① 등록하다, 등기하다 ② 로그인하다
- **账户** zhànghù [명] 구좌, 계좌
- **出示** chūshì [동] 제시하다, 내보이다
- **证件** zhèngjiàn [명] (신분이나 경력을 증명하는) 신분증, 증서, 증명서류

154

爸爸从前从事商务工作，后来辞职了。

Bàba cóngqián cóngshì shāngwù gōngzuò, hòulái cízhí le.

아빠는 이전에 비즈니스 업무에 종사했고, 후에 사직했다.

- **从前** cóngqián [명] 종전, 이전
- **从事** cóngshì [동] 종사하다 *从事……行业 (어떤) 업종에 종사하다
- **商务** shāngwù [명] 상업상의 용무, 상거래, 비즈니스
- **辞职** cízhí [이합] 사직하다

155

人事部门提倡今年培养一批出色的员工。

Rénshì bùmén tíchàng jīnnián péiyǎng yì pī chūsè de yuángōng.

인사부는 올해 뛰어난 직원 그룹을 양성할 것을 제창한다.

- **人事** rénshì [명] 인사 관계
- **部门** bùmén [명] 부분, 부서
- **提倡** tíchàng [동] 제창하다
- **培养** péiyǎng [동] ① 배양하다 ② 양성하다, 키우다, 기르다
- **批** pī [양] ① 사람이나 단체의 한 무리 ② 사물의 한 무더기
- **出色** chūsè [형] 훌륭하다, 뛰어나다
- **员工** yuángōng [명] 직원, 사원

156

他匆忙地买了几块点心后又急忙回到了公司。

Tā cōngmáng de mǎi le jǐ kuài diǎnxin hòu yòu jímáng huí dào le gōngsī.

그는 서둘러 몇 조각의 간식을 산 후 또 급히 회사로 돌아왔다.

- **匆忙** cōngmáng [형] 매우 바쁘다
- **点心** diǎnxin [명] 간식, 가벼운 식사
- **急忙** jímáng [부] 급히, 바쁘게

157

根据内科医生的诊断，目前唯一的治疗方案是做手术。

Gēnjù nèikē yīshēng de zhěnduàn, mùqián wéiyī de zhìliáo fāng'àn shì zuò shǒushù.

내과 의사의 진단에 따르면, 지금 유일한 치료 방안은 수술하는 것이다.

- **内科** nèikē 몡 내과
- **诊断** zhěnduàn 몡 진단 됭 진단하다
- **目前** mùqián 몡 지금, 현재
- **唯一** wéiyī 혱 유일한
- **治疗** zhìliáo 몡 치료 됭 치료하다
- **方案** fāng'àn 몡 방안
- **手术** shǒushù 몡 수술 됭 수술하다

158

请帮我转告他，如果他不赔偿我，那我们就会在法院见。

Qǐng bāng wǒ zhuǎngào tā, rúguǒ tā bù péicháng wǒ, nà wǒmen jiù huì zài fǎyuàn jiàn.

당신이 나를 도와 그에게 전해주세요. 만약 그가 나에게 배상하지 않으면 그럼 우리는 법원에서 보게 될 거라고.

- **转告** zhuǎngào 됭 전하다, 전달하다
- **赔偿** péicháng 됭 배상하다
- **法院** fǎyuàn 몡 법원

159

自从分手后，他们删除了彼此的电话，再也没互相问候过。

Zìcóng fēnshǒu hòu, tāmen shānchú le bǐcǐ de diànhuà, zài yě méi hùxiāng wènhòu guo.

헤어진 후로부터 그들은 서로의 전화를 삭제하고 다시는 서로 안부를 물은 적이 없다.

- **自从** zìcóng 젠 ~로부터, ~이래
- **分手** fēnshǒu 이합 헤어지다, 이별하다
- **删除** shānchú 됭 삭제하다, 지우다
- **彼此** bǐcǐ 때 피차, 쌍방, 서로
- **问候** wènhòu 됭 안부를 묻다

160

如果要经营好手机公司，就一定得改进技术，开发和推广新软件。

Rúguǒ yào jīngyíng hǎo shǒujī gōngsī, jiù yídìng děi gǎijìn jìshù, kāifā hé tuīguǎng xīn ruǎnjiàn.

만약 휴대폰 회사를 잘 경영하려면 반드시 기술을 개선하고, 새로운 소프트웨어를 개발하여 보급해야 한다.

- **经营** jīngyíng 됭 경영하다
- **改进** gǎijìn 됭 개선하다
- **开发** kāifā 됭 개발하다
- **推广** tuīguǎng 됭 널리 보급하다, 일반화하다
- **软件** ruǎnjiàn 몡 소프트웨어

> **Point**
> - 改进技术: '进'은 현재의 기술을 더 선진화하고 발전시킨다는 뜻입니다.
> - 改善技术: '善'은 '好'의 뜻으로 좋지 않은 기술을 좋게 바꾼다는 뜻입니다.

알고나면 쉬워지는

최은정의
시크릿노트

1 점층 관계 복문

문장 152

- 不但……，而且……： ~일 뿐만 아니라 ~이기도 하다
  → [앞절과 뒷절의 분위기 일치]

  예) 他不但性格好，而且很帅。
  그는 성격이 좋을 뿐만 아니라 잘생겼다.

- 不但不 / 不但没……，反而……： ~가 아닐 뿐만 아니라 오히려
  → [앞절과 뒷절의 분위기 상반]

  예) 这样做不但不会解决矛盾，反而会增加矛盾。
  이렇게 하면 갈등을 해결하지 못할 뿐만 아니라 오히려 갈등을 더 증가시킬 것이다.

2 彼此 VS 相互 VS 互相

문장 159

	彼此	相互	互相
품사	명사	형용사, 부사	부사
주어/목적어 역할	○	✗	✗
명사 수식	○ (的 사용)	○ (的 생략 가능)	✗
동사 수식	✗	○	○

3 상용 어휘 결합

문장 145, 155

- 遵守 + 秩序 / 规定 / 规则 질서를/규정을/규칙을 준수하다
- 培养 + 员工 / 人才 / 感情 / 友谊 / 信心
  직원을/인재를/감정을/우정을/자신감을 기르다

写一写 우리말 해석을 참고하여 빈칸에 알맞은 중국어를 쓰세요.

145

우리는 인터넷 세계의 질서를 지키지 않을 이유가 없다.

我们没 ____ 不 ____ 世界的 ____ 。

     lǐyóu   zūnshǒu wǎngluò   zhìxù

146

오직 현지인만이 이 길의 출구가 어디에 있는지 안다.

只有 ____ 人知道这条路的 ____ 在哪里。

     dāngdì   chūkǒu

147

컴퓨터는 근대 인류로 하여금 가장 긍지를 느끼게 하는 위대한 발명이다.

电脑是 ____ 最让 ____ 的 ____ 。

     jìndài   rénlèi   zìháo   wěidà   fāmíng

148

자, 이제 책을 펴는 것을 일절 허용하지 않고, 내가 질문을 하겠다.

好，现在 ____ 不允许 ____ 书，我要 ____ 了。

        yílǜ   fān   tíwèn

빠른
정답

145 我们没理由不遵守网络世界的秩序。
146 只有当地人知道这条路的出口在哪里。
147 电脑是近代最让人类自豪的伟大发明。
148 好，现在一律不允许翻书，我要提问了。

149

장시간 각고의 노력을 거쳐, 언니는 자신의 목표에 도달했다.

经过长时间的 ＿＿＿努力，姐姐 ＿＿＿了自己的 ＿＿＿。
　　　　　　　kèkǔ　　　　　　dádào　　　　　mùbiāo

150

소수의 사람들이 지휘에 따르지 않아, 우리 휘발유 회사 전체의 이익에 영향을 주었다.

＿＿＿的人不听 ＿＿＿，影响了我们 ＿＿＿公司 ＿＿＿的
gèbié　　　　　　zhǐhuī　　　　　　　qìyóu　　　　zhěngtǐ

＿＿＿。
lìyì

151

비록 이미 이민한 지 몇십 년이 되었지만, 그러나 그는 여전히 자신의 뿌리는 중국에 있다고 느낀다.

虽然已经 ＿＿＿几十年了，但他 ＿＿＿感觉自己的 ＿＿＿在中国。
　　　　　yímín　　　　　　　　　yīrán　　　　　　　gēn

152

그가 다 서술한 것을 듣고, 선생님은 그를 꾸짖지 않았을 뿐만 아니라, 오히려 그의 행위를 칭찬했다.

听他 ＿＿＿完，老师不但没 ＿＿＿他，＿＿＿ ＿＿＿了他的
　　　xùshù　　　　　　　　zébèi　　　fǎn'ér　zànměi

＿＿＿。
xíngwéi

빠른
정답

149 经过长时间的刻苦努力，姐姐达到了自己的目标。
150 个别的人不听指挥，影响了我们汽油公司整体的利益。
151 虽然已经移民几十年了，但他依然感觉自己的根在中国。
152 听他叙述完，老师不但没责备他，反而赞美了他的行为。

153

은행 계좌를 등록할 때는 당신의 신분증을 좀 제시할 필요가 있습니다.

　　　　　银行　　　　　时需要　　　　　一下您的　　　　　。

zhùcè　　　zhànghù　　　chūshì　　　zhèngjiàn

154

아빠는 이전에 비즈니스 업무에 종사했고, 후에 사직했다.

爸爸　　　　　　　　　　　工作，后来　　　　　了。

cóngqián　cóngshì　shāngwù　　　　cízhí

155

인사부는 올해 뛰어난 직원 그룹을 양성할 것을 제창한다.

　　　　　　　　　　今年　　　一　　　　　的　　　　　。

rénshì　bùmén　tíchàng　　péiyǎng　　pī　　chūsè　yuángōng

156

그는 서둘러 몇 조각의 간식을 산 후 또 급히 회사로 돌아왔다.

他　　　地买了几块　　　后又　　　回到了公司。

cōngmáng　　　diǎnxin　　jímáng

157

내과 의사의 진단에 따르면, 지금 유일한 치료 방안은 수술하는 것이다.

根据 ＿＿ 医生的 ＿＿＿，＿＿＿＿＿ 的 ＿＿＿ 是
　　　nèikē　　　　zhěnduàn　　mùqián　　wéiyī　　zhìliáo　fāng'àn

做 ＿＿＿。
　　shǒushù

158

당신이 나를 도와 그에게 전해주세요. 만약 그가 나에게 배상하지 않으면 그럼 우리는 법원에서 보게 될 거라고.

请帮我 ＿＿＿ 他，如果他不 ＿＿＿ 我，那我们就会在 ＿＿＿ 见。
　　　　zhuǎngào　　　　　　péicháng　　　　　　　　fǎyuàn

159

헤어진 후로부터 그들은 서로의 전화를 삭제하고 다시는 서로 안부를 물은 적이 없다.

＿＿＿＿＿＿＿＿＿ 后，他们 ＿＿＿＿ 了 ＿＿＿ 的电话，再也没互相
zìcóng　fēnshǒu　　　　　shānchú　　bǐcǐ

＿＿＿ 过。
wènhòu

160

만약 휴대폰 회사를 잘 경영하려면 반드시 기술을 개선하고, 새로운 소프트웨어를 개발하여 보급해야 한다.

如果要 ＿＿＿ 好手机公司，就一定得 ＿＿＿ 技术，＿＿＿ 和
　　　jīngyíng　　　　　　　　　gǎijìn　　　　　kāifā

＿＿＿ 新 ＿＿＿。
tuīguǎng　　ruǎnjiàn

🔓 빠른
정답

157 根据内科医生的诊断，目前唯一的治疗方案是做手术。
158 请帮我转告他，如果他不赔偿我，那我们就会在法院见。
159 自从分手后，他们删除了彼此的电话，再也没互相问候过。
160 如果要经营好手机公司，就一定得改进技术，开发和推广新软件。

Unit

11

161 ☑ 经典武术是中华文明的一种代表。

Jīngdiǎn wǔshù shì Zhōnghuá wénmíng de yì zhǒng dàibiǎo.

고전 무술은 중화 문명의 일종의 대표이다.

- **经典** jīngdiǎn 명 ① 경전, 고전 ② 사상, 행동의 표준이 되는 권위 있는 저작 형 권위 있는
- **武术** wǔshù 명 무술
- **文明** wénmíng 명 문명 형 교양이 있다
- **代表** dàibiǎo 명 대표(자) 동 대표하다, 대변하다

162 经济的发达也可以促进文化的繁荣。

Jīngjì de fādá yě kěyǐ cùjìn wénhuà de fánróng.

경제의 발달도 문화의 번영을 촉진할 수 있다.

- **发达** fādá 형 발달하다 ＊发达国家 선진국 / 发展中国家 개발도상국
- **促进** cùjìn 동 촉진하다
- **繁荣** fánróng 형 번영하다 동 번영시키다

163 她一生气就把这块浅色的丝绸撕断了。

Tā yì shēngqì jiù bǎ zhè kuài qiǎn sè de sīchóu sī duàn le.

그녀는 화가 나자마자 바로 이 연한 색의 비단을 찢어 잘라버렸다.

- **浅** qiǎn 형 ① (깊이가) 얕다 ② (감정이나 친분이 깊지 않다 ③ (색이) 연하다 ↔深 (깊이, 감정 등이) 깊다, (색이) 짙다
- **丝绸** sīchóu 명 비단
- **撕** sī 동 (천, 종이 등을 손으로) 찢다, 째다, 뜯다
- **断** duàn 동 자르다, 끊다

164 他们之间不存在任何秘密，是很好的合作伙伴。

Tāmen zhījiān bù cúnzài rènhé mìmì, shì hěn hǎo de hézuò huǒbàn.

그들 사이에는 어떠한 비밀도 존재하지 않으며, 매우 좋은 협력 동업자이다.

- **存在** cúnzài 명 존재 동 존재하다
- **秘密** mìmì 명 비밀
- **合作** hézuò 동 합작하다, 협력하다
- **伙伴** huǒbàn 명 짝, 동료, 동업자

165

这次体验给我带来了很多收获和非常深刻的感受。

Zhè cì tǐyàn gěi wǒ dàilái le hěn duō shōuhuò hé fēicháng shēnkè de gǎnshòu.

이번 체험은 나에게 매우 많은 수확과 매우 깊은 감상을 가져왔다.

- **体验** tǐyàn 동 체험하다
- **收获** shōuhuò 명 수확, 성과, 소득 동 수확하다
- **深刻** shēnkè 형 깊다, 강렬하다, 핵심을 찌르다 ＊印象深刻 인상이 깊다
- **感受** gǎnshòu 명 느낌, 감상 동 느끼다

166

他用绳子和砍断的树枝陆续制作了一些粗糙的玩具。

Tā yòng shéngzi hé kǎn duàn de shùzhī lùxù zhìzuò le yìxiē cūcāo de wánjù.

그는 노끈과 도끼로 찍어 자른 나뭇가지를 사용하여 계속해서 약간의 조잡한 장난감을 만들었다.

- **绳子** shéngzi 명 새끼, 밧줄, 노끈
- **砍** kǎn 동 (도끼 따위로) 찍다, 패다
- **断** duàn 동 자르다, 끊다
- **陆续** lùxù 부 끊임없이, 계속해서
- **制作** zhìzuò 동 제작하다, 만들다
- **粗糙** cūcāo 형 ① (표면이) 투박하다, 거칠다 ② 조잡하다, 서투르다
- **玩具** wánjù 명 장난감, 완구

> **Point**
> 陆续는 비연속적으로 계속해서 일어남을 나타냅니다.
> 예) 学生陆续进教室了。
> 학생들이 계속해서 교실로 들어왔다.

167

这个用海鲜做的菜好吃的原因在于放了一些醋和辣椒。

Zhège yòng hǎixiān zuò de cài hǎochī de yuányīn zàiyú fàng le yìxiē cù hé làjiāo.

이 해산물로 만든 요리가 맛있는 이유는 약간의 식초와 고추를 넣은 것에 있다.

- **海鲜** hǎixiān 명 해산물
- **在于** zàiyú 동 ~에 있다
- **醋** cù 명 식초
- **辣椒** làjiāo 명 고추

> **Point**
> 在于 앞에는 주로 目标, 目的, 意义, 价值 등과 같은 2음절의 추상적인 단어가 주어로 옵니다.

168

别人客观的评价，能让我们尽力改正缺点，克服不足。

Biéren kèguān de píngjià, néng ràng wǒmen jìnlì gǎizhèng quēdiǎn, kèfú bùzú.

다른 사람의 객관적인 평가는 우리로 하여금 힘을 다해 단점을 고치고 부족함을 극복하게 만든다.

- **客观** kèguān 형 객관적이다
- **评价** píngjià 명 평가 동 평가하다
- **尽力** jìnlì 이합 힘을 다하다
- **改正** gǎizhèng 동 고치다, 시정하다, 바로잡다
- **克服** kèfú 동 극복하다
- **不足** bùzú 명 부족 형 부족하다

169

☐ 士兵们乘坐的列车 总算 到达了目的地。

☐ Shìbīngmen chéngzuò de lièchē zǒngsuàn dàodá le mùdìdì.

☐ 병사들이 탑승한 열차가 마침내 목적지에 도착했다.

- **士兵** shìbīng 몡 사병, 병사
- **列车** lièchē 몡 열차
- **总算** zǒngsuàn 부 마침내, 드디어
- **到达** dàodá 동 도달하다, 도착하다

> ★ **Point**
> 达到 뒤에는 추상적 의미의 목적어가 오고,
> 到达 뒤에는 장소 목적어가 옵니다.
> 예) 达到目的 목적에 도달하다
> 　　 到(达)目的地 목적지에 도달하다

170

☐ 这座高大的建筑 仿佛 是这个国家的象征。

☐ Zhè zuò gāodà de jiànzhù fǎngfú shì zhège guójiā de xiàngzhēng.

☐ 이 높고 큰 건축물은 마치 이 국가의 상징인 것 같다.

- **建筑** jiànzhù 몡 건축(물) 동 건축하다, 짓다
- **仿佛** fǎngfú 부 마치 (~인 듯하다) =好像=似乎
- **象征** xiàngzhēng 몡 상징 동 상징하다

171

☐ 哲学中包含很多生活的智慧和人生的道理。

☐ Zhéxué zhōng bāohán hěn duō shēnghuó de zhìhuì hé rénshēng de dàoli.

☐ 철학 속에는 매우 많은 생활의 지혜와 인생의 도리가 포함되어 있다.

- **哲学** zhéxué 몡 철학
- **包含** bāohán 동 포함하다
- **智慧** zhìhuì 몡 지혜
- **人生** rénshēng 몡 인생
- **道理** dàoli 몡 ① 법칙, 도리 ② 일리, 근거 *话有道理 말에 일리가 있다

172

☐ 我向后退的时候踩到石头摔倒了，真是倒霉。

☐ Wǒ xiàng hòu tuì de shíhou cǎi dào shítou shuāidǎo le, zhēnshì dǎoméi.

☐ 나는 뒤를 향해 물러설 때 돌을 밟아 넘어졌다. 정말 재수 없다.

- **退** tuì 동 ① 물러서다, 물러나다, 후퇴하다 ② (샀던 물건 등을) 반환하다, 무르다
- **踩** cǎi 동 밟다
- **石头** shítou 몡 돌
- **摔倒** shuāidǎo 동 자빠지다, 넘어지다
- **倒霉** dǎoméi 형 재수 없다

173 这部文学作品反映了战争时期人们艰苦的生活。

Zhè bù wénxué zuòpǐn fǎnyìng le zhànzhēng shíqī rénmen jiānkǔ de shēnghuó.

이 문학 작품은 전쟁 시기 사람들의 고달픈 생활을 반영했다.

- **文学** wénxué 몡 문학
- **作品** zuòpǐn 몡 작품
- **反映** fǎnyìng 동 반영하다
- **战争** zhànzhēng 몡 전쟁
- **时期** shíqī 몡 시기
- **艰苦** jiānkǔ 혱 고달프다, 고생스럽다

174 这本书综合概括了学汉语的方法，给了我很大的启发。

Zhè běn shū zōnghé gàikuò le xué Hànyǔ de fāngfǎ, gěi le wǒ hěn dà de qǐfā.

이 책은 중국어를 학습하는 방법을 종합적으로 요약해서, 나에게 매우 큰 깨우침을 주었다.

- **综合** zōnghé 동 종합하다
- **概括** gàikuò 동 개괄하다, 간단하게 요약하다
- **启发** qǐfā 동 일깨우다, 영감을 주다 ＊受到启发 영감을 받다

175 爸爸从早到晚指导学生搞学术，好像感觉不到疲劳似的。

Bàba cóng zǎo dào wǎn zhǐdǎo xuésheng gǎo xuéshù, hǎoxiàng gǎnjué bú dào píláo shìde.

아빠는 아침부터 저녁까지 학생들을 지도하고 학술을 연구하시는데, 마치 피로함을 느끼지 못하는 것 같다.

- **指导** zhǐdǎo 동 지도하다
- **搞** gǎo 동 하다, 처리하다, ~에 종사하다, 연구하다
- **学术** xuéshù 몡 학술
- **疲劳** píláo 혱 피로하다
- **似的** shìde 조 ~와 같다

> 🌟 **Point**
> '仿佛/(好)像……似的'는 '마치 ~와 같다'라는 관용 표현입니다.

176 冬天宿舍里格外干燥，夏天则潮湿到了不能想像的程度。

Dōngtiān sùshè lǐ géwài gānzào, xiàtiān zé cháoshī dào le bù néng xiǎngxiàng de chéngdù.

겨울에 기숙사 안은 유난히 건조하고, 반면 여름에는 상상할 수 없을 정도로 눅눅해졌다.

- **宿舍** sùshè 몡 기숙사
- **格外** géwài 혱 유달리, 유난히
- **干燥** gānzào 혱 건조하다
- **则** zé 접 혱 반면 [비교나 대조를 나타냄]
- **潮湿** cháoshī 혱 축축하다, 눅눅하다
- **想像** xiǎngxiàng 동 상상하다
- **程度** chéngdù 몡 정도, 수준

> 🌟 **Point**
> '到……程度'는 '~한 정도에 이르다'라는 표현입니다.

알고나면 쉬워지는

최은정의 시크릿노트

---

1 빈출 양사 정리 ㅣ

- **册** cè 권 [책을 세는 단위]
- **滴** dī 방울 [액체를 세는 단위]
- **顶** dǐng 개, 장 [꼭대기가 있는 사물을 세는 단위]
- **堆** duī 더미 [많거나 쌓여있는 것을 세는 단위]
- **吨** dūn 톤 [무게 단위]
- **顿** dùn 끼니, 번 [식사나 행위의 횟수를 세는 단위]
- **朵** duǒ 송이 [꽃, 구름 등을 세는 단위]
- **幅** fú 폭 [천이나 서화 등을 세는 단위]
- **根** gēn 가락 [가늘고 긴 사물을 세는 단위]

2 상용 어휘 결합

문장 162, 173

- 促进 + 繁荣 / 消化 / 发展　번영을/소화를/발전을 촉진하다
- 反映 + 生活 / 现象 / 现实　생활을/현상을/현실을 반영하다

写一写 우리말 해석을 참고하여 빈칸에 알맞은 중국어를 쓰세요.

161

고전 무술은 중화 문명의 일종의 대표이다.

＿＿＿＿ ＿＿＿＿ 是中华 ＿＿＿＿ 的一种 ＿＿＿＿ 。

jīngdiǎn　wǔshù　　　　　wénmíng　　　dàibiǎo

162

경제의 발달도 문화의 번영을 촉진할 수 있다.

经济的 ＿＿＿＿ 也可以 ＿＿＿＿ 文化的 ＿＿＿＿ 。

　　　　fādá　　　　　　cùjìn　　　　fánróng

163

그녀는 화가 나자마자 바로 이 연한 색의 비단을 찢어 잘라버렸다.

她一生气就把这块 ＿＿＿＿ 色的 ＿＿＿＿ ＿＿＿＿ 了。

　　　　　　　　qiǎn　　　sīchóu　　sī　　duàn

164

그들 사이에는 어떠한 비밀도 존재하지 않으며, 매우 좋은 협력 동업자이다.

他们之间不 ＿＿＿＿ 任何 ＿＿＿＿ ，是很好的 ＿＿＿＿ 。

　　　　　cúnzài　　　mìmì　　　　　　hézuò　huǒbàn

빠른
정답

161 经典武术是中华文明的一种代表。

162 经济的发达也可以促进文化的繁荣。

163 她一生气就把这块浅色的丝绸撕断了。

164 他们之间不存在任何秘密，是很好的合作伙伴。

165

이번 체험은 나에게 매우 많은 수확과 매우 깊은 감상을 가져왔다.

这次 ⬚⬚⬚ 给我带来了很多 ⬚⬚⬚ 和非常 ⬚⬚⬚ 的 ⬚⬚⬚ 。

tǐyàn　　　　　shōuhuò　　　shēnkè　　gǎnshòu

166

그는 노끈과 도끼로 찍어 자른 나뭇가지를 사용하여 계속해서 약간의 조잡한 장난감을 만들었다.

他用 ⬚⬚⬚ 和 ⬚⬚⬚ 的树枝 ⬚⬚⬚ 了一些

shéngzi　　kǎn　　duàn　　　lùxù　　zhìzuò　　　cūcāo

的 ⬚⬚⬚ 。

wánjù

167

이 해산물로 만든 요리가 맛있는 이유는 약간의 식초와 고추를 넣은 것에 있다.

这个用 ⬚⬚⬚ 做的菜好吃的原因 ⬚⬚⬚ 放了一些 ⬚⬚⬚ 和 ⬚⬚⬚ 。

hǎixiān　　　　　zàiyú　　　　cù　　làjiāo

168

다른 사람의 객관적인 평가는 우리로 하여금 힘을 다해 단점을 고치고 부족함을 극복하게 만든다.

别人 ⬚⬚⬚ 的 ⬚⬚⬚ ，能让我们 ⬚⬚⬚ ⬚⬚⬚ 缺点，

kèguān　　píngjià　　　　　jìnlì　　gǎizhèng　　　kèfú

⬚⬚⬚ 。

bùzú

빠른 정답

165 这次体验给我带来了很多收获和非常深刻的感受。
166 他用绳子和砍断的树枝陆续制作了一些粗糙的玩具。
167 这个用海鲜做的菜好吃的原因在于放了一些醋和辣椒。
168 别人客观的评价，能让我们尽力改正缺点，克服不足。

169

병사들이 탑승한 열차가 마침내 목적지에 도착했다.

___们乘坐的___ ___ ___了目的地。

shìbīng   lièchē   zǒngsuàn   dàodá

170

이 높고 큰 건축물은 마치 이 국가의 상징인 것 같다.

这座高大的 ___ 是这个国家的 ___ 。

jiànzhù   fǎngfú   xiàngzhēng

171

철학 속에는 매우 많은 생활의 지혜와 인생의 도리가 포함되어 있다.

___ 中 ___ 很多生活的 ___ 和 ___ 的 ___ 。

zhéxué   bāohán   zhìhuì   rénshēng   dàoli

172

나는 뒤를 향해 물러설 때 돌을 밟아 넘어졌다. 정말 재수 없다.

我向后 ___ 的时候 ___ 到 ___ ___ 了，真是 ___ 。

tuì   cǎi   shítou   shuāidǎo   dǎoméi

빠른 정답

169 士兵们乘坐的列车总算到达了目的地。
170 这座高大的建筑仿佛是这个国家的象征。
171 哲学中包含很多生活的智慧和人生的道理。
172 我向后退的时候踩到石头摔倒了，真是倒霉。

173

이 문학 작품은 전쟁 시기 사람들의 고달픈 생활을 반영했다.

这部 ____ ____ ____ 了 ____ ____ 人们 ____ 的生活。

wénxué zuòpǐn fǎnyìng zhànzhēng shíqī jiānkǔ

174

이 책은 중국어를 학습하는 방법을 종합적으로 요약해서, 나에게 매우 큰 깨우침을 주었다.

这本书 ____ ____ 了学汉语的方法，给了我很大的 ____ 。

zōnghé gàikuò qǐfā

175

아빠는 아침부터 저녁까지 학생들을 지도하고 학술을 연구하시는데, 마치 피로함을 느끼지 못하는 것 같다.

爸爸从早到晚 ____ 学生 ____ ____ ，好像感觉不到

zhǐdǎo gǎo xuéshù píláo

____ 。

shìde

176

겨울에 기숙사 안은 유난히 건조하고, 반면 여름에는 상상할 수 없을 정도로 눅눅해졌다.

冬天 ____ 里 ____ ____ ，夏天 ____ ____ 到了不能

sùshè géwài gānzào zé cháoshī

____ 的 ____ 。

xiǎngxiàng chéngdù

빠른
정답

173 这部文学作品反映了战争时期人们艰苦的生活。
174 这本书综合概括了学汉语的方法，给了我很大的启发。
175 爸爸从早到晚指导学生搞学术，好像感觉不到疲劳似的。
176 冬天宿舍里格外干燥，夏天则潮湿到了不能想像的程度。

Unit 12

177 ☑ 我很感激老师单独为我辅导物理。

Wǒ hěn gǎnjī lǎoshī dāndú wèi wǒ fǔdǎo wùlǐ.

나는 선생님께서 단독으로 나를 위해 물리를 지도해주시는 것에 매우 감사한다.

- **感激** gǎnjī 통 감사하다
- **单独** dāndú 부 단독으로, 혼자서
- **辅导** fǔdǎo 통 지도하다, 과외하다
- **物理** wùlǐ 명 물리

> **Point**
> '感激'는 '감격하다'의 뜻이 아니라 '감사하다'라는 뜻을 나타냅니다.

178 ☐ 积极地宣传商品可以促使人们增加消费。

Jījí de xuānchuán shāngpǐn kěyǐ cùshǐ rénmen zēngjiā xiāofèi.

적극적으로 상품을 홍보하는 것은 사람들로 하여금 소비를 증가하게 만들 수 있다.

- **宣传** xuānchuán 통 선전하다, 광고하다, 홍보하다
- **商品** shāngpǐn 명 상품
- **促使** cùshǐ 통 ~하도록 (재촉)하다, ~하게 하다
- **消费** xiāofèi 통 소비하다

> **Point**
> 促使 뒤에는 재촉의 대상이 오고 이어서 행위가 옵니다.

179 ☐ 专家主张通过抄写的方式记住拼音字母。

Zhuānjiā zhǔzhāng tōngguò chāo xiě de fāngshì jìzhù pīnyīn zìmǔ.

전문가는 베껴 쓰는 방식을 통해 병음 알파벳을 암기할 것을 주장한다.

- **主张** zhǔzhāng 명 주장 통 주장하다
- **抄** chāo 통 베끼다, 베껴 쓰다
- **方式** fāngshì 명 방식
- **拼音** pīnyīn 명 병음 [중국어의 발음 기호]
- **字母** zìmǔ 명 ① 글자 ② 알파벳

180 ☐ 如何才能知道一头大象或者一匹马的重量?

Rúhé cái néng zhīdào yì tóu dàxiàng huòzhě yì pǐ mǎ de zhòngliàng?

어떻게 해야 코끼리 한 마리 혹은 말 한 필의 무게를 알 수 있을까요?

- **如何** rúhé 대 ① 어떻게 =怎么
  ② 어떠한가 =怎么样
- **大象** dàxiàng 명 코끼리
- **匹** pǐ 양 필 [말을 세는 단위]
- **重量** zhòngliàng 명 중량, 무게

181

她很幸运地在这部戏剧中担任了重要的角色。

Tā hěn xìngyùn de zài zhè bù xìjù zhōng dānrèn le zhòngyào de juésè.

그녀는 매우 운이 좋게도 이 연극에서 중요한 배역을 맡았다.

- **幸运** xìngyùn 명 행운 형 운이 좋다
- **戏剧** xìjù 명 극, 연극, 희곡
- **担任** dānrèn 동 맡다, 담당하다
- **角色** juésè 명 배역, 역할

182

他作为嘉宾，出席了这场大型活动的开幕式。

Tā zuòwéi jiābīn, chūxí le zhè chǎng dàxíng huódòng de kāimùshì.

그는 귀빈 신분으로 이 대형 행사의 개막식에 참석했다.

- **作为** zuòwéi 동 ~으로 삼다, ~로 여기다
  전 ~의 신분으로서, ~의 자격으로서
- **嘉宾** jiābīn 명 내빈, 귀빈, 게스트
- **出席** chūxí 동 참석하다, 참가하다, 출석하다
- **大型** dàxíng 형 대형의
- **开幕式** kāimùshì 명 개막식

> **Point**
> '把A作为B'는 'A를 B로 삼다/여기다'라는
> 표현입니다.

183

看到那个美女甩头发的情景，他立刻呆住了。

Kàn dào nàge měinǚ shuǎi tóufa de qíngjǐng, tā lìkè dāi zhù le.

그 아름다운 아가씨가 머리카락을 흔드는 광경을 보고, 그는 즉시 멍해졌다.

- **甩** shuǎi 동 ① 흔들다, 휘두르다 ② 떼어 놓다, 떨구다
- **情景** qíngjǐng 명 광경, 장면
- **立刻** lìkè 부 즉시, 곧 =立即
- **呆** dāi 형 ① 둔하다, 미련하다 ② 멍하다, 어리둥절하다 ＊发呆 멍때리다 동 머무르다

184

每次结账后要好好儿记录，运用这种办法可以控制消费。

Měi cì jiézhàng hòu yào hǎohāor jìlù, yùnyòng zhè zhǒng bànfǎ kěyǐ kòngzhì xiāofèi.

매번 결산 후 잘 기록해야 하고, 이런 방법을 활용해서 소비를 억제할 수 있다.

- **结账** jiézhàng 이합 장부를 결산하다, 회계를 마치다, 계산하다
- **记录** jìlù 명 기록 동 기록하다
- **运用** yùnyòng 동 운용하다, 활용하다
- **控制** kòngzhì 동 제어하다, 규제하다, 억제하다
- **消费** xiāofèi 동 소비하다

> **Point**
> - **记录** jìlù (말이나 일기, 사건 등의) 기록,
>   기록하다
> - **纪录** jìlù (경기나 일정 범위 안에서의)
>   기록, 성적

185
□ 兔子的尾巴被夹子夹住了。
□ Tùzi de wěiba bèi jiāzi jiā zhù le.
□ 토끼의 꼬리가 집게에 끼었다.

- **兔子** tùzi 몡 토끼
- **尾巴** wěiba 몡 꼬리
- **夹子** jiāzi 몡 ① 집게 ② 클립

186
□ 广大人民都盼望工业能逐步发展起来。
□ Guǎngdà rénmín dōu pànwàng gōngyè néng zhúbù fāzhǎn qǐlái.
□ 수많은 인민 모두가 공업이 차츰차츰 발전하기 시작하기를 간절히 바란다.

- **广大** guǎngdà 혱 ① (면적, 공간이) 넓다 *广大地区 광대한 지역 ② (사람 수가) 많다
- **盼望** pànwàng 통 간절히 바라다, 희망하다
- **工业** gōngyè 몡 공업
- **逐步** zhúbù 뷔 한 걸음 한 걸음, 차츰차츰

187
□ 总理将首次代替主席参加这次外交活动。
□ Zǒnglǐ jiāng shǒu cì dàitì zhǔxí cānjiā zhè cì wàijiāo huódòng.
□ 총리는 처음으로 주석을 대신하여 이번 외교 활동에 참여할 것이다.

- **总理** zǒnglǐ 몡 총리
- **首** shǒu 몡 ① 머리 ② 수령, 우두머리 혱 최초의, 처음의 양 수, 곡 [시나 노래를 세는 단위]
- **代替** dàitì 통 대신하다, 대체하다
- **主席** zhǔxí 몡 ① (회의 등의) 의장 ② 주석, 위원장
- **外交** wàijiāo 몡 외교

188
□ 老师一再鼓舞考试退步的学生要用功学习。
□ Lǎoshī yízài gǔwǔ kǎoshì tuìbù de xuésheng yào yònggōng xuéxí.
□ 선생님은 시험에서 뒤처진 학생들에게 열심히 공부해야 한다고 거듭 고무시켰다.

- **一再** yízài 뷔 수차, 거듭, 반복하여 =再三
- **鼓舞** gǔwǔ 통 고무하다, 격려하다, 북돋우다
- **退步** tuìbù 이합 퇴보하다, 후퇴하다
- **用功** yònggōng 혱 (공부를) 열심히 하다 통 힘써 배우다

189

下星期导演会亲自带着明星们来宣传新电影。

Xià xīngqī dǎoyǎn huì qīnzì dài zhe míngxīngmen lái xuānchuán xīn diànyǐng.

다음 주에 감독이 직접 스타들을 데리고 와서 새 영화를 홍보할 것이다.

- **导演** dǎoyǎn 몡 감독, 연출자
- **亲自** qīnzì 囝 몸소, 친히, 직접
- **明星** míngxīng 몡 인기 있는 배우나 운동 선수, 스타
- **宣传** xuānchuán 동 선전하다, 광고하다, 홍보하다

190

她很看不起那个同事，因而不愿意和他打交道。

Tā hěn kànbuqǐ nàge tóngshì, yīn'ér bú yuànyì hé tā dǎ jiāodao.

그녀는 그 동료를 매우 얕보고 있고, 따라서 그와 알고 지내기를 원치 않는다.

- **看不起** kànbuqǐ 동 얕보다, 깔보다, 업신여기다
- **因而** yīn'ér 젭 그러므로, 따라서
- **打交道** dǎ jiāodao 왕래하다, 접촉하다, 교제하다

191

胃不好的人应该吃一些口味儿比较清淡的东西。

Wèi bù hǎo de rén yīnggāi chī yìxiē kǒuwèir bǐjiào qīngdàn de dōngxi.

위가 좋지 않은 사람은 맛이 비교적 담백한 음식을 먹어야 한다.

- **胃** wèi 몡 위
- **口味(儿)** kǒuwèi(r) 몡 ① 맛 ② (개인의 음식에 대한) 기호, 입맛 *合口味儿 입에 맞다
- **清淡** qīngdàn 혱 (주로 맛이) 담백하다, 산뜻하다

192

我观察以后发现从这里拐弯儿就能到我住的公寓。

Wǒ guānchá yǐhòu fāxiàn cóng zhèlǐ guǎiwānr jiù néng dào wǒ zhù de gōngyù.

나는 관찰한 이후 이곳으로부터 커브를 돌면 내가 사는 아파트에 바로 도착할 수 있다는 것을 발견했다.

- **观察** guānchá 동 관찰하다
- **拐弯(儿)** guǎiwān(r) 커브를 돌다, 방향을 바꾸다
- **公寓** gōngyù 몡 아파트

알고나면 쉬워지는

최은정의 시크릿노트

秘密笔记

---

1 겸어문

문장 177, 188

한 문장에 두 개 이상의 서술어가 있고, 첫 번째 서술어의 목적어가 뒤에 오는 서술어의 주어 역할을 겸하는 문장을 겸어문이라고 합니다.

예)
　주어　동사1　목적어1
他　要求　我　参加　比赛。
　　　　주어　동사2　목적어2

위의 겸어문은 '他要求我(그는 나에게 요구한다)'라는 문장과 '我参加比赛(나는 시합에 참가한다)'라는 문장이 하나로 연결되어 있습니다. 이때 '我'는 두 문장의 연결 고리로써, 要求(동사1)의 목적어 역할을 하면서 参加(동사2)의 주어 역할을 겸하는 겸어입니다.

2 동사 + 不起

문장 190

'동사 + 不起'는 돈이 없어서 혹은 비싸서 '~할 수 없다'라는 의미를 나타냅니다.

예) **穿不起** (비싸서) 입을 수 없다

　　买不起 (비싸서) 살 수 없다

3 빈출 양사 정리 II

- 壶 hú 병 [병, 주전자 등을 세는 단위]
- 届 jiè 회 [정기적인 회차를 세는 단위]
- 克 kè 그램(g) [무게 단위]
- 颗 kē 알, 방울 [둥글고 작은 알갱이 형태를 세는 단위]
- 批 pī 떼, 무리, 그룹 [대량의 화물이나 무리를 세는 단위]
- 匹 pǐ 필 [말, 노새 등 가축을 세는 단위]
- 片 piàn 조각, 일대 [작고 납작한 부분이나 넓은 면을 세는 단위]
- 平方 píngfāng 제곱, 평방 [면적, 부피 단위]
- 圈 quān 바퀴 [원으로 된 둘레나 범위를 세는 단위]

우리말 해석을 참고하여 빈칸에 알맞은 중국어를 쓰세요.

177

나는 선생님께서 단독으로 나를 위해 물리를 지도해주시는 것에 매우 감사한다.

我很 ⎵⎵⎵ 老师 ⎵⎵⎵ 为我 ⎵⎵⎵ 。
　　　gǎnjī　　　dāndú　　　fǔdǎo　　wùlǐ

178

적극적으로 상품을 홍보하는 것은 사람들로 하여금 소비를 증가하게 만들 수 있다.

积极地 ⎵⎵⎵ 可以 ⎵⎵⎵ 人们增加 ⎵⎵⎵ 。
　　xuānchuán shāngpǐn　　cùshǐ　　　　xiāofèi

179

전문가는 베껴 쓰는 방식을 통해 병음 알파벳을 암기할 것을 주장한다.

专家 ⎵⎵⎵ 通过 ⎵⎵⎵ 写的 ⎵⎵⎵ 记住 ⎵⎵⎵ 。
　　zhǔzhāng　　chāo　　fāngshì　　pīnyīn　　zìmǔ

180

어떻게 해야 코끼리 한 마리 혹은 말 한 필의 무게를 알 수 있을까요?

⎵⎵⎵ 才能知道一头 ⎵⎵⎵ 或者一 ⎵⎵⎵ 马的 ⎵⎵⎵ ?
rúhé　　　　　　dàxiàng　　　pǐ　　zhòngliàng

 빠른
정답

177 我很感激老师单独为我辅导物理。
178 积极地宣传商品可以促使人们增加消费。
179 专家主张通过抄写的方式记住拼音字母。
180 如何才能知道一头大象或者一匹马的重量?

181 그녀는 매우 운이 좋게도 이 연극에서 중요한 배역을 맡았다.

她很 ___ 地在这部 ___ 中 ___ 了重要的 ___ 。

xìngyùn xìjù dānrèn juésè

182 그는 귀빈 신분으로 이 대형 행사의 개막식에 참석했다.

他 ___ , ___ 了这场 ___ 活动的 ___ 。

zuòwéi jiābīn chūxí dàxíng kāimùshì

183 그 아름다운 아가씨가 머리카락을 흔드는 광경을 보고, 그는 즉시 멍해졌다.

看到那个美女 ___ 头发的 ___ , 他 ___ ___ 住了。

shuǎi qíngjǐng lìkè dāi

184 매번 결산 후 잘 기록해야 하고, 이런 방법을 활용해서 소비를 억제할 수 있다.

每次 ___ 后要好好儿 ___ , ___ 这种办法可以 ___

jiézhàng jìlù yùnyòng kòngzhì

___ 。

xiāofèi

빠른
정답

181 她很<u>幸运</u>地在这部<u>戏剧</u>中<u>担任</u>了重要的<u>角色</u>。
182 他<u>作为嘉宾</u>，<u>出席</u>了这场<u>大型</u>活动的<u>开幕式</u>。
183 看到那个美女<u>甩</u>头发的<u>情景</u>，他<u>立刻呆</u>住了。
184 每次<u>结账</u>后要好好儿<u>记录</u>，<u>运用</u>这种办法可以<u>控制消费</u>。

185

토끼의 꼬리가 집게에 끼었다.

　　　　的　　　　被　　　　夹住了。

tùzi　　　wěiba　　　jiāzi

186

수많은 인민 모두가 공업이 차츰차츰 발전하기 시작하기를 간절히 바란다.

　　　人民都　　　　　　能　　　发展起来。

guǎngdà　　　pànwàng　gōngyè　　zhúbù

187

총리는 처음으로 주석을 대신하여 이번 외교 활동에 참여할 것이다.

　　　将　　次　　　　　参加这次　　　活动。

zǒnglǐ　　shǒu　　dàitì　　zhǔxí　　　　wàijiāo

188

선생님은 시험에서 뒤처진 학생들에게 열심히 공부해야 한다고 거듭 고무시켰다.

老师　　　　考试　　　的学生要　　　学习。

yízài　　gǔwǔ　　　tuìbù　　　yònggōng

🔓 빠른
정답
185 兔子的尾巴被夹子夹住了。
186 广大人民都盼望工业能逐步发展起来。
187 总理将首次代替主席参加这次外交活动。
188 老师一再鼓舞考试退步的学生要用功学习。

189 다음 주에 감독이 직접 스타들을 데리고 와서 새 영화를 홍보할 것이다.

下星期 ＿＿ 会 ＿＿ 带着 ＿＿ 们来 ＿＿ 新电影。

    dǎoyǎn   qīnzì   míngxīng   xuānchuán

190 그녀는 그 동료를 매우 얕보고 있다. 따라서 그와 알고 지내기를 원치 않는다.

她很 ＿＿ 那个同事，＿＿ 不愿意和他 ＿＿＿。

    kànbuqǐ   yīn'ér   dǎ jiāodao

191 위가 좋지 않은 사람은 맛이 비교적 담백한 음식을 먹어야 한다.

＿＿ 不好的人应该吃一些 ＿＿＿ 比较 ＿＿ 的东西。

 wèi   kǒuwèir   qīngdàn

192 나는 관찰한 이후 이곳으로부터 커브를 돌면 내가 사는 아파트에 바로 도착할 수 있다는 것을 발견했다.

我 ＿＿ 以后发现从这里 ＿＿＿ 就能到我住的 ＿＿＿。

    guānchá   guǎiwānr   gōngyù

빠른
정답

189 下星期导演会亲自带着明星们来宣传新电影。
190 她很看不起那个同事，因而不愿意和他打交道。
191 胃不好的人应该吃一些口味儿比较清淡的东西。
192 我观察以后发现从这里拐弯儿就能到我住的公寓。

Unit

13

193

☑ 我偶然发现我家隔壁住着一个华裔美国人。

Wǒ ǒurán fāxiàn wǒ jiā gébì zhù zhe yí ge huáyì Měiguórén.

나는 우연히 우리 집 이웃에 중국계 미국인 한 명이 살고 있다는 것을 알게 됐다.

- **偶然** ǒurán 휑 우연하다 튀 우연히
- **隔壁** gébì 몡 이웃(집)
- **华裔** huáyì 몡 외국에서 태어나 그 나라의 국적을 취득한 화교의 자녀

★ Point
华裔와 유사한 개념인 华侨
는 외국에 거주하는 중국인을
가리키는 화교입니다.

194

如今，大部分人都认为苗条并不等于漂亮。

Rújīn, dàbùfen rén dōu rènwéi miáotiao bìng bù děngyú piàoliang.

오늘날 대부분 사람들은 모두 날씬한 것이 예쁜 것과 결코 같지 않다고 생각한다.

- **如今** rújīn 몡 지금, 오늘날
- **苗条** miáotiao 휑 (몸매가) 날씬하다
- **等于** děngyú 동 ~와 같다

★ Point
여기서 等于의 于는 '~과(와)'라는
跟의 뜻을 나타냅니다.

195

你抓紧时间打听一下录取结果什么时候出来。

Nǐ zhuājǐn shíjiān dǎting yíxià lùqǔ jiéguǒ shénme shíhou chūlái.

당신은 서둘러 합격 결과가 언제 나오는지 좀 알아보세요.

- **抓紧** zhuājǐn 동 ① 꽉 쥐다, 단단히 잡다 ② 다잡다, 다그치다 *抓紧时间 서두르다
- **打听** dǎting 동 알아보다, 물어보다
- **录取** lùqǔ 동 채용하다, 합격시키다, 뽑다

196

国王把自己最疼爱的公主嫁给了勇敢的王子。

Guówáng bǎ zìjǐ zuì téng'ài de gōngzhǔ jià gěi le yǒnggǎn de wángzǐ.

국왕은 자신이 가장 사랑하는 공주를 용감한 왕자에게 시집 보냈다.

- **国王** guówáng 몡 국왕
- **疼爱** téng'ài 동 매우 사랑하다, 매우 귀여워하다
- **公主** gōngzhǔ 몡 공주
- **嫁** jià 동 시집가다, 시집 보내다
- **王子** wángzǐ 몡 왕자

197
□ 平常吃完饭后，哥哥和姐姐会去各自的卧室歇着。
□ Píngcháng chī wán fàn hòu, gēge hé jiějie huì qù gèzì de wòshì xiē zhe.
□ 평소 식사를 마친 후, 형과 누나는 각자의 침실로 가서 쉬고 있을 것이다.

- **平常** píngcháng 명 평소 형 보통이다, 평범하다
- **各自** gèzì 명 각자
- **卧室** wòshì 명 침실
- **歇** xiē 동 쉬다, 휴식하다

198
□ 这个项目是公开的，只要你有资格，就可以报名参加。
□ Zhège xiàngmù shì gōngkāi de, zhǐyào nǐ yǒu zīgé, jiù kěyǐ bàomíng cānjiā.
□ 이 프로젝트는 공개적인 것이라, 당신이 자격이 있기만 하면 신청해서 참가할 수 있습니다.

- **项目** xiàngmù 명 항목, 종목, 사항, 프로젝트 *比赛项目 경기 종목
- **公开** gōngkāi 형 공개적이다 동 공개하다
- **资格** zīgé 대 자격

199
□ 你知道HSK试卷由几个部分构成，每个部分占多少分吗?
□ Nǐ zhīdào HSK shìjuàn yóu jǐ ge bùfen gòuchéng, měi ge bùfen zhàn duōshao fēn ma?
□ 당신은 HSK 시험지가 몇 개 부분으로 구성되어 있고, 매 부분이 몇 점을 차지하는지 압니까?

- **试卷** shìjuàn 명 시험지
- **构成** gòuchéng 동 구성하다
- **占** zhàn 동 차지하다

Point
'由……构成/组成'은 '～(으)로 이루어지다/구성되다'라는 표현입니다.

200
主人巧妙地利用了屋子内部的空间，把房间装修得非常古典。
Zhǔrén qiǎomiào de lìyòng le wūzi nèibù de kōngjiān, bǎ fángjiān zhuāngxiū de fēicháng gǔdiǎn.
주인은 집 내부의 공간을 절묘하게 이용하여 방을 매우 고전적으로 인테리어 했다.

- **巧妙** qiǎomiào 형 교묘하다, 절묘하다, 기가 막히다
- **利用** lìyòng 동 이용하다
- **屋子** wūzi 명 ① 방 ② 집
- **内部** nèibù 명 내부
- **空间** kōngjiān 명 공간
- **装修** zhuāngxiū 동 인테리어 하다
- **古典** gǔdiǎn 명 고전 형 고전적이다 *古典音乐 고전음악, 클래식

201 ☐ 大家的确都很佩服那个退休的老英雄。
☐ Dàjiā díquè dōu hěn pèifú nàge tuìxiū de lǎo yīngxióng.
☐ 모두가 그 퇴직한 노영웅에게 정말 매우 감탄한다.

- 的确 díquè 튀 확실히, 정말, 참으로 ＝确实
- 佩服 pèifú 동 탄복하다, 감탄하다
- 退休 tuìxiū 동 퇴직하다
- 英雄 yīngxióng 명 영웅

202 ☐ 我家屋顶似乎漏水了，得赶紧找人来维修。
☐ Wǒ jiā wū dǐng sìhū lòu shuǐ le, děi gǎnjǐn zhǎo rén lái wéixiū.
☐ 우리 집 옥상에 마치 물이 새는 것 같아서 서둘러 사람을 찾아와서 수리해야 한다.

- 顶 dǐng 명 꼭대기 동 머리에 이다, 머리로 받치다 양 모자와 같이 꼭대기가 있는 사물을 세는 단위
- 似乎 sìhū 튀 마치 (~인 것 같다) ＝好像 ＝仿佛
- 漏 lòu 동 (구멍이나 틈이 생겨) 새다
- 赶紧 gǎnjǐn 튀 서둘러, 급히, 재빨리 ＝赶快
- 维修 wéixiū 동 보수하다, 수선하다, 수리하다

203 ☐ 政府打算在广场上展开纪念活动庆祝国庆节。
☐ Zhèngfǔ dǎsuàn zài guǎngchǎng shàng zhǎnkāi jìniàn huódòng qìngzhù Guóqìng Jié.
☐ 정부는 광장에서 기념 행사를 열어 국경절을 경축할 계획이다.

- 政府 zhèngfǔ 명 정부
- 广场 guǎngchǎng 명 광장
- 展开 zhǎnkāi 동 펼치다, 전개하다 ＊展开活动 활동을 펼치다
- 纪念 jìniàn 명 기념 동 기념하다
- 庆祝 qìngzhù 동 경축하다, 축하하다 ＝祝贺
- 国庆节 Guóqìng Jié 명 국경절, 건국 기념일

204 ☐ 从地理位置上看，这座城市位于中国南部地区。
☐ Cóng dìlǐ wèizhi shàng kàn, zhè zuò chéngshì wèiyú Zhōngguó nánbù dìqū.
☐ 지리적 위치상으로 볼 때, 이 도시는 중국 남부 지역에 있다.

- 地理 dìlǐ 명 지리
- 位置 wèizhi 명 ① 위치 ② 지위
- 位于 wèiyú 동 ~에 있다
- 地区 dìqū 명 지역

> **Point**
> 여기서 位于의 于는 전치사로 '~에'라는
> 在의 뜻을 나타냅니다.

205

昨晚虽然雷声可怕，闪电很亮，但只下了几滴雨。

Zuówǎn suīrán léi shēng kěpà, shǎndiàn hěn liàng, dàn zhǐ xià le jǐ dī yǔ.

어젯밤에 비록 천둥소리가 무섭고 번개가 번쩍였지만, 그러나 겨우 몇 방울의 비만 내렸다.

- 雷 léi 몡 천둥
- 可怕 kěpà 혱 두렵다, 무섭다
- 闪电 shǎndiàn 몡 번개
- 亮 liàng 혱 ① 밝다, 환하다 ② (소리가) 크고 맑다
- 滴 dī 통 한 방울씩 떨어지다 얭 방울

206

为了迎接领导，他们在门口的台阶上放了一块地毯。

Wèile yíngjiē lǐngdǎo, tāmen zài ménkǒu de táijiē shàng fàng le yí kuài dìtǎn.

지도자를 맞이하기 위해 그들은 입구의 계단 위에 카펫을 하나 놓았다.

- 迎接 yíngjiē 통 영접하다, 맞이하다 ＊迎接客人 손님을 맞이하다
- 领导 lǐngdǎo 몡 지도자, 리더 통 지도하다, 이끌고 나가다
- 台阶(儿) táijiē(r) 몡 층계, 계단
- 地毯 dìtǎn 몡 카펫

207

你儿子学习这么勤奋，表现这么突出，一定前途光明。

Nǐ érzi xuéxí zhème qínfèn, biǎoxiàn zhème tūchū, yídìng qiántú guāngmíng.

당신 아들은 공부를 이렇게 열심히 하고 품행이 이렇게 돋보이니, 반드시 앞길이 밝을 거예요.

- 勤奋 qínfèn 혱 근면하다, 부지런하다, 열심이다
- 表现 biǎoxiàn 통 ① (자신의 태도, 품행, 능력을 겉으로) 드러내다 ② 과시하다 몡 태도, 품행, 활약
- 突出 tūchū 혱 두드러지다, 뛰어나다 통 두드러지게 하다, 돋보이게 하다, 부각시키다
- 前途 qiántú 몡 전도, 앞길, 전망
- 光明 guāngmíng 몡 빛, 광명 혱 밝다, 환하다

208

我们要招待好每一位光临这里的顾客，满足他们的需要。

Wǒmen yào zhāodài hǎo měi yí wèi guānglín zhèlǐ de gùkè, mǎnzú tāmen de xūyào.

우리는 이곳을 찾아주시는 모든 고객을 잘 대접하고, 그들의 수요를 만족시켜야 한다.

- 招待 zhāodài 통 접대하다, 대접하다
- 光临 guānglín 통 왕림하다
- 满足 mǎnzú 통 ① ~에 만족하다 ② ~을 만족시키다

알고나면 쉬워지는

최은정의 시크릿노트

---

1 조건 관계 복문

문장 198

- 只要A就B : A하기만 하면 B하다 → [충분조건]

  예) **你的病只要吃这种药，就能治好。**

  당신의 병은 이 약을 먹기만 하면 치료할 수 있어요. [다른 약도 있지만 이 약이면 충분함]

- 只有A才B : 오직 A해야만 B하다 → [유일조건]

  예) **你的病只有吃这种药，才能治好。**

  당신의 병은 이 약을 먹어야만 치료할 수 있어요. [오직 이 약만 치료 가능함]

2 表现 vs 表达

문장 207

- 表现 : 행동이나 태도, 성격이나 감정을 드러냄을 뜻합니다.

  예) **好好儿表现** (행동, 태도 등을) 잘하다

  表现得不好 (행동, 태도 등이) 좋지 않다

- 表达 : 말이나 문자를 통해 생각이나 감정을 나타낼 때 씁니다.

  예) **表达感情** 감정을 표현하다

3 满意 vs 满足

	满意	满足
형용사 **(만족하다)**	○ 예) 我对这个结果很满意。 나는 이 결과에 만족한다.	○ 예) 我已经很满足了。 나는 이미 만족한다.
동사1 **(~에 만족하다)**	○ 예) 我很满意现实。 나는 현실에 만족한다.	○ (满足于로 사용) 예) 我不能满足于现实。 나는 현실에 만족할 수 없다.
동사2 **(~을 만족시키다)**	✕	○ 예) 我们要满足顾客的要求。 우리는 고객의 요구를 만족시켜 야 한다.

193 나는 우연히 우리 집 이웃에 중국계 미국인 한 명이 살고 있다는 것을 알게 됐다.

我 ＿＿＿ 发现我家 ＿＿＿ 住着一个 ＿＿＿ 美国人。
   ǒurán   gébì   huáyì

194 오늘날 대부분 사람들은 모두 날씬한 것이 예쁜 것과 결코 같지 않다고 생각한다.

＿＿＿，大部分人都认为 ＿＿＿ 并不 ＿＿＿ 漂亮。
 rújīn   miáotiao   děngyú

195 당신은 서둘러 합격 결과가 언제 나오는지 좀 알아보세요.

你 ＿＿＿ 时间 ＿＿＿ 一下 ＿＿＿ 结果什么时候出来。
  zhuājǐn   dǎting   lùqǔ

196 국왕은 자신이 가장 사랑하는 공주를 용감한 왕자에게 시집 보냈다.

＿＿＿ 把自己最 ＿＿＿ 的 ＿＿＿ 给了勇敢的 ＿＿＿。
 guówáng   téng'ài gōngzhǔ jià   wángzǐ

빠른
정답
193 我**偶然**发现我家**隔壁**住着一个**华裔**美国人。
194 **如今**，大部分人都认为**苗条**并不**等于**漂亮。
195 你**抓紧**时间**打听**一下**录取**结果什么时候出来。
196 **国王**把自己最**疼爱**的**公主嫁**给了勇敢的**王子**。

197

평소 식사를 마친 후, 형과 누나는 각자의 침실로 가서 쉬고 있을 것이다.

　　　　吃完饭后，哥哥和姐姐会去　　　　的　　　　　　　着。
píngcháng　　　　　　　　　　　　　　　gèzì　　wòshì　　xiē

198

이 프로젝트는 공개적인 것이라, 당신이 자격이 있기만 하면 신청해서 참가할 수 있습니다.

这个　　　　是　　　　的，只要你有　　　　，就可以报名参加。
　　xiàngmù　gōngkāi　　　　　　　zīgé

199

당신은 HSK 시험지가 몇 개 부분으로 구성되어 있고, 매 부분이 몇 점을 차지하는지 압니까?

你知道HSK　　　　由几个部分　　　　，每个部分　　　　多少分吗？
　　　　shìjuàn　　　　　gòuchéng　　　　zhàn

200

주인은 집 내부의 공간을 절묘하게 이용하여 방을 매우 고전적으로 인테리어 했다.

主人　　　　地　　　　了　　　　　　　的　　　　　，把房间
　　qiǎomiào　lìyòng　　wūzi　nèibù　kōngjiān　　zhuāngxiū

得非常　　　　。
　　　gǔdiǎn

빠른
정답
197 平常吃完饭后，哥哥和姐姐会去各自的卧室歇着。
198 这个项目是公开的，只要你有资格，就可以报名参加。
199 你知道HSK试卷由几个部分构成，每个部分占多少分吗？
200 主人巧妙地利用了屋子内部的空间，把房间装修得非常古典。

201

모두가 그 퇴직한 노영웅에게 정말 매우 감탄한다.

大家 ___ 都很 ___ 那个 ___ 的老 ___ 。

díquè   pèifú   tuìxiū   yīngxióng

202

우리 집 옥상에 마치 물이 새는 것 같아서, 서둘러 사람을 찾아와서 수리해야 한다.

我家屋 ___ 水了，得 ___ 找人来 ___ 。

dǐng   sìhū   lòu   gǎnjǐn   wéixiū

203

정부는 광장에서 기념 행사를 열어 국경절을 경축할 계획이다.

___ 打算在 ___ 上 ___ ___ 活动 ___ 。

zhèngfǔ   guǎngchǎng   zhǎnkāi   jìniàn   qìngzhù   Guóqìng Jié

204

지리적 위치상으로 볼 때, 이 도시는 중국 남부 지역에 있다.

从 ___ 上看，这座城市 ___ 中国南部 ___ 。

dìlǐ   wèizhi   wèiyú   dìqū

201 大家的确都很佩服那个退休的老英雄。
202 我家屋顶似乎漏水了，得赶紧找人来维修。
203 政府打算在广场上展开纪念活动庆祝国庆节。
204 从地理位置上看，这座城市位于中国南部地区。

205

어젯밤에 비록 천둥소리가 무섭고 번개가 번쩍였지만, 그러나 겨우 몇 방울의 비만 내렸다.

昨晚虽然 　　 声 　　　 ， 　　　 很 　　 ，但只下了几

　léi　　　kěpà　　shǎndiàn　　liàng

　　　 雨。

dī

206

지도자를 맞이하기 위해 그들은 입구의 계단 위에 카펫을 하나 놓았다.

为了 　　　　　　 ，他们在门口的 　　　 上放了一块 　　　 。

　yíngjiē　lǐngdǎo　　　　　　táijiē　　　　　dìtǎn

207

당신 아들은 공부를 이렇게 열심히 하고 품행이 이렇게 돋보이니, 반드시 앞길이 밝을 거예요.

你儿子学习这么 　　　 ， 　　　 这么 　　　 ，一定

　　　　qínfèn　　biǎoxiàn　　tūchū　　　qiántú

　　　 。

guāngmíng

208

우리는 이곳을 찾아주시는 모든 고객을 잘 대접하고, 그들의 수요를 만족시켜야 한다.

我们要 　　　 好每一位 　　　 这里的顾客， 　　　 他们的需要。

　zhāodài　　　guānglín　　　　mǎnzú

빠른
정답

205 昨晚虽然雷声可怕，闪电很亮，但只下了几滴雨。
206 为了迎接领导，他们在门口的台阶上放了一块地毯。
207 你儿子学习这么勤奋，表现这么突出，一定前途光明。
208 我们要招待好每一位光临这里的顾客，满足他们的需要。

Unit 14

209 ☑ 她冻得发抖，迫切地要披上一件厚衣服。

Tā dòng de fādǒu, pòqiè de yào pī shàng yí jiàn hòu yīfu.

그녀는 얼어서 벌벌 떨면서 절박하게 두꺼운 옷 한 벌을 걸치려고 했다.

- 冻 dòng 동 (물이나 손발 등이) 얼다
- 发抖 fādǒu 동 (벌벌) 떨다
- 迫切 pòqiè 형 절실하다, 절박하다
- 披 pī 동 (겉옷을) 걸치다

> **★ Point**
>
> 上과 下가 동사 뒤에서 보어로 쓰일 때 각각 '부착'과 '분리'의
> 의미를 나타냅니다.
>
> 예) 穿上 (옷, 신발 등을) 입다 ↔ 脱下 (옷, 신발 등을) 벗다

210 在那个时代，穿有很多洞的裤子是很时髦的。

Zài nàge shídài, chuān yǒu hěn duō dòng de kùzi shì hěn shímáo de.

그 시절에는 구멍이 많은 바지를 입는 것이 유행이었다.

- 时代 shídài 명 ① (역사상의) 시대
  ② (개인의 일생 중의 한) 시기, 시절
- 洞 dòng 명 ① 구멍 ② 동굴
- 时髦 shímáo 형 유행이다, 유행에 맞다

211 他夸张地大笑说：“哈哈，我今天运气太好了！”

Tā kuāzhāng de dàxiào shuō: "hāhā, wǒ jīntiān yùnqi tài hǎo le!"

그는 과장되게 크게 웃으며 말했다. "하하, 나는 오늘 운이 너무 좋아!"

- 夸张 kuāzhāng 동 과장하다, 과장하여 말하다
- 运气 yùnqi 명 운, 운수 형 운이 좋다
- 哈 hā 감 하하

212 她喜欢住豪华的房子，对日常生活也超级讲究。

Tā xǐhuan zhù háohuá de fángzi, duì rìcháng shēnghuó yě chāojí jiǎngjiu.

그녀는 화려한 집에 사는 것을 좋아하고, 일상생활에 대해서도 엄청 신경을 쓴다.

- 豪华 háohuá 형 ① (생활이) 호화롭다, 사치스럽다 ② (건축, 장식 등이) 매우 화려하다
- 日常 rìcháng 형 일상의, 일상적인
- 超级 chāojí 형 초, 뛰어난
- 讲究 jiǎngjiu 명 따져볼 만한 것, 주의할 만한 내용 동 중요하게 여기다, 신경을 쓰다, 주의하다
  형 정교하다, 꼼꼼하다

213

她买了几张光盘，准备在有空闲或者失眠的时候听。

Tā mǎi le jǐ zhāng guāngpán, zhǔnbèi zài yǒu kòngxián huòzhě shīmián de shíhou tīng.

그녀는 몇 장의 CD를 샀고, 틈이 있을 때나 혹은 잠을 이루지 못할 때 들을 작정이다.

- 光盘 guāngpán 명 CD
- 空闲 kòngxián 명 여가, 짬, 틈, 겨를 형 비어 있다, 한가하다
- 失眠 shīmián 이합 잠을 이루지 못하다

214

姐姐把这首诗朗读得非常完美，大家都为她鼓掌了。

Jiějie bǎ zhè shǒu shī lǎngdú de fēicháng wánměi, dàjiā dōu wèi tā gǔzhǎng le.

언니는 이 시를 매우 흠잡을 데 없이 낭독했고, 모두 그녀를 위해 손뼉을 쳤다.

- 首 shǒu 명 ① 머리 ② 수령, 우두머리 형 최초의, 처음의 양 수, 곡 [시나 노래를 세는 단위]
- 诗 shī 명 시
- 朗读 lǎngdú 통 낭독하다
- 完美 wánměi 형 완벽하다, 흠잡을 데가 없다
- 鼓掌 gǔzhǎng 이합 손뼉 치다

 Point
鼓掌은 이합동사이므로 뒤에 다른 목적어를 쓸 수 없고, 为를 써서 '为······鼓掌'으로 사용합니다.

215

生活在这片陆地上的人非常好客，对客人的招待很周到。

Shēnghuó zài zhè piàn lùdì shàng de rén fēicháng hàokè, duì kèrén de zhāodài hěn zhōudào.

이 육지 상에서 생활하는 사람은 손님맞이를 매우 좋아해서 손님에 대한 접대가 세심하다.

- 片 piàn 양 ① 얇거나 작게 잘라진 부분을 세는 단위 ② 차지한 면적 또는 범위를 세는 단위
- 陆地 lùdì 명 육지
- 好客 hàokè 형 손님 접대를 좋아하다, 손님을 좋아하다
- 招待 zhāodài 통 접대하다, 대접하다
- 周到 zhōudào 형 꼼꼼하다, 세심하다 *服务周到 서비스가 세심하다

216

墙上的几根管子是固定的，瞧上去像一种很有特色的装饰。

Qiáng shàng de jǐ gēn guǎnzi shì gùdìng de, qiáo shàngqù xiàng yì zhǒng hěn yǒu tèsè de zhuāngshì.

벽 위의 파이프 몇 개는 고정된 것으로, 올려다보면 마치 하나의 매우 특색 있는 장식품 같다.

- 墙 qiáng 명 벽, 담
  *一堵墙 벽 하나 / 一面墙 벽 한 면
- 根 gēn 명 뿌리 양 가늘고 긴 것을 세는 단위
- 管子 guǎnzi 명 관, 파이프, 튜브
- 固定 gùdìng 통 고정하다, 고정시키다
- 瞧 qiáo 통 보다
- 特色 tèsè 명 특색
- 装饰 zhuāngshì 명 장식(품) 통 장식하다

217

☐ 这个零件的结构很特殊，形状是方的。

☐ Zhège língjiàn de jiégòu hěn tèshū, xíngzhuàng shì fāng de.

☐ 이 부속의 구조는 특수해서 모양이 네모이다.

- **零件** língjiàn 몡 부속(품)
- **结构** jiégòu 몡 구성, 구조 동 구축하다, 조직하다
- **特殊** tèshū 혱 특수하다
- **形状** xíngzhuàng 몡 형상, 물체의 외관, 모양
- **方** fāng 혱 네모지다

218

☐ 女士们一般会对什么话题感到好奇呢?

☐ Nǚshìmen yìbān huì duì shénme huàtí gǎndào hàoqí ne?

☐ 여성들은 일반적으로 어떤 화제에 대해 호기심을 느낄까요?

- **女士** nǚshì 몡 여성, 숙녀, 여사
- **话题** huàtí 몡 화제
- **好奇** hàoqí 혱 호기심이 많다

219

☐ 这种零食是用土豆和豆腐做的，很好消化。

☐ Zhè zhǒng língshí shì yòng tǔdòu hé dòufu zuò de, hěn hǎo xiāohuà.

☐ 이런 간식은 감자와 두부를 사용해서 만든 것으로 소화하기 매우 좋다.

- **零食** língshí 몡 간식
- **土豆** tǔdòu 몡 감자
- **豆腐** dòufu 몡 두부
- **消化** xiāohuà 동 ① (음식을) 소화하다 ② (지식을) 소화하다 ＊消化知识 지식을 소화하다

220

☐ 妈妈通常会在星期日去超市买一堆日用品。

☐ Māma tōngcháng huì zài xīngqīrì qù chāoshì mǎi yì duī rìyòngpǐn.

☐ 엄마는 일반적으로 일요일에 슈퍼마켓에 가서 한 무더기의 일용품을 살 것이다.

- **通常** tōngcháng 혱 통상적이다, 일반적이다 부 통상적으로, 일반적으로
- **堆** duī 동 쌓다, 쌓이다 양 무더기, 더미, 무리, 떼
- **日用品** rìyòngpǐn 몡 일용품

221
我很珍惜今年3月中旬跟大家一起度过的日子。
Wǒ hěn zhēnxī jīnnián sān yuè zhōngxún gēn dàjiā yìqǐ dùguò de rìzi.
나는 올해 3월 중순 모두와 함께 보낸 날을 매우 소중히 여긴다.

- 珍惜 zhēnxī 图 소중히 여기다 *珍惜生命 생명을 소중히 하다
- 中旬 zhōngxún 図 중순
- 度过 dùguò 图 보내다, 지내다
- 日子 rìzi 図 ① 날, 날짜 ② 시간, 세월

222
你刚才对待我的态度太严肃了，让我觉得很委屈。
Nǐ gāngcái duìdài wǒ de tàidù tài yánsù le, ràng wǒ juéde hěn wěiqu.
당신이 방금 저를 대하는 태도가 너무 엄숙해서 저에게 억울함을 느끼게 했어요.

- 对待 duìdài 图 대하다, 대우하다
- 严肃 yánsù 園 엄숙하다, 근엄하다
- 委屈 wěiqu 園 억울하다, 섭섭하다 图 억울하게 하다, 섭섭하게 하다

223
今天来买东西的顾客可以凭收据免费得到一瓶酱油。
Jīntiān lái mǎi dōngxi de gùkè kěyǐ píng shōujù miǎnfèi dédào yì píng jiàngyóu.
오늘 와서 물건을 사는 고객은 영수증을 근거로 간장 한 병을 무료로 얻을 수 있다.

- 凭 píng 图 기대다, 의지하다, 근거하다 图 ~에 근거하여
- 收据 shōujù 図 영수증
- 酱油 jiàngyóu 図 간장

224
书架上的文件平放和斜放都一样，你何必在乎细节呢！
Shūjià shàng de wénjiàn píng fàng hé xié fàng dōu yíyàng, nǐ hébì zàihu xìjié ne!
책장 위의 문서를 평평하게 놓는 것과 기울여 놓는 것이 다 마찬가지인데, 당신은 구태여 사소한 부분을 문제 삼을 필요 있나요?

- 书架 shūjià 図 책꽂이, 책장
- 文件 wénjiàn 図 문건, 문서, 서류, 파일
- 平 píng 園 평평하다 图 평평하게 하다, 고르다
- 斜 xié 園 기울다, 비스듬하다, 비뚤다 图 기울(이)다
  *斜对面 대각선 맞은편, 건너편 옆쪽
- 何必 hébì 凬 구태여 ~할 필요가 있는가 =不必 ~할 필요가 없다
- 在乎 zàihu 图 마음에 두다, 문제 삼다
- 细节 xìjié 図 세부, 사소한 부분
  *生活中的细节 생활 속의 소소한 부분 / 工作中的细节 업무 중의 세부사항

> **Point**
> 何必는 문장 끝에 呢와 함께 쓰여
> 반어문을 나타냅니다.

알고나면 쉬워지는

최은정의 시크릿노트

1 是……的 강조 구문

문장 219

'是……的' 구문은 이미 발생한 일에 대해 누가, 언제, 어디서, 어떻게, 왜 등을 강조합니다. 是는 생략할 수 있지만 부정문에서는 생략할 수 없습니다.

(是) + <u>시간/장소/방식/주체 등</u> + 동사 + 的
　　　　　강조

예) 他(是)昨天来的。　그는 어제 온 것이다.

2 양사 堆

문장 220

양사 堆 뒤에 오는 명사는 사람, 사물 외에 추상적 대상도 될 수 있습니다. 앞에 강조의 의미로 大를 붙여 말할 수 있습니다.

- 사람: 一堆人 군중
- 사물: 一堆书 책 더미 / 一堆垃圾 쓰레기 더미
- 추상적: 一(大)堆作业 많은 숙제 / 一(大)堆工作 일 더미

3 성조에 따라 뜻이 달라지는 어휘 I

- **空**

kōng 혱 (속이) 비다 명 공간, 하늘

예) **空盒子** 빈 상자 / **空间** 공간 / **天空** 하늘

kòng 동 비우다, (시간을) 내다 명 짬, 틈, 겨를

예) **把房间空出来** 방을 비우다 / **空闲时间** 여가 시간

- **少**

shǎo 혱 (양이) 적다

예) **钱不少** 돈이 적지 않다

shào 혱 (나이가) 어리다

예) **青少年** 청소년

- **好**

hǎo 혱 좋다

예) **她身体很好。** 그녀는 몸이 좋다(건강하다).

hào 동 좋아하다

예) **她很好学。** 그녀는 배우는 것을 좋아한다.

209

그녀는 얼어서 벌벌 떨면서 절박하게 두꺼운 옷 한 벌을 걸치려고 했다.

她 ＿＿ 得 ＿＿＿ ，＿＿＿＿ 地要 ＿＿＿ 上一件厚衣服。

dòng　　　fādǒu　　　pòqiè　　　　pī

210

그 시절에는 구멍이 많은 바지를 입는 것이 유행이었다.

在那个 ＿＿＿ ，穿有很多 ＿＿＿ 的裤子是很 ＿＿＿ 的。

shídài　　　　　　dòng　　　　　shímáo

211

그는 과장되게 크게 웃으며 말했다. "하하, 나는 오늘 운이 너무 좋아!"

他 ＿＿＿ 地大笑说：" ＿＿＿ ，我今天 ＿＿＿ 太好了！"

kuāzhāng　　　　　hāhā　　　　yùnqi

212

그녀는 화려한 집에 사는 것을 좋아하고, 일상생활에 대해서도 엄청 신경을 쓴다.

她喜欢住 ＿＿＿ 的房子，对 ＿＿＿ 生活也 ＿＿＿＿＿ 。

háohuá　　　　　rìcháng　　　chāojí　　jiǎngjiu

빠른
정답
209 她冻得发抖，迫切地要披上一件厚衣服。
210 在那个时代，穿有很多洞的裤子是很时髦的。
211 他夸张地大笑说："哈哈，我今天运气太好了！"
212 她喜欢住豪华的房子，对日常生活也超级讲究。

213

그녀는 몇 장의 CD를 샀고, 틈이 있을 때나 혹은 잠을 이루지 못할 때 들을 작정이다.

她买了几张 ＿＿＿＿＿ ，准备在有 ＿＿＿＿＿ 或者 ＿＿＿＿＿ 的时候听。

guāngpán   kòngxián   shīmián

214

언니는 이 시를 매우 흠잡을 데 없이 낭독했고, 모두 그녀를 위해 손뼉을 쳤다.

姐姐把这 ＿＿ ＿＿ 得非常 ＿＿＿＿ ，大家都为她

shǒu   shī   lǎngdú   wánměi

＿＿＿ 了。

gǔzhǎng

215

이 육지 상에서 생활하는 사람은 손님맞이를 매우 좋아해서 손님에 대한 접대가 세심하다.

生活在这 ＿＿＿＿＿＿ 上的人非常 ＿＿＿＿ ，对客人的 ＿＿＿ 很

piàn   lùdì   hàokè   zhāodài

＿＿＿＿ 。

zhōudào

216

벽 위의 파이프 몇 개는 고정된 것으로, 올려다보면 마치 하나의 매우 특색 있는 장식품 같다.

＿＿＿ 上的几 ＿＿ ＿＿＿ 是 ＿＿＿ 的， ＿＿ 上去像一种很

qiáng   gēn   guǎnzi   gùdìng   qiáo

有 ＿＿＿ 的 ＿＿＿＿ 。

tèsè   zhuāngshì

217

이 부속의 구조는 특수해서 모양이 네모이다.

这个 ___ 的 ___ 很 ___ ， ___ 是 ___ 的。

    língjiàn   jiégòu   tèshū   xíngzhuàng   fāng

218

여성들은 일반적으로 어떤 화제에 대해 호기심을 느낄까요?

___ 们一般会对什么 ___ 感到 ___ 呢？

  nǚshì   huàtí   hàoqí

219

이런 간식은 감자와 두부를 사용해서 만든 것으로 소화하기 매우 좋다.

这种 ___ 是用 ___ 和 ___ 做的，很好 ___ 。

    língshí   tǔdòu   dòufu   xiāohuà

220

엄마는 일반적으로 일요일에 슈퍼마켓에 가서 한 무더기의 일용품을 살 것이다.

妈妈 ___ 会在星期日去超市买一 ___ 。

    tōngcháng   duī   rìyòngpǐn

빠른
정답

217 这个零件的结构很特殊，形状是方的。
218 女士们一般会对什么话题感到好奇呢？
219 这种零食是用土豆和豆腐做的，很好消化。
220 妈妈通常会在星期日去超市买一堆日用品。

221

나는 올해 3월 중순 모두와 함께 보낸 날을 매우 소중히 여긴다.

我很 ____ 今年3月 ____ 跟大家一起 ____ 的 ____ 。
zhēnxī   zhōngxún   dùguò   rìzi

222

당신이 방금 저를 대하는 태도가 너무 엄숙해서 저에게 억울함을 느끼게 했어요.

你刚才 ____ 我的态度太 ____ 了，让我觉得很 ____ 。
duìdài   yánsù   wěiqu

223

오늘 와서 물건을 사는 고객은 영수증을 근거로 간장 한 병을 무료로 얻을 수 있다.

今天来买东西的顾客可以 ____ ____ 免费得到一瓶 ____ 。
píng shōujù   jiàngyóu

224

책장 위의 문서를 평평하게 놓는 것과 기울여 놓는 것이 다 마찬가지인데, 당신은 구태여 사소한 부분을 문제 삼을 필요 있나요?

____ 上的 ____ ____ 放和 ____ 放都一样，你 ____
shūjià   wénjiàn   píng   xié   hébì

____ ____ 呢！
zàihu xìjié

빠른
정답

221 我很珍惜今年3月中旬跟大家一起度过的日子。
222 你刚才对待我的态度太严肃了，让我觉得很委屈。
223 今天来买东西的顾客可以凭收据免费得到一瓶酱油。
224 书架上的文件平放和斜放都一样，你何必在乎细节呢！

225 ☑ 肥皂湿润以后表面会变得很光滑。

Féizào shīrùn yǐhòu biǎomiàn huì biàn de hěn guānghuá.

비누가 축축해진 이후 표면은 매끄럽게 변하게 된다.

- 肥皂 féizào 명 비누
- 湿润 shīrùn 형 촉촉하다, 축축하다
- 表面 biǎomiàn 명 표면, 겉
- 光滑 guānghuá 형 (물체의 표면이) 매끄럽다, 반들반들하다

---

226 召开会议时，双方轮流发言，气氛非常热烈。

Zhàokāi huìyì shí, shuāngfāng lúnliú fāyán, qìfēn fēicháng rèliè.

회의를 열었을 때 쌍방이 돌아가면서 발언을 했는데, 분위기가 매우 뜨거웠다.

- 召开 zhàokāi 동 (회의 등을) 열다
- 双方 shuāngfāng 명 쌍방
- 轮流 lúnliú 동 교대로 하다, 돌아가면서 하다
- 发言 fāyán 명 발언 이합 발언하다
- 气氛 qìfēn 명 분위기
- 热烈 rèliè 형 열렬하다, 뜨겁다 ＊热烈的掌声
  뜨거운 박수 소리/热烈(地)欢迎 열렬히 환영하다

---

227 非球迷不能参加我们俱乐部组织的这个活动。

Fēi qiúmí bù néng cānjiā wǒmen jùlèbù zǔzhī de zhège huódòng.

비 축구 팬은 우리 클럽이 조직한 이 활동에 참여할 수 없다.

- 非 fēi 동 ~이 아니다 =不(是)
  부 꼭, 반드시 =一定(要)
- 球迷 qiúmí 명 구기 종목의 팬
- 俱乐部 jùlèbù 명 클럽
- 组织 zǔzhī 명 조직 동 조직하다, 결성하다

---

228 听到他说想离婚，她立即蹲在地上大哭起来了。

Tīng dào tā shuō xiǎng líhūn, tā lìjí dūn zài dì shang dà kū qǐlái le.

그가 이혼하고 싶다고 말하는 것을 듣고, 그녀는 바로 바닥에 웅크리고 앉아 크게 울기 시작했다.

- 离婚 líhūn 이합 이혼하다
- 立即 lìjí 부 즉시, 곧, 당장 =立刻
- 蹲 dūn 동 쪼그리고 앉다, 웅크려 앉다

229
亲爱的，你去确认一下冰箱里的香肠过期了没有。

Qīn'ài de, nǐ qù quèrèn yíxià bīngxiāng lǐ de xiāngcháng guòqī le méi yǒu.

자기야, 당신이 가서 냉장고 속의 소시지가 기한을 넘겼는지 아닌지 확인 좀 해요.

- **亲爱** qīn'ài 형 친애하다, 사랑하다
- **确认** quèrèn 동 확인하다
- **香肠** xiāngcháng 명 소시지
- **过期** guòqī 이합 기일이 지나다, 기한을 넘기다

230
说实话，你这篇作文的内容全是废话，未必能及格。

Shuō shíhuà, nǐ zhè piān zuòwén de nèiróng quán shì fèihuà, wèibì néng jígé.

사실대로 말하면, 당신의 이 작문 내용은 전부 쓸데없는 말이라서, 반드시 합격할 수 있는 건 아니에요.

- **实话** shíhuà 명 진심, 진실한 말, 정말
- **作文** zuòwén 명 작문
- **废话** fèihuà 명 쓸데없는 말 동 쓸데없는 말을 하다
- **未必** wèibì 부 반드시 ~한 것은 아니다 =不一定=不见得
- **及格** jígé 이합 합격하다

231
他迅速计算出了公司今年的利息，果然很适合做会计。

Tā xùnsù jìsuàn chū le gōngsī jīnnián de lìxī, guǒrán hěn shìhé zuò kuàijì.

그는 신속하게 회사의 올해 이자를 계산해 냈다. 과연 회계사를 하기에 매우 적합하다.

- **迅速** xùnsù 형 신속하다, 재빠르다
- **计算** jìsuàn 동 계산하다
- **利息** lìxī 명 이자
- **果然** guǒrán 부 과연, 생각한 대로
- **会计** kuàijì 명 회계(사)

232
总裁派秘书帮自己处理私人问题，可见对她非常信任。

Zǒngcái pài mìshū bāng zìjǐ chǔlǐ sīrén wèntí, kějiàn duì tā fēicháng xìnrèn.

총수는 비서를 보내 자신을 도와 개인 문제를 처리하게 했는데, 그녀에 대해 매우 신임한다는 것을 알 수 있다.

- **总裁** zǒngcái 명 (정당, 기업의) 총재, 총수
- **派** pài 동 파견하다, 보내다
- **秘书** mìshū 명 비서
- **处理** chǔlǐ 동 ① 처리하다, (문제를) 해결하다 ② 내린 가격으로 처분하다
- **私人** sīrén 명 개인
- **可见** kějiàn 접 ~을 알 수 있다, ~을 볼 수 있다
- **信任** xìnrèn 동 신임하다 명 신임 *获得信任 신임을 얻다 / 失去信任 신임을 잃다

> ⭐ **Point**
> 可见은 주제나 결론을 이끌어냅니다.

233

她推荐我买一套灰色的键盘和鼠标。

Tā tuījiàn wǒ mǎi yí tào huī sè de jiànpán hé shǔbiāo.

그녀는 나에게 회색 키보드와 마우스를 한 세트 살 것을 추천했다.

- **推荐** tuījiàn 图 추천하다
- **套** tào 명 커버, 덮개 图 (커버를) 씌우다 양 세트
- **灰** huī 명 ① 재, 먼지 ② 회색, 잿빛
- **键盘** jiànpán 명 건반, 키보드
- **鼠标** shǔbiāo 명 (컴퓨터의) 마우스

234

工人们纷纷集合起来争取他们的权利。

Gōngrénmen fēnfēn jíhé qǐlái zhēngqǔ tāmen de quánlì.

노동자들이 잇달아 모여 그들의 권리를 쟁취한다.

- **工人** gōngrén 명 노동자
- **纷纷** fēnfēn 부 잇달아, 계속하여
- **集合** jíhé 图 집합하다, 모이다
- **争取** zhēngqǔ 图 ① 쟁취하다, 얻다, 달성하다 ② ~을 실현하기 위해 노력하다
- **权利** quánlì 명 권리

235

这种休闲风格的服装在市场上很受欢迎。

Zhè zhǒng xiūxián fēnggé de fúzhuāng zài shìchǎng shàng hěn shòu huānyíng.

이런 캐주얼 스타일의 의상은 시장에서 매우 환영을 받는다.

- **休闲** xiūxián 图 휴식 오락 활동을 즐기다, 레저 활동을 하다
- **风格** fēnggé 명 풍격, 스타일
- **服装** fúzhuāng 명 복장, 의상
- **市场** shìchǎng 명 시장

236

领导命令两组队员分别负责摄影和文字工作。

Lǐngdǎo mìnglìng liǎng zǔ duìyuán fēnbié fùzé shèyǐng hé wénzì gōngzuò.

리더는 두 조의 팀원들에게 각각 촬영과 문자 작업을 책임질 것을 지시했다.

- **领导** lǐngdǎo 명 지도자, 리더 图 지도하다, 이끌고 나가다
- **命令** mìnglìng 명 명령, 지시 ＊下命令 명령을 내리다 图 명령하다, 지시하다
- **组** zǔ 명 조, 그룹, 팀 양 조, 벌, 세트
- **分别** fēnbié 图 ① 헤어지다, 이별하다 ② 구별하다, 식별하다 부 각각
- **摄影** shèyǐng 图 촬영하다
- **文字** wénzì 명 문자, 글자

> **⭐ Point**
>
> 分别 뒤에 명사가 올 때는 '分别是' 혹은 '分别为'의 형태로 사용합니다.
>
> 예) 三个杯子的颜色分别是红色、蓝色和黄色。
> 세 잔의 컵 색상은 각각 빨간색, 파란색, 그리고 노란색이다.

237
他微笑着说出来的话明显体现出了讽刺的感觉。

Tā wēixiào zhe shuō chūlái de huà míngxiǎn tǐxiàn chū le fěngcì de gǎnjué.

그가 미소 지으며 내뱉은 말은 풍자하는 느낌을 분명하게 드러냈다.

- 微笑 wēixiào 몡 미소 동 미소 짓다
- 明显 míngxiǎn 혱 뚜렷하다, 분명하다
- 体现 tǐxiàn 동 구체적으로 드러내다
- 讽刺 fěngcì 동 풍자하다

238
在这片几百平方米的土地上均匀地分布着很多工厂。

Zài zhè piàn jǐ bǎi píngfāng mǐ de tǔdì shàng jūnyún de fēnbù zhe hěn duō gōngchǎng.

이 몇백 제곱미터의 토지 위에 많은 공장이 고르게 분포하고 있다.

- 片 piàn 얭 ① 얇거나 작게 잘라진 부분을 세는 단위 ② 차지한 면적 또는 범위를 세는 단위
- 平方 píngfāng 얭 평방, 제곱
- 土地 tǔdì 몡 ① 땅, 토지 ② 영토, 국토
- 均匀 jūnyún 혱 균등하다, 고르다
- 分布 fēnbù 동 분포하다
- 工厂 gōngchǎng 몡 공장

239
假如你怀念以前在学校的生活，就常回来看望一下老师吧。

Jiǎrú nǐ huáiniàn yǐqián zài xuéxiào de shēnghuó, jiù cháng huílái kànwàng yíxià lǎoshī ba.

만약 네가 이전 학교에서의 생활이 그립다면, 자주 돌아와서 선생님을 좀 찾아뵙도록 해.

- 假如 jiǎrú 젭 만약, 만일 ＝如果＝要是
- 怀念 huáiniàn 동 그리워하다
- 看望 kànwàng 동 찾아가 보다, 방문하다, 문안하다 ＊看望病人 환자를 병문안하다

240
他浏览了我的简历后，用一支笔在几项有疑问的内容下面划了线。

Tā liúlǎn le wǒ de jiǎnlì hòu, yòng yì zhī bǐ zài jǐ xiàng yǒu yíwèn de nèiróng xiàmian huà le xiàn.

그는 나의 이력서를 대충 훑어본 후, 펜 하나를 사용하여 몇 가지 의문이 있는 내용 아래에 밑줄을 그었다.

- 浏览 liúlǎn 동 대충 훑어보다
- 简历 jiǎnlì 몡 이력(서) ＊投简历 이력서를 넣다
- 支 zhī 동 괴다, 받치다, 버티다, 지지하다 얭 펜을 세는 단위
- 项 xiàng 얭 항목, 조항을 세는 단위
- 疑问 yíwèn 몡 의문 ＊提出疑问 의문을 제기하다
- 划 huà 동 (선을) 긋다, 나누다, 구분하다

알고나면 쉬워지는

최은정의 시크릿노트

---

1. 동사 争取

문장 234

- '쟁취하다'라는 뜻으로 뒤에 주로 명사가 옵니다.

  예) **争取机会** 기회를 쟁취하다

  　　争取胜利 승리를 쟁취하다

- '～을 실현하기 위해 노력하다'라는 뜻으로 뒤에 주로 동사가 옵니다.

  예) **争取考上研究生** 대학원에 합격하기 위해 노력하다

2. 가정 표현

문장 239

如果, 要是, 假如는 '만약 ～라면'이라는 가정을 나타냅니다. 후속절에서 '那(么)'
나 '就/便'을 사용하거나 아예 사용하지 않을 수도 있습니다.

$$\underset{\text{접속사}}{如果/要是/假如\cdots\cdots},\ \underset{\text{부사}}{那(\text{么})} + 주어 + \underset{\text{부사}}{就/便\cdots\cdots}$$

예) **如果累了，(那么)你(就)休息一会儿吧。**

만약 피곤하면 (그럼) 너는 잠시 쉬어라.

3 빈출 양사 정리 III

- **升** shēng 리터 [부피 단위]
- **首** shǒu 수, 곡 [시, 노래를 세는 단위]
- **所** suǒ 개, 곳 [학교, 병원 등을 세는 단위]
- **套** tào 벌, 세트 [세트를 세는 단위]
- **团** tuán 덩이, 뭉치 [덩어리를 세는 단위]
- **项** xiàng 가지, 항목 [항목을 세는 단위]
- **则** zé 조항 [항목을 세는 단위]
- **阵** zhèn 번, 차례 [잠시 지속되는 일을 세는 단위]
- **支** zhī 가지 [가늘고 긴 사물을 세는 단위]
- **组** zǔ 조, 벌, 세트 [그룹을 세는 단위]

写一写 우리말 해석을 참고하여 빈칸에 알맞은 중국어를 쓰세요.

225

비누가 축축해진 이후 표면은 매끄럽게 변하게 된다.

_____ _____ 以后 _____ 会变得很 _____ 。

féizào　　　shīrùn　　　biǎomiàn　　　　　guānghuá

226

회의를 열었을 때 쌍방이 돌아가면서 발언을 했는데, 분위기가 매우 뜨거웠다.

_____ 会议时, _____ _____ _____ , _____ 非常 _____ 。

zhàokāi　　　shuāngfāng lúnliú　　fāyán　　　qìfēn　　　　rèliè

227

비 축구 팬은 우리 클럽이 조직한 이 활동에 참여할 수 없다.

_____ _____ 不能参加我们 _____ _____ 的这个活动。

fēi　　qiúmí　　　　　　　　jùlèbù　　zǔzhī

228

그가 이혼하고 싶다고 말하는 것을 듣고, 그녀는 바로 바닥에 웅크리고 앉아 크게 울기 시작했다.

听到他说想 _____ , 她 _____ _____ 在地上大哭起来了。

líhūn　　　　lìjí　　　dūn

**빠른
정답**

225 肥皂湿润以后表面会变得很光滑。
226 召开会议时，双方轮流发言，气氛非常热烈。
227 非球迷不能参加我们俱乐部组织的这个活动。
228 听到他说想离婚，她立即蹲在地上大哭起来了。

229

자기야, 당신이 가서 냉장고 속의 소시지가 기한을 넘겼는지 아닌지 확인 좀 해요.

___ 的，你去 ___ 一下冰箱里的 ___ ___ 了没有。

qīn'ài　　　　　quèrèn　　　　　xiāngcháng　guòqī

230

사실대로 말하면, 당신의 이 작문 내용은 전부 쓸데없는 말이라서, 반드시 합격할 수 있는 건 아니에요.

说 ___ ，你这篇 ___ 的内容全是 ___ ， ___ 能 ___ 。

shíhuà　　　　zuòwén　　　　fèihuà　　wèibì　　jígé

231

그는 신속하게 회사의 올해 이자를 계산해 냈다. 과연 회계사를 하기에 매우 적합하다.

他 ___ ___ 出了公司今年的 ___ ， ___ 很适合做

xùnsù　　jìsuàn　　　　　　　　lìxī　　guǒrán

___ 。

kuàijì

232

총수는 비서를 보내 자신을 도와 개인 문제를 처리하게 했는데, 그녀에 대해 매우 신임한다는 것을 알 수 있다.

___ ___ ___ 帮自己 ___ ___ 问题， ___ 对她非

zǒngcái　pài　mìshū　　　　chǔlǐ　sīrén　　　　kějiàn

常 ___ 。

xìnrèn

🔓 빠른
정답

229 亲爱的，你去确认一下冰箱里的香肠过期了没有。

230 说实话，你这篇作文的内容全是废话，未必能及格。

231 他迅速计算出了公司今年的利息，果然很适合做会计。

232 总裁派秘书帮自己处理私人问题，可见对她非常信任。

233

그녀는 나에게 회색 키보드와 마우스를 한 세트 살 것을 추천했다.

她 ___ 我买一 ___ ___ 的 ___ 和 ___ 。

　　 tuījiàn　　　 tào　　 huīsè　　 jiànpán　　 shǔbiāo

234

노동자들이 잇달아 모여 그들의 권리를 쟁취한다.

___ 们 ___ 起来 ___ 他们的 ___ 。

gōngrén　 fēnfēn　　 jíhé　　　 zhēngqǔ　　　 quánlì

235

이런 캐주얼 스타일의 의상은 시장에서 매우 환영을 받는다.

这种 ___ ___ 的 ___ 在 ___ 上很受欢迎。

　　 xiūxián　　 fēnggé　 fúzhuāng　 shìchǎng

236

리더는 두 조의 팀원들에게 각각 촬영과 문자 작업을 책임질 것을 지시했다.

___ ___ 两 ___ 队员 ___ 负责 ___ 和 ___ 工作。

lǐngdǎo　 mìnglìng　　 zǔ　　　 fēnbié　　 shèyǐng　　 wénzì

**빠른
정답**

233 她推荐我买一套灰色的键盘和鼠标。

234 工人们纷纷集合起来争取他们的权利。

235 这种休闲风格的服装在市场上很受欢迎。

236 领导命令两组队员分别负责摄影和文字工作。

237

그가 미소 지으며 내뱉은 말은 풍자하는 느낌을 분명하게 드러냈다.

他 ___ 着说出来的话 ___ ___ 出了 ___ 的感觉。
　　wēixiào　　　　　　　　míngxiǎn　tǐxiàn　　　fěngcì

238

이 몇백 제곱미터의 토지 위에 많은 공장이 고르게 분포하고 있다.

在这 ___ 几百 ___ 米的 ___ 上 ___ 地 ___ 着很多
　　　piàn　　　píngfāng　　　tǔdì　　jūnyún　　fēnbù

___ 。
gōngchǎng

239

만약 네가 이전 학교에서의 생활이 그립다면, 자주 돌아와서 선생님을 좀 찾아뵙도록 해.

___ 你 ___ 以前在学校的生活，就常回来 ___ 一下老师吧。
jiǎrú　　huáiniàn　　　　　　　　　　　　　kànwàng

240

그는 나의 이력서를 대충 훑어본 후, 펜 하나를 사용하여 몇 가지 의문이 있는 내용 아래에 밑줄을 그었다.

他 ___ 了我的 ___ 后，用一 ___ 笔在几 ___ 有 ___
　liúlǎn　　　　jiǎnlì　　　　zhī　　　　xiàng　　yíwèn

的内容下面 ___ 了线。
　　　　　huà

빠른
정답

237 他微笑着说出来的话明显体现出了讽刺的感觉。
238 在这片几百平方米的土地上均匀地分布着很多工厂。
239 假如你怀念以前在学校的生活，就常回来看望一下老师吧。
240 他浏览了我的简历后，用一支笔在几项有疑问的内容下面划了线。

241

☑ 从商业角度分析，这次投资的风险很大。

Cóng shāngyè jiǎodù fēnxī, zhè cì tóuzī de fēngxiǎn hěn dà.

상업적 각도에서 분석하자면, 이번 투자의 리스크가 크다.

- **商业** shāngyè 몡 상업
- **角度** jiǎodù 몡 각도
- **分析** fēnxī 동 분석하다
- **投资** tóuzī 몡 투자 동 투자하다
- **风险** fēngxiǎn 몡 위험, 리스크

242

这本书围绕不同的民族风俗进行了生动描写。

Zhè běn shū wéirào bùtóng de mínzú fēngsú jìnxíng le shēngdòng miáoxiě.

이 책은 서로 다른 민족 풍속을 중심에 놓고 생생한 묘사를 했다.

- **围绕** wéirào 동 ① 둘러싸다, 주위를 돌다
  ② (일이나 문제를) 둘러싸다, 중심에 놓다
- **风俗** fēngsú 몡 풍속
- **生动** shēngdòng 혱 생동감 있다, 생생하다
- **描写** miáoxiě 동 묘사하다

243

领导强调现阶段的工作要以提高效率为核心。

Lǐngdǎo qiángdiào xiàn jiēduàn de gōngzuò yào yǐ tígāo xiàolǜ wéi héxīn.

리더는 현 단계의 업무는 효율을 향상시키는 것을 핵심으로 해야 한다고 강조했다.

- **领导** lǐngdǎo 몡 지도자, 리더 동 지도하다,
  이끌고 나가다
- **强调** qiángdiào 동 강조하다
- **阶段** jiēduàn 몡 단계
- **效率** xiàolǜ 몡 효율, 능률
- **核心** héxīn 몡 핵심

244

最近几年，老百姓的生活水平有了巨大的改善。

Zuìjìn jǐ nián, lǎobǎixìng de shēnghuó shuǐpíng yǒu le jùdà de gǎishàn.

최근 몇 년, 국민들의 생활 수준에 매우 큰 개선이 생겼다.

- **老百姓** lǎobǎixìng 몡 국민, 대중, 일반인
- **巨大** jùdà 혱 매우 크다
- **改善** gǎishàn 동 개선하다

245

这台机器的硬件出毛病了，干脆扔掉买个新的吧。

Zhè tái jīqì de yìngjiàn chū máobìng le, gāncuì rēng diào mǎi ge xīn de ba.

이 기계의 하드웨어는 고장이 났으니, 차라리 버려버리고 새 것을 하나 사요.

- **机器** jīqì 몡 기계, 기기
- **硬件** yìngjiàn 몡 하드웨어, 기계 설비 및 장비
  ↔ 软件 소프트웨어
- **毛病** máobìng 몡 ① (개인의) 약점, 흠, 나쁜 버릇 = 缺点 ② 고장
- **干脆** gāncuì 혱 (말이나 행동이) 명쾌하다, 간단명료하다, 시원스럽다 閉 차라리, 아예

246

这次以公司统一分配的形式给各个部门提供设备。

Zhè cì yǐ gōngsī tǒngyī fēnpèi de xíngshì gěi gègè bùmén tígōng shèbèi.

이번에 회사가 동일하게 배분하는 형식으로 각 부서에 설비를 제공한다.

- **统一** tǒngyī 통 통일하다 혱 일치한, 단일한
- **分配** fēnpèi 통 분배하다, 배치하다, 안배하다
- **形式** xíngshì 몡 형식
- **部门** bùmén 몡 부, 부문, 부서
- **设备** shèbèi 몡 설비

247

这个有名的模特亲切地跟我拍了一张合影，并在上面签了名。

Zhège yǒumíng de mótè qīnqiè de gēn wǒ pāi le yì zhāng héyǐng, bìng zài shàngmian qiān le míng.

이 유명한 모델은 친절하게 나와 한 장의 투 샷을 찍었고, 게다가 위에 사인했다.

- **模特** mótè 몡 모델
- **亲切** qīnqiè 혱 친근하다, 친절하다, 다정하다
- **拍** pāi 통 ① 손바닥으로 치다 ② 촬영하다, (사진을) 찍다
- **合影** héyǐng 몡 단체사진 이합 함께 사진을 찍다
- **签** qiān 통 서명하다, 사인하다

248

她把刚摘的桃子摆在桌子上后，准备再去煮一壶地道的桔子茶。

Tā bǎ gāng zhāi de táozi bǎi zài zhuōzi shàng hòu, zhǔnbèi zài qù zhǔ yì hú dìdao de júzi chá.

그녀는 막 딴 복숭아를 탁자 위에 놓은 후, 다시 가서 주전자에 제대로 된 귤차를 끓이려고 준비했다.

- **摘** zhāi 통 ① 따다, 떼다 ② 발췌하다
- **桃(子)** táo(zi) 몡 복숭아
- **摆** bǎi 통 놓다, 배열하다, 진열하다, 배치하다
- **煮** zhǔ 통 삶다, 끓이다
- **壶** hú 몡 양 주전자, 단지
- **地道** dìdao 몡 진짜의, 본고장의
- **桔子** júzi 몡 귤

> ✖ **Point**
> 地道는 주로 음식이나 언어를 묘사할 때 사용합니다.
> 예) **地道的北京菜** 본연의 베이징요리
> **地道的北京话** 본토 베이징어

249
- ☐ 工程师这次带来的高级工具有什么用途?
- ☐ Gōngchéngshī zhè cì dàilái de gāojí gōngjù yǒu shénme yòngtú?
- ☐ 엔지니어가 이번에 가져온 고급 공구는 무슨 용도가 있나요?

- **工程师** gōngchéngshī 몡 기사, 엔지니어
- **高级** gāojí 혱 (품질, 수준 등이) 고급의
- **工具** gōngjù 몡 공구, 도구
- **用途** yòngtú 몡 용도

250
- ☐ 命运显然对每个人来说都是相对公平的。
- ☐ Mìngyùn xiǎnrán duì měi ge rén lái shuō dōu shì xiāngduì gōngpíng de.
- ☐ 운명은 명백히 모든 사람에게 있어서 모두 상대적으로 공평한 것이다.

- **命运** mìngyùn 몡 운명
- **显然** xiǎnrán 혱 (도리나 이치가) 명백하다, 분명하다
- **相对** xiāngduì 혱 상대적이다 동 상대하다, 서로 대립하다
- **公平** gōngpíng 혱 공평하다

251
- ☐ 朋友们都形容我是一个活跃、喜欢娱乐的人。
- ☐ Péngyoumen dōu xíngróng wǒ shì yí ge huóyuè、xǐhuan yúlè de rén.
- ☐ 친구들은 모두 내가 활동적이고 즐거움을 좋아하는 사람이라고 묘사한다.

- **形容** xíngróng 동 형용하다, 묘사하다
- **活跃** huóyuè 혱 활동적이다, 활기차다 동 활기를 띄게 하다, 활발하게 하다
- **娱乐** yúlè 몡 오락, 즐거움 동 즐기다

252
- ☐ 这些设施是由钢铁组成的，所以属于金属。
- ☐ Zhèxiē shèshī shì yóu gāngtiě zǔchéng de, suǒyǐ shǔyú jīnshǔ.
- ☐ 이 시설들은 강철로 이루어진 것이고, 그래서 금속에 속한다.

- **设施** shèshī 몡 시설
- **钢铁** gāngtiě 몡 강철
- **组成** zǔchéng 동 구성하다, 이루다
- **属于** shǔyú 동 ~에 속하다
- **金属** jīnshǔ 몡 금속

> **Point**
> '由……组成/构成'은 '~으로 구성되다',
> '~으로 이루어지다'라는 표현입니다.

253 这种手套被国家批准广泛应用于手工行业。
Zhè zhǒng shǒutào bèi guójiā pīzhǔn guǎngfàn yìngyòng yú shǒugōng hángyè.
이 종류의 장갑은 국가에 의해 수공 업종에 광범위하게 응용할 것을 승인받았다.

- **手套** shǒutào 명 장갑
- **批准** pīzhǔn 동 비준하다, 허가하다, 승인하다
- **广泛** guǎngfàn 형 광범위하다
- **应用** yìngyòng 동 형 응용하다
- **手工** shǒugōng 명 수공, 수제
- **行业** hángyè 명 업종, 업계

254 从政府公布的数据来看，今年人口数量上升了。
Cóng zhèngfǔ gōngbù de shùjù lái kàn, jīnnián rénkǒu shùliàng shàngshēng le.
정부가 공표한 데이터로 볼 때, 올해 인구수는 상승했다.

- **政府** zhèngfǔ 명 정부
- **公布** gōngbù 동 공포하다, 공표하다
- **数据** shùjù 명 데이터, 통계 수치
- **人口** rénkǒu 명 인구
- **升** shēng 동 ① 오르다, 올라가다 ② (등급 등을) 올리다, 높이다

255 接待客人应该懂规矩，要主动伸出手来和对方握手。
Jiēdài kèrén yīnggāi dǒng guīju, yào zhǔdòng shēn chū shǒu lái hé duìfāng wòshǒu.
손님을 맞이하려면 규범을 알아야 하는데, 자발적으로 손을 내밀어 상대방과 악수해야 한다.

- **接待** jiēdài 동 맞이하다, 응대하다
- **规矩** guīju 명 규율, 법칙 형 (행위가) 단정하다, 성실하다
- **主动** zhǔdòng 형 주동적이다, 자발적이다, 능동적이다
- **伸** shēn 동 (신체나 물체의 일부분을) 펴다, 펼치다, 내밀다
- **对方** duìfāng 명 상대방, 상대편
- **握手** wòshǒu 이합 악수하다

Point
握手는 이합동사로 뒤에 다른 목적어를 쓸 수 없으므로 목적어 앞에 跟이나 和를 써서 '跟/和……握手'로 사용합니다.

256 越来越多的人失业，是现代社会不能轻易忽视的问题。
Yuèláiyuè duō de rén shīyè, shì xiàndài shèhuì bù néng qīngyì hūshì de wèntí.
갈수록 많은 사람이 실업하는 것은 현대 사회가 함부로 소홀히 해서는 안 될 문제이다.

- **失业** shīyè 이합 직업을 잃다, 실업하다
- **现代** xiàndài 명 현대
- **轻易** qīngyì 부 ① 수월하게, 간단하게, 가볍게 ② 함부로, 쉽사리 형 쉽다, 수월하다
- **忽视** hūshì 동 소홀히 하다

알고나면 쉬워지는

최은정의 시크릿노트

---

1 摘의 쓰임

문장 248

摘 뒤에 오는 명사 목적어에 따라 다양한 의미로 해석할 수 있습니다.

예) **摘苹果** 사과를 따다

摘帽子 모자를 벗다

摘一幅画儿 그림을 떼어 내다

2 전치사의 고정 표현

문장 250, 252, 254

- **对……来说** : ～에 대해 말하자면, ～에게 있어서

  예) **对我来说，健康比什么都重要。**

  나에게 있어서 건강은 무엇보다 중요하다.

- **由……构成/组成** : ～(으)로 이루어지다(구성하다)

  예) **他的论文由三个部分组成。**

  그의 논문은 세 부분으로 이루어져 있다.

- **从……来看** : ～(으)로부터 볼 때

  예) **从我的经验来看，这个项目失败的可能性很大。**

  나의 경험으로부터 볼 때, 이 프로젝트는 실패할 가능성이 크다.

3 이합동사와 복합방향보어

문장 255

이합동사와 복합방향보어(2음절 방향보어)를 함께 사용할 때는 목적어가 来나 去 앞에 옵니다.

예) 伸手出来 (✗) / 伸出手来 (○)
　　下雨起来 (✗) / 下起雨来 (○)

写一写 우리말 해석을 참고하여 빈칸에 알맞은 중국어를 쓰세요.

241

상업적 각도에서 분석하자면, 이번 투자의 리스크가 크다.

从 _____ _____ , 这次 ____ 的 ____ 很大。
　　shāngyè　jiǎodù　fēnxī　　　　tóuzī　　fēngxiǎn

242

이 책은 서로 다른 민족 풍속을 중심에 놓고 생생한 묘사를 했다.

这本书 ____ 不同的民族 ____ 进行了 _____ 。
　　　　wéirào　　　　　fēngsú　　shēngdòng miáoxiě

243

리더는 현 단계의 업무는 효율을 향상시키는 것을 핵심으로 해야 한다고 강조했다.

____ ____ 现 ____ 的工作要以提高 ____ 为 ____ 。
lǐngdǎo qiángdiào jiēduàn　　　　　xiàolǜ　　héxīn

244

최근 몇 년, 국민들의 생활 수준에 매우 큰 개선이 생겼다.

最近几年, ____ 的生活水平有了 ____ 的 ____ 。
　　　　lǎobǎixìng　　　　jùdà　　gǎishàn

 빠른 정답

241 从商业角度分析，这次投资的风险很大。
242 这本书围绕不同的民族风俗进行了生动描写。
243 领导强调现阶段的工作要以提高效率为核心。
244 最近几年，老百姓的生活水平有了巨大的改善。

245

이 기계의 하드웨어는 고장이 났으니, 차라리 버려버리고 새 것을 하나 사요.

这台 _____ 的 _____ 出 _____ 了， _____ 扔掉买个新的吧。

jīqì　　　yìngjiàn　　máobìng　　　gāncuì

246

이번에 회사가 동일하게 배분하는 형식으로 각 부서에 설비를 제공한다.

这次以公司 _____ _____ 的 _____ 给各个 _____ 提供 _____ 。

tǒngyī　fēnpèi　　xíngshì　　　　bùmén　　　　shèbèi

247

이 유명한 모델은 친절하게 나와 한 장의 투 샷을 찍었고, 게다가 위에 사인했다.

这个有名的 _____ _____ 地跟我 _____ 了一张 _____ ，并在上面

mótè　　qīnqiè　　　　pāi　　　　héyǐng

_____ 了名。

qiān

248

그녀는 막 딴 복숭아를 탁자 위에 놓은 후, 다시 가서 주전자에 제대로 된 귤차를 끓이려고 준비했다.

她把刚 _____ 的 _____ 子 _____ 在桌子上后，准备再去 _____ 一

zhāi　　　　táo　　　bǎi　　　　　　　　　　zhǔ

_____ _____ 的 _____ 茶。

hú　　dìdao　　júzi

🔓 빠른
정답

245 这台机器的硬件出毛病了，干脆扔掉买个新的吧。

246 这次以公司统一分配的形式给各个部门提供设备。

247 这个有名的模特亲切地跟我拍了一张合影，并在上面签了名。

248 她把刚摘的桃子摆在桌子上后，准备再去煮一壶地道的桔子茶。

249

엔지니어가 이번에 가져온 고급 공구는 무슨 용도가 있나요?

_____ 这次带来的 _____ 有什么 _____ ?

gōngchéngshī　　　　gāojí　gōngjù　　　　yòngtú

250

운명은 명백히 모든 사람에게 있어서 모두 상대적으로 공평한 것이다.

_____ 对每个人来说都是 _____ 的。

mìngyùn　xiǎnrán　　　　　　xiāngduì　gōngpíng

251

친구들은 모두 내가 활동적이고 즐거움을 좋아하는 사람이라고 묘사한다.

朋友们都 _____ 我是一个 _____ 、喜欢 _____ 的人。

xíngróng　　　　huóyuè　　　　yúlè

252

이 시설들은 강철로 이루어진 것이고, 그래서 금속에 속한다.

这些 _____ 是由 _____ 的，所以 _____ 。

shèshī　　　gāngtiě　zǔchéng　　　　shǔyú　　jīnshǔ

빠른
정답

249 工程师这次带来的高级工具有什么用途?
250 命运显然对每个人来说都是相对公平的。
251 朋友们都形容我是一个活跃、喜欢娱乐的人。
252 这些设施是由钢铁组成的，所以属于金属。

253

이 종류의 장갑은 국가에 의해 수공 업종에 광범위하게 응용할 것을 승인받았다.

这种 ⬚ 被国家 ⬚ ⬚ ⬚ 于 ⬚ ⬚ 。

shǒutào　　pīzhǔn　guǎngfàn　yìngyòng　　shǒugōng　hángyè

254

정부가 공표한 데이터로 볼 때, 올해 인구수는 상승했다.

从 ⬚ ⬚ 的 ⬚ 来看，今年 ⬚ 数量上 ⬚ 了。

zhèngfǔ　gōngbù　　shùjù　　　　rénkǒu　　　　shēng

255

손님을 맞이하려면 규범을 알아야 하는데, 자발적으로 손을 내밀어 상대방과 악수해야 한다.

⬚ 客人应该懂 ⬚ ，要 ⬚ ⬚ 出手来和 ⬚

jiēdài　　　　　guījǔ　　　zhǔdòng　shēn　　　　duìfāng

⬚ 。

wòshǒu

256

갈수록 많은 사람이 실업하는 것은 현대 사회가 함부로 소홀히 해서는 안 될 문제이다.

越来越多的人 ⬚ ，是 ⬚ 社会不能 ⬚ ⬚ 的问题。

shīyè　　　xiàndài　　　qīngyì　hūshì

Unit 17

257 ☑ 周末博物馆照常开放，不会关闭。

Zhōumò bówùguǎn zhàocháng kāifàng, búhuì guānbì.

주말에 박물관은 평소대로 개방하고, 문을 닫지 않을 것이다.

- 博物馆 bówùguǎn 몡 박물관
- 照常 zhàocháng 동 평소와 같다, 평소대로 하다 뷔 평소와 같이, 평소대로
- 开放 kāifàng 동 개방하다 혱 개방적이다
- 关闭 guānbì 동 ① (문을) 닫다 ② 파산하다

258 我昨天捡到了一把锁以及一把扇子。

Wǒ zuótiān jiǎn dào le yì bǎ suǒ yǐjí yì bǎ shànzi.

나는 어제 자물쇠 한 개, 그리고 부채 한 개를 주웠다.

- 捡 jiǎn 동 줍다
- 锁 suǒ 몡 자물쇠 동 잠그다
- 以及 yǐjí 젭 및, 그리고
- 扇子 shànzi 몡 부채

> **Point**
> 양사 把는 손으로 쥘 수 있거나 손잡이가 있는 물건(伞, 钥匙, 刀, 叉子, 椅子) 등을 세는 단위입니다.

259 恭喜你们结婚！祝福你和你太太一辈子幸福。

Gōngxǐ nǐmen jiéhūn! Zhùfú nǐ hé nǐ tàitai yíbèizi xìngfú.

당신들이 결혼한 것을 축하해요! 당신과 당신 아내가 한평생 행복하기를 축복해요.

- 恭喜 gōngxǐ 동 축하하다
- 祝福 zhùfú 동 축복하다
- 太太 tàitai 몡 ① 부인 [기혼 여성에 대한 존칭] ② 처, 아내 [다른 사람의 처나 자기 아내를 부르는 말]
- 一辈子 yíbèizi 몡 한평생, 일생

260 对方的军事行动给我国造成了大规模的破坏。

Duìfāng de jūnshì xíngdòng gěi wǒ guó zàochéng le dà guīmó de pòhuài.

상대편의 군사 행동이 우리나라에 대규모의 파괴를 초래했다.

- 对方 duìfāng 몡 상대방, 상대편
- 军事 jūnshì 몡 군사
- 行动 xíngdòng 몡 행동 동 행동하다
- 造成 zàochéng 동 (부정적 상황을) 초래하다, 야기하다
- 规模 guīmó 몡 규모
- 破坏 pòhuài 동 파괴하다

261

每次喝醉以后，他都会疯狂地想念自己的家人。

Měi cì hē zuì yǐhòu, tā dōu huì fēngkuáng de xiǎngniàn zìjǐ de jiārén.

매번 술에 취한 후, 그는 자신의 가족을 미친 듯이 그리워한다.

- **醉** zuì 동 취하다
- **疯狂** fēngkuáng 형 미치다, 미친 듯이 날뛰다
- **想念** xiǎngniàn 동 그리워하다

262

我们一起归纳一下这种化学现象形成的规律吧。

Wǒmen yìqǐ guīnà yíxià zhè zhǒng huàxué xiànxiàng xíngchéng de guīlǜ ba.

우리 함께 이러한 화학 현상이 형성된 규칙을 귀납해 보도록 합시다.

- **归纳** guīnà 동 귀납하다
- **化学** huàxué 명 화학
- **现象** xiànxiàng 명 현상
- **形成** xíngchéng 동 형성하다, 이루다
- **规律** guīlǜ 명 규율, 규칙, 법칙

263

在互相拥抱着告别的时候，或许每个人都会流泪。

Zài hùxiāng yōngbào zhe gàobié de shíhou, huòxǔ měi ge rén dōu huì liúlèi.

서로 포옹하면서 작별 인사를 할 때, 아마도 모든 사람이 눈물을 흘릴 것이다.

- **拥抱** yōngbào 동 포옹하다
- **告别** gàobié 이합 작별 인사를 하다
- **或许** huòxǔ 부 아마, 어쩌면 =也许
- **流泪** liúlèi 이합 눈물을 흘리다

264

猴子的特征是动作非常灵活，它们也可以模仿人类。

Hóuzi de tèzhēng shì dòngzuò fēicháng línghuó, tāmen yě kěyǐ mófǎng rénlèi.

원숭이의 특징은 동작이 매우 민첩하다는 것이고, 그들은 또한 인류를 모방할 수 있다.

- **猴子** hóuzi 명 원숭이
- **特征** tèzhēng 명 특징
- **灵活** línghuó 형 ① 민첩하다, 재빠르다 *头脑灵活 두뇌 회전이 빠르다 ② 융통성이 있다
- **模仿** mófǎng 동 모방하다, 흉내 내다
- **人类** rénlèi 명 인류

265

韩国海关对运输物品的种类有限制。

Hánguó hǎiguān duì yùnshū wùpǐn de zhǒnglèi yǒu xiànzhì.

한국 세관은 운송 물품의 종류에 대해 제한이 있다.

- **海关** hǎiguān 뗑 세관
- **运输** yùnshū 뜅 운송하다, 수송하다
- **种类** zhǒnglèi 뗑 종류
- **限制** xiànzhì 뗑 제한, 제약 뜅 제한하다, 한정하다

266

她恨抢走自己名牌戒指的那个人。

Tā hèn qiǎng zǒu zìjǐ míngpái jièzhi de nàge rén.

그녀는 자신의 유명 브랜드 반지를 빼앗아 간 그 사람을 증오한다.

- **恨** hèn 뜅 원망하다, 증오하다
- **抢** qiǎng 뜅 ① 빼앗다, 약탈하다 ② 앞다투어 ~하다
- **名牌** míngpái 뗑 유명 상표, 유명 브랜드
- **戒指** jièzhi 뗑 반지

267

那个姑娘的腰很软，跳舞的姿势非常优美。

Nàge gūniang de yāo hěn ruǎn, tiàowǔ de zīshì fēicháng yōuměi.

저 아가씨의 허리는 유연해서 춤을 추는 자세가 매우 우아하고 아름답다.

- **姑娘** gūniang 뗑 ① 아가씨 ② 딸
- **腰** yāo 뗑 허리
- **软** ruǎn 혱 ① 부드럽다 ② 유연하다 ③ 연약하다, 나약하다
  ④ (마음이) 여리다, 무르다 ***耳朵软** 귀가 얇다(팔랑귀)
- **姿势** zīshì 뗑 자세
- **优美** yōuměi 혱 우아하고 아름답다

268

你居然伤害那么老实的人，真是太过分了。

Nǐ jūrán shānghài nàme lǎoshi de rén, zhēnshì tài guòfèn le.

너는 뜻밖에 그렇게 성실한 사람에게 상처를 주다니, 정말이지 너무 심했어.

- **居然** jūrán 뿌 뜻밖에, 의외로 =竟(然)
- **伤害** shānghài 뜅 ① (신체를) 상해하다, 해치다 ② (감정을) 상하게 하다
- **老实** lǎoshi 혱 성실하다, 정직하다
- **过分** guòfèn 혱 지나치다, 심하다

269

我数了一下，我们家的小狗今天总共吃了4根骨头。

Wǒ shǔ le yíxià, wǒmen jiā de xiǎogǒu jīntiān zǒnggòng chī le sì gēn gǔtou.

내가 세어 보았는데, 우리 집 강아지는 오늘 모두 네 개의 뼈다귀를 먹었다.

- **数** shǔ 동 ① (수를) 세다 ② ~으로 손꼽(히)다
- **总共** zǒnggòng 부 모두, 전부, 합쳐서
- **根** gēn 명 뿌리 양 가늘고 긴 것을 세는 단위
- **骨头** gǔtou 명 뼈

270

地上洒了水后会变得很滑，赶快拿一团纸擦一下吧。

Dì shang sǎ le shuǐ hòu huì biàn de hěn huá, gǎnkuài ná yì tuán zhǐ cā yíxià ba.

바닥에 물을 쏟은 후에는 미끄럽게 변하게 되니, 빨리 휴지 한 뭉치를 가져와 좀 닦도록 해요.

- **洒** sǎ 동 엎지르다, 쏟다
- **滑** huá 형 매끈매끈하다, 미끄럽다
- **赶快** gǎnkuài 부 빨리, 얼른, 어서
- **团** tuán 명 단체, 집단 양 덩어리, 뭉치

271

他的眉毛很浓，肩膀很宽，背很直，让人觉得很有魅力。

Tā de méimao hěn nóng, jiānbǎng hěn kuān, bèi hěn zhí, ràng rén juéde hěn yǒu mèilì.

그의 눈썹은 짙고, 어깨는 넓고, 등은 곧아서, 사람으로 하여금 매우 매력 있다고 느끼게 한다.

- **眉毛** méimao 명 눈썹
- **浓** nóng 형 진하다, 짙다 ↔淡 연하다, 얇다
- **肩膀** jiānbǎng 명 어깨
- **宽** kuān 형 (폭이) 넓다 ↔窄 좁다
- **背** bèi 명 등 동 암송하다, 외다, 암기하다
- **直** zhí 형 곧다, 똑바르다 ↔弯 굽다
- **魅力** mèilì 명 매력

272

他谨慎地邀请大家参加为捐款组织的宴会，却被推辞了。

Tā jǐnshèn de yāoqǐng dàjiā cānjiā wèi juān kuǎn zǔzhī de yànhuì, què bèi tuīcí le.

그는 모두에게 기부를 위해 조직한 연회에 참가해 달라고 조심스럽게 초대했지만 거절당했다.

- **谨慎** jǐnshèn 형 신중하다, 조심스럽다
- **捐** juān 동 기부하다, 기증하다
- **组织** zǔzhī 명 조직 동 조직하다, 결성하다
- **宴会** yànhuì 명 연회
- **推辞** tuīcí 동 거절하다, 사양하다

알고나면 쉬워지는

최은정의 시크릿노트

秘密笔记

---

1 然이 들어가는 빈출 어휘

문장 268

- **虽然** suīrán 젭 비록 ~지만
- **既然** jìrán 젭 이미 ~한 바에야
- **突然** tūrán 혱 갑작스럽다 븟 갑자기, 별안간
- **忽然** hūrán 븟 갑자기, 별안간
- **竟然** jìngrán 븟 뜻밖에, 생각 밖에
- **居然** jūrán 븟 뜻밖에, 생각 밖에
- **不然** bùrán 젭 그렇지 않으면
- **果然** guǒrán 븟 과연, 생각한 대로
- **必然** bìrán 혱 필연적이다 븟 필연적으로, 반드시, 꼭
- **偶然** ǒurán 븟 우연히

2 1음절 형용사 반의어

- **浓** nóng 짙다 ⟷ **淡** dàn 연하다
- **深** shēn 깊다 ⟷ **浅** qiǎn 얕다
- **宽** kuān 넓다 ⟷ **窄** zhǎi 좁다
- **直** zhí 곧다 ⟷ **弯** wān 굽다
- **亮** liàng 밝다 ⟷ **暗** àn 어둡다
- **厚** hòu 두껍다 ⟷ **薄** báo 얇다
- **硬** yìng 단단하다 ⟷ **软** ruǎn 부드럽다
- **强** qiáng 강하다 ⟷ **弱** ruò 약하다

写一写 우리말 해석을 참고하여 빈칸에 알맞은 중국어를 쓰세요.

257

주말에 박물관은 평소대로 개방하고, 문을 닫지 않을 것이다.

周末 ＿＿＿＿ ＿＿＿＿ ＿＿＿＿ , 不会 ＿＿＿＿ 。
　　　 bówùguǎn zhàocháng kāifàng　　　 guānbì

258

나는 어제 자물쇠 한 개, 그리고 부채 한 개를 주웠다.

我昨天 ＿＿＿ 到了一把 ＿＿＿ ＿＿＿ 一把 ＿＿＿ 。
　　　　jiǎn　　　　　　 suǒ　　 yǐjí　　　　 shànzi

259

당신들이 결혼한 것을 축하해요! 당신과 당신 아내가 한평생 행복하기를 축복해요.

＿＿＿ 你们结婚! ＿＿＿ 你和你 ＿＿＿ ＿＿＿ 幸福。
gōngxǐ　　　　　　　 zhùfú　　　　　 tàitai　 yíbèizi

260

상대편의 군사 행동이 우리나라에 대규모의 파괴를 초래했다.

＿＿＿ 的 ＿＿＿ ＿＿＿ 给我国 ＿＿＿ 了大 ＿＿＿ 的 ＿＿＿ 。
duìfāng　 jūnshì xíngdòng　　 zàochéng　　 guīmó　　 pòhuài

빠른
정답

257 周末博物馆照常开放，不会关闭。
258 我昨天捡到了一把锁以及一把扇子。
259 恭喜你们结婚! 祝福你和你太太一辈子幸福。
260 对方的军事行动给我国造成了大规模的破坏。

261

매번 술에 취한 후, 그는 자신의 가족을 미친 듯이 그리워한다.

每次喝 ＿＿＿ 以后，他都会 ＿＿＿ 地 ＿＿＿ 自己的家人。

zuì　　　　　　　　fēngkuáng　xiǎngniàn

262

우리 함께 이러한 화학 현상이 형성된 규칙을 귀납해 보도록 합시다.

我们一起 ＿＿＿ 一下这种 ＿＿＿ ＿＿＿ ＿＿＿ 的 ＿＿＿ 吧。

guīnà　　　　huàxué　xiànxiàng　xíngchéng　　guīlù

263

서로 포옹하면서 작별 인사를 할 때, 아마도 모든 사람이 눈물을 흘릴 것이다.

在互相 ＿＿＿ 着 ＿＿＿ 的时候，＿＿＿ 每个人都会 ＿＿＿ 。

yōngbào　　gàobié　　　　huòxǔ　　　　liúlèi

264

원숭이의 특징은 동작이 매우 민첩하다는 것이고, 그들은 또한 인류를 모방할 수 있다.

＿＿＿ 的 ＿＿＿ 是动作非常 ＿＿＿ ，它们也可以 ＿＿＿ ＿＿＿ 。

hóuzi　　tèzhēng　　　　línghuó　　　　mófǎng　rénlèi

빠른
정답

261 每次喝醉以后，他都会疯狂地想念自己的家人。

262 我们一起归纳一下这种化学现象形成的规律吧。

263 在互相拥抱着告别的时候，或许每个人都会流泪。

264 猴子的特征是动作非常灵活，它们也可以模仿人类。

265

한국 세관은 운송 물품의 종류에 대해 제한이 있다.

韩国 ___ 对 ___ 物品的 ___ 有 ___ 。

　　　 hǎiguān　　 yùnshū　　　　 zhǒnglèi　　 xiànzhì

266

그녀는 자신의 유명 브랜드 반지를 빼앗아 간 그 사람을 증오한다.

她 ___ ， ___ 走自己 ___ 的那个人。

　 hèn　　 qiǎng　　　　 míngpái　 jièzhi

267

저 아가씨의 허리는 유연해서 춤을 추는 자세가 매우 우아하고 아름답다.

那个 ___ 的 ___ 很 ___ ， 跳舞的 ___ 非常 ___ 。

　　 gūniang　　　 yāo　　 ruǎn　　　　　　 zīshì　　　 yōuměi

268

너는 뜻밖에 그렇게 성실한 사람에게 상처를 주다니, 정말이지 너무 심했어.

你 ___ ___ 那么 ___ 的人， 真是太 ___ 了。

　 jūrán　 shānghài　　 lǎoshi　　　　　 guòfèn

 빠른
정답

265 韩国海关对运输物品的种类有限制。

266 她恨抢走自己名牌戒指的那个人。

267 那个姑娘的腰很软，跳舞的姿势非常优美。

268 你居然伤害那么老实的人，真是太过分了。

269

내가 세어 보았는데, 우리 집 강아지는 오늘 모두 네 개의 뼈다귀를 먹었다.

我 ___ 了一下，我们家的小狗今天 ___ 吃了4 ___ 。
　　shǔ　　　　　　　　　　　　zǒnggòng　　gēn　　gǔtou

270

바닥에 물을 쏟은 후에는 미끄럽게 변하게 되니, 빨리 휴지 한 뭉치를 가져와 좀 닦도록 해요.

地上 ___ 了水后会变得很 ___ ，___ 拿一 ___ 纸擦一下
　　　sǎ　　　　　　　　　huá　　gǎnkuài　　tuán

吧。

271

그의 눈썹은 짙고, 어깨는 넓고, 등은 곧아서, 사람으로 하여금 매력 있다고 느끼게 한다.

他的 ___ 很 ___ ，___ 很 ___ ，___ 很 ___ ，
　　méimao　nóng　jiānbǎng　kuān　bèi　zhí

让人觉得很有 ___ 。
　　　　　　mèilì

272

그는 모두에게 기부를 위해 조직한 연회에 참가해 달라고 조심스럽게 초대했지만 거절당했다.

他 ___ 地邀请大家参加为 ___ 款 ___ 的 ___ ，却被
　jǐnshèn　　　　　　　juān　zǔzhī　yànhuì

___ 了。
tuīcí

Unit 18

273

☑ 请大家专心听主持人念游戏规则。

Qǐng dàjiā zhuānxīn tīng zhǔchí rén niàn yóuxì guīzé.

모두 사회자가 게임 규칙을 읽는 것을 집중해서 들어주세요.

- **专心** zhuānxīn 혱 전념하다, 집중하다
- **主持** zhǔchí 동 ① 주관하다 ② 진행하다, 사회를 보다
- **念** niàn 동 (소리 내어) 읽다, 낭독하다
- **规则** guīzé 명 규칙, 규범

274

桌子上放歪的梨掉在地上滚了一圈。

Zhuōzi shàng fàng wāi de lí diào zài dì shang gǔn le yì quān.

탁자 위에 비스듬히 놓인 배가 바닥에 떨어져 한 바퀴 굴렀다.

- **歪** wāi 혱 비스듬하다, 비뚤다, 비딱하다
- **梨** lí 명 배
- **滚** gǔn 동 ① 구르다, 굴리다 ② 나가다, 떠나다
- **圈** quān 명 원, 동그라미 동 ① 둘러싸다 ② 원을 그리다

275

你为什么总是找借口接近那群做官的人？

Nǐ wèi shénme zǒngshì zhǎo jièkǒu jiējìn nà qún zuò guān de rén?

당신은 왜 항상 핑계를 대고 그 관리 무리와 가까이하는 거죠?

- **借口** jièkǒu 명 핑계, 구실 동 핑계로 삼다, 구실로 삼다
- **接近** jiējìn 동 접근하다, 가까이하다
- **群** qún 명 무리, 떼, 군중 양 무리, 떼
- **官** guān 명 관리, 공무원

276

明天他要驾驶卡车往返于某两个县之间。

Míngtiān tā yào jiàshǐ kǎchē wǎngfǎn yú mǒu liǎng ge xiàn zhījiān.

내일 그는 트럭을 운전해서 어느 두 개의 현 사이를 왕복하려고 한다.

- **驾驶** jiàshǐ 동 운전하다, 조종하다
- **卡车** kǎchē 명 트럭
- **往返** wǎngfǎn 동 왕복하다
- **某** mǒu 때 어느, 아무, 모
- **县** xiàn 명 현

> ⚡ **Point**
> 여기서 往返于의 于는 '~에서'라는 전치사 在의 뜻을 나타냅니다.

277

哪怕是一只小小的昆虫，也有无限的生命的力量。

Nǎpà shì yì zhī xiǎoxiǎo de kūnchóng, yě yǒu wúxiàn de shēngmìng de lìliàng.

설령 한 마리 작고 작은 곤충일지라도, 무한한 생명의 힘이 있다.

- **哪怕** nǎpà 젭 설령 ~일지라도
- **昆虫** kūnchóng 명 곤충
- **力量** lìliàng 명 ① 힘 ② 능력, 역량, 힘

> **Point**
> '哪怕/即使……也……'는 '설령 ~일지라도 ~하다'라는 뜻으로 가설을 나타냅니다.

278

挂号以后你的个人资料会自动显示在电脑系统上。

Guàhào yǐhòu nǐ de gèrén zīliào huì zìdòng xiǎnshì zài diànnǎo xìtǒng shàng.

접수한 이후에 당신의 개인 자료는 자동으로 컴퓨터 시스템에 보이게 됩니다.

- **挂号** guàhào 이합 ① 접수하다 ② 등기로 하다
- **个人** gèrén 명 개인
- **资料** zīliào 명 자료
- **自动** zìdòng 형 ① 자동의 ② 자발적인
- **显示** xiǎnshì 동 나타내 보이다
- **系统** xìtǒng 명 시스템 형 체계적이다

279

这几颗果实是圆的，很硬，一旦切开很快就烂了。

Zhè jǐ kē guǒshí shì yuán de, hěn yìng, yídàn qiē kāi hěn kuài jiù làn le.

이 몇 알의 열매는 둥근 모양이고 단단한데, 일단 쪼개면 아주 빨리 썩는다.

- **颗** kē 양 둥글고 작은 알맹이 모양의 것을 세는 단위
- **果实** guǒshí 명 과실, 열매
- **圆** yuán 형 둥글다
- **硬** yìng 형 단단하다 ↔软 부드럽다
- **一旦** yídàn 부 일단
- **切** qiē 동 자르다, 썰다
- **烂** làn 형 ① 흐물흐물하다 ② 썩다, 부패하다

> **Point**
> '一旦……就……'는 '일단 ~하면 ~하다'라는 뜻으로 가정을 나타냅니다.

280

妈妈使用剪刀时伤到了手指，伤口几厘米深，流了很多血。

Māma shǐyòng jiǎndāo shí shāng dào le shǒuzhǐ, shāngkǒu jǐ límǐ shēn, liú le hěn duō xiě.

엄마는 가위를 사용할 때 손가락을 다쳤고, 상처 부위가 몇 센티미터 깊어서 피를 많이 흘렸다.

- **剪刀** jiǎndāo 명 가위
- **手指** shǒuzhǐ 명 손가락
- **厘米** límǐ 양 센티미터(cm)
- **血** xiě 명 피

> **Point**
> 血는 쓰임에 따라 xiě와 xuè 두 가지 발음이 있으므로 주의하세요.

281
□ 昨天夜里老鼠悄悄出来偷花生吃了。
□ Zuótiān yè lǐ lǎoshǔ qiāoqiāo chūlái tōu huāshēng chī le.
□ 어젯밤에 쥐가 몰래 나와서 땅콩을 훔쳐 먹었다.

- **夜** yè 몡 밤
- **老鼠** lǎoshǔ 몡 쥐
- **悄悄** qiāoqiāo 틘 몰래, 은밀히, 조용히
- **偷** tōu 통 훔치다, 도둑질하다
- **花生** huāshēng 몡 땅콩

282
□ 爸爸经商的资金是通过股票投资挣来的。
□ Bàba jīngshāng de zījīn shì tōngguò gǔpiào tóuzī zhèng lái de.
□ 아빠가 사업하는 자금은 주식 투자를 통해 벌어 온 것이다.

- **经商** jīngshāng 이합 장사하다, 사업하다
- **资金** zījīn 몡 자금
- **股票** gǔpiào 몡 주식
- **投资** tóuzī 몡 투자 통 투자하다
- **挣** zhèng 통 일하여 벌다

283
□ 她怀孕以后胃口一直不好，身体越来越弱了。
□ Tā huáiyùn yǐhòu wèikǒu yìzhí bù hǎo, shēntǐ yuèláiyuè ruò le.
□ 그녀는 임신한 이후 식욕이 줄곧 좋지 않아 몸이 갈수록 허약해졌다.

- **怀孕** huáiyùn 이합 임신하다
- **胃口** wèikǒu 몡 입맛, 식욕 ＊没(有)胃口 입맛이 없다
- **弱** ruò 혱 약하다, 허약하다 ↔ 强 강하다

Point
胃口는 일반적인 '입맛', '식욕'을 나타내고, 口味는 개인의 '기호', '입맛'을 나타냅니다.

284
□ 逃税不但带有不合法的性质，而且也不合理。
□ Táo shuì búdàn dàiyǒu bù héfǎ de xìngzhì, érqiě yě bù hélǐ.
□ 탈세는 합법적이지 않은 성질을 가질 뿐만 아니라, 게다가 합리적이지도 않다.

- **逃** táo 통 ① 달아나다, 도망치다 ② 피하다, 숨다
- **税** shuì 몡 세(금)
- **合法** héfǎ 혱 합법적이다, 법에 맞다
- **性质** xìngzhì 몡 성질
- **合理** hélǐ 혱 도리에 맞다, 합리적이다

Point
'不仅/不但……, 而且+주어+也……'는 '～일 뿐만 아니라 ～하다'라는 표현으로 '而且'와 '也' 중 하나만 사용해도 됩니다.

285

□ **朋友拦住我说："你这样使劲儿喊对嗓子不好。"**

□ Péngyou lán zhù wǒ shuō: "Nǐ zhèyàng shǐjìnr hǎn duì sǎngzi bù hǎo."

□ 친구는 나를 막으며 말했다. "너 이렇게 힘을 써서 소리치면 목에 좋지 않아."

- **拦** lán 图 (가로)막다, 저지하다
- **使劲(儿)** shǐjìn(r) 이합 힘을 쓰다
- **喊** hǎn 图 외치다, 큰 소리로 부르다
- **嗓子** sǎngzi 몡 목(구멍)

286

□ **这次我们将面临很大的挑战，因为任务非常艰巨。**

□ Zhè cì wǒmen jiāng miànlín hěn dà de tiǎozhàn, yīnwèi rènwù fēicháng jiānjù.

□ 이번에 우리는 장차 매우 큰 도전에 직면하게 될 텐데, 왜냐하면 임무가 매우 막중하기 때문이다.

- **面临** miànlín 图 (문제나 상황에) 직면하다, 당면하다
- **挑战** tiǎozhàn 몡 도전 图 도전하다
- **艰巨** jiānjù 혱 어렵고도 중요하다, 막중하다

287

□ **我听讲座的时候，在人群中模糊地看到了他的影子。**

□ Wǒ tīng jiǎngzuò de shíhou, zài rénqún zhōng móhu de kàn dào le tā de yǐngzi.

□ 내가 강좌를 들을 때, 사람들 무리 속에서 희미하게 그의 모습을 보았다.

- **讲座** jiǎngzuò 몡 강좌
- **模糊** móhu 혱 모호하다, 분명하지 않다
- **影子** yǐngzi 몡 ① 그림자 ② 모습

288

□ **你能重复一下谁是甲方谁是乙方吗？我有点儿糊涂了。**

□ Nǐ néng chóngfù yíxià shéi shì jiǎ fāng shéi shì yǐ fāng ma? Wǒ yǒudiǎnr hútu le.

□ 당신은 누가 갑이고 누가 을인지 다시 말해 줄 수 있나요? 제가 조금 헷갈려서요.

- **重复** chóngfù 图 중복하다, 반복하다, 되풀이하다
- **甲** jiǎ 몡 갑
- **乙** yǐ 몡 을
- **糊涂** hútu 혱 ① 어리석다, 멍청하다 ② 분명치 않다, 모호하다

알고나면 쉬워지는

최은정의 시크릿노트

---

1 전치사 于

문장 276

전치사 于는 문장에서 문맥에 따라 在, 到, 自, 被, 跟, 比 등 전치사의 다양한 뜻을 나타냅니다.

예) 往返于 ~를 왕복하다 → [在]
　　相当于 ~와 비슷하다 → [跟]
　　大于 ~보다 크다 → [比]

2 전치사 将

문장 286

将 뒤에 동사가 오면 부사로 쓰여 '장차', '곧 ~하다'라는 의미를 나타내고, 뒤에 명사가 오면 전치사로 쓰여 전치사 把와 같은 의미를 나타냅니다.

예) 公司的经营方式将会发生很大的变化。　회사의 경영 방식은 장차 매우
　　　　　　　부사　　　　　　　　　　　큰 변화가 생길 것이다.

　　公司将招聘人数扩大到了1000人。　회사는 모집 인원수를 1,000명으로
　　　전치사　　　　　　　　　　　　확대시켰다.

3 성조에 따라 뜻이 달라지는 어휘 Ⅱ

•数

shǔ 통 세다, 헤아리다

예) **数钱** 돈을 세다

shù 명 수, 숫자

예) **数学** 수학

•晕

yūn 형 어지럽다 통 기절하다

예) **头晕** 머리가 어지럽다 / **晕倒** 기절하다

yùn 통 멀미하다

예) **晕车** 차멀미하다 / **晕船** 뱃멀미하다

•系

jì 통 매다, 묶다

예) **系领带** 넥타이를 매다 / **系安全带** 안전띠를 매다

xì 명 학과

예) **中文系** 중문과

写一写 우리말 해석을 참고하여 빈칸에 알맞은 중국어를 쓰세요.

273

모두 사회자가 게임 규칙을 읽는 것을 집중해서 들어주세요.

请大家 ⬜⬜ 听 ⬜⬜ 人 ⬜ 游戏 ⬜⬜ 。

zhuānxīn　　zhǔchí　　niàn　　　guīzé

274

탁자 위에 비스듬히 놓인 배가 바닥에 떨어져 한 바퀴 굴렀다.

桌子上放 ⬜ 的 ⬜ 掉在地上 ⬜ 了一 ⬜ 。

wāi　　　lí　　　　gǔn　　　quān

275

당신은 왜 항상 핑계를 대고 그 관리 무리와 가까이하는 거죠?

你为什么总是找 ⬜⬜ ⬜⬜ 那 ⬜ 做 ⬜ 的人?

jièkǒu　　jiējìn　　qún　　guān

276

내일 그는 트럭을 운전해서 어느 두 개의 현 사이를 왕복하려고 한다.

明天他要 ⬜⬜ ⬜⬜ ⬜⬜ 于 ⬜ 两个 ⬜ 之间。

jiàshǐ　　kǎchē　　wǎngfǎn　　mǒu　　xiàn

 빠른
정답

273 请大家专心听主持人念游戏规则。
274 桌子上放歪的梨掉在地上滚了一圈。
275 你为什么总是找借口接近那群做官的人?
276 明天他要驾驶卡车往返于某两个县之间。

277

설령 한 마리 작고 작은 곤충일지라도, 무한한 생명의 힘이 있다.

　　　　是一只小小的　　　　，也有无限的生命的　　　　。
nǎpà　　　　　　　kūnchóng　　　　　　　　　　lìliàng

278

접수한 이후에 당신의 개인 자료는 자동으로 컴퓨터 시스템에 보이게 됩니다.

　　　　以后你的　　　　　　会　　　　　　在电脑
guàhào　　　　　gèrén　zīliào　　zìdòng　xiǎnshì　　xìtǒng

上。

279

이 몇 알의 열매는 둥근 모양이고 단단한데, 일단 쪼개면 아주 빨리 썩는다.

这几　　　　　是　　　的，很　　　，　　　　　开很
　　　kē　guǒshí　yuán　　　yìng　　yídàn　qiē

快就　　　了。
　　　làn

280

엄마는 가위를 사용할 때 손가락을 다쳤고, 상처 부위가 몇 센티미터 깊어서 피를 많이 흘렸다.

妈妈使用　　　时伤到了　　　，伤口几　　　深，流了很多
　　　jiǎndāo　　　　　shǒuzhǐ　　　límǐ

　　　　。
xiě

🔓 빠른
정답

277　哪怕是一只小小的昆虫，也有无限的生命的力量。
278　挂号以后你的个人资料会自动显示在电脑系统上。
279　这几颗果实是圆的，很硬，一旦切开很快就烂了。
280　妈妈使用剪刀时伤到了手指，伤口几厘米深，流了很多血。

281

어젯밤에 쥐가 몰래 나와서 땅콩을 훔쳐 먹었다.

昨天　　　里　　　　　出来　　　　　　吃了。
　　　yè　　lǎoshǔ　qiāoqiāo　　tōu　huāshēng

282

아빠가 사업하는 자금은 주식 투자를 통해 벌어 온 것이다.

爸爸　　　的　　　是通过　　　　　　　来的。
　　jīngshāng　　zījīn　　　gǔpiào　tóuzī　zhèng

283

그녀는 임신한 이후 식욕이 줄곧 좋지 않아 몸이 갈수록 허약해졌다.

她　　以后　　　一直不好，身体越来越　　　了。
　huáiyùn　　wèikǒu　　　　　　　　　ruò

284

탈세는 합법적이지 않은 성질을 가질 뿐만 아니라, 게다가 합리적이지도 않다.

　　　　不但带有不　　　的　　　，而且也不　　　。
táo　shuì　　　héfǎ　xìngzhì　　　hélǐ

빠른
정답

281 昨天夜里老鼠悄悄出来偷花生吃了。
282 爸爸经商的资金是通过股票投资挣来的。
283 她怀孕以后胃口一直不好，身体越来越弱了。
284 逃税不但带有不合法的性质，而且也不合理。

285

친구는 나를 막으며 말했다. "너 이렇게 힘을 써서 소리치면 목에 좋지 않아."

朋友 ⬚ 住我说："你这样 ⬚ ⬚ 对 ⬚ 不好。"
    lán   shǐjìnr hǎn   sǎngzi

286

이번에 우리는 장차 매우 큰 도전에 직면하게 될 텐데, 왜냐하면 임무가 매우 막중하기 때문이다.

这次我们将 ⬚ 很大的 ⬚ ，因为任务非常 ⬚ 。
         miànlín   tiǎozhàn   jiānjù

287

내가 강좌를 들을 때, 사람들 무리 속에서 희미하게 그의 모습을 보았다.

我听 ⬚ 的时候，在人群中 ⬚ 地看到了他的 ⬚ 。
   jiǎngzuò   móhu   yǐngzi

288

당신은 누가 갑이고 누가 을인지 다시 말해 줄 수 있나요? 제가 조금 헷갈려서요.

你能 ⬚ 一下谁是 ⬚ 方谁是 ⬚ 方吗？我有点儿 ⬚
  chóngfù   jiǎ   yǐ   hútu

了。

🔓 빠른 정답

285 朋友拦住我说："你这样使劲儿喊对嗓子不好。"
286 这次我们将面临很大的挑战，因为任务非常艰巨。
287 我听讲座的时候，在人群中模糊地看到了他的影子。
288 你能重复一下谁是甲方谁是乙方吗？我有点儿糊涂了。

289 ☑ 因为欠了钱，他必须在业余时间做兼职。
□ Yīnwèi qiàn le qián, tā bìxū zài yèyú shíjiān zuò jiānzhí.
□ 돈을 빚졌기 때문에 그는 반드시 여가 시간에 겸직을 해야 한다.

- 欠 qiàn 통 빚지다
- 业余 yèyú 형 ① 여가의, 근무 시간 외의 ② 아마추어의
- 兼职 jiānzhí 명 겸직 이합 겸직하다

290 □ 这里这么窄，连蜜蜂都进不来，何况人呢？
□ Zhèlǐ zhème zhǎi, lián mìfēng dōu jìn bu lái, hékuàng rén ne?
□ 이곳은 이렇게 좁아서 꿀벌조차 들어올 수 없는데, 하물며 사람이야 (말할 필요가 있겠는가)?

- 窄 zhǎi 형 (폭이) 좁다 ↔ 宽 넓다
- 蜜蜂 mìfēng 명 꿀벌
- 何况 hékuàng 접 하물며

> ⭐ Point
> '连A都/也……，何况B呢？'는 'A조차 ~한데, 하물며 B는 말할 필요가 있겠는가?'라는 표현입니다.

291 □ 在和平年代，每个人都可以享受平安自由的生活。
□ Zài hépíng niándài, měi ge rén dōu kěyǐ xiǎngshòu píng'ān zìyóu de shēnghuó.
□ 평화로운 시대에는 모든 사람이 평안하고 자유로운 생활을 누릴 수가 있다.

- 和平 hépíng 명 평화 형 평화롭다
- 年代 niándài 명 연대, 시기, 시대
- 享受 xiǎngshòu 통 누리다, 즐기다
- 平安 píng'ān 형 평안하다, 무사하다
- 自由 zìyóu 명 자유 형 자유롭다

292 □ 他随手把还在燃烧着的火柴扔到了地上，结果着火了。
□ Tā suíshǒu bǎ hái zài ránshāo zhe de huǒchái rēng dào le dì shang, jiéguǒ zháohuǒ le.
□ 그는 무심코 아직 타고 있는 성냥을 땅바닥에 버렸고, 결국 불이 났다.

- 随手 suíshǒu 부 ① ~하는 김에 ＝顺便 ② 손이 가는 대로, 무심코
- 燃烧 ránshāo 통 불태우다, 연소하다
- 火柴 huǒchái 명 성냥
- 着火 zháohuǒ 이합 불이 나다

293
即使被狡猾的敌人威胁，他坚决的态度也丝毫不会转变。
Jíshǐ bèi jiǎohuá de dírén wēixié, tā jiānjué de tàidù yě sīháo bú huì zhuǎnbiàn.
설령 교활한 적에게 위협을 당할지라도, 그의 단호한 태도는 조금도 변하지 않을 것이다.

- 狡猾 jiǎohuá 〔형〕 교활하다, 간사하다
- 敌人 dírén 〔명〕 적
- 威胁 wēixié 〔동〕 위협하다
- 坚决 jiānjué 〔형〕 단호하다, 결연하다
- 丝毫 sīháo 〔형〕 조금도, 털끝만큼도 =一点儿+也/都
- 转变 zhuǎnbiàn 〔동〕 바뀌다, 전환하다

294
我的梦想是变成一个坚强能干、可以应付各种状况的人。
Wǒ de mèngxiǎng shì biàn chéng yí ge jiānqiáng nénggàn、kěyǐ yìngfu gè zhǒng zhuàngkuàng de rén.
나의 꿈은 꿋꿋하고 유능하며 각종 상황에 대처할 수 있는 한 사람으로 변하는 것이다.

- 梦想 mèngxiǎng 〔명〕 꿈 〔동〕 꿈꾸다
- 坚强 jiānqiáng 〔형〕 굳세다, 꿋꿋하다, 완강하다 〔동〕 공고히 하다, 견고히 하다, 강화하다
- 能干 nénggàn 〔형〕 유능하다, 재능이 있다
- 应付 yìngfu 〔동〕 ① 대응하다, 대처하다 ② 대강하다, 얼버무리다
- 状况 zhuàngkuàng 〔명〕 상황, 형편

295
在交际中要好好儿和别人相处，才能缩短距离，建立友谊。
Zài jiāojì zhōng yào hǎohāor hé biérén xiāngchǔ, cái néng suōduǎn jùlí, jiànlì yǒuyì.
교제 중에 다른 사람과 함께 잘 지내야만 거리를 좁히고 우정을 맺을 수 있다.

- 交际 jiāojì 〔동〕 교제하다
- 相处 xiāngchǔ 〔동〕 함께 살다, 함께 지내다 ＊相处得不好 함께 잘 지내지 못하다
- 缩短 suōduǎn 〔동〕 (길이, 거리, 시간 등을) 단축하다, 줄이다
- 建立 jiànlì 〔동〕 ① 건립하다, 수립하다 ② 맺다, 세우다 ＊建立关系 관계를 맺다

296
弟弟假装晕倒的时候表演得太真实了，所以我们都上当了。
Dìdi jiǎzhuāng yūn dǎo de shíhou biǎoyǎn de tài zhēnshí le, suǒyǐ wǒmen dōu shàngdàng le.
남동생이 기절해서 쓰러지는 척할 때 너무 진실하게 연기했고, 그래서 우리는 모두 속았다.

- 假装 jiǎzhuāng 〔동〕 가장하다, ~인 척하다
- 晕 yūn 〔형〕 어지럽다 〔동〕 기절하다
- 真实 zhēnshí 〔형〕 진실하다
- 上当 shàngdàng 〔이합〕 속다

297

☐ 这条蛇用牙齿咬了我一口。

☐ Zhè tiáo shé yòng yáchǐ yǎo le wǒ yì kǒu.

☐ 이 뱀이 이빨로 나를 한 입 물었다.

- 蛇 shé 몡 뱀
- 牙齿 yáchǐ 몡 이, 치아, 이빨
- 咬 yǎo 동 (깨)물다

298

☐ 自去年以来，人们一致要求修改国家制度。

☐ Zì qùnián yǐlái, rénmen yízhì yāoqiú xiūgǎi guójiā zhìdù.

☐ 작년 이래로 사람들은 한목소리로 국가 제도를 고칠 것을 요구한다.

- 以来 yǐlái 몡 이래
- 一致 yízhì 혱 일치하다 뷰 함께, 같이, 한 목소리로, 만장일치로
- 修改 xiūgǎi 동 바로잡아 고치다 *修改作文 작문을 고치다
- 制度 zhìdù 몡 제도

299

☐ 宣布谈判开始前，他们交换了彼此的名片。

☐ Xuānbù tánpàn kāishǐ qián, tāmen jiāohuàn le bǐcǐ de míngpiàn.

☐ 담판이 시작되는 것을 선포하기 전, 그들은 서로의 명함을 교환했다.

- 宣布 xuānbù 동 선포하다, 선언하다
- 谈判 tánpàn 동 담판하다, 교섭하다
- 交换 jiāohuàn 동 교환하다
- 彼此 bǐcǐ 대 피차, 쌍방, 서로
- 名片 míngpiàn 몡 명함

300

☐ 要按时给玉米或小麦浇水，让它们多晒太阳。

☐ Yào ànshí gěi yùmǐ huò xiǎomài jiāo shuǐ, ràng tāmen duō shài tàiyáng.

☐ 제때 옥수수나 밀에 물을 주고, 그것들이 햇볕을 많이 쬐게 해야 한다.

- 玉米 yùmǐ 몡 옥수수
- 小麦 xiǎomài 몡 소맥, 밀다
- 浇 jiāo 동 ① (액체를) 뿌리다 ② 물을 주다
- 晒 shài 동 햇볕을 쬐다, 햇볕에 말리다

> **Point**
> (给花)浇水 = 浇花 꽃에 물을 주다

301
他幻想自己能成为一个有几百亿财产的大人物。

Tā huànxiǎng zìjǐ néng chéngwéi yí ge yǒu jǐ bǎi yì cáichǎn de dà rénwù.

그는 자신이 몇백억 재산을 가진 큰 인물이 될 수 있을 거라는 환상에 빠져있다.

- **幻想** huànxiǎng 명 환상 동 환상에 잠기다, 환상에 빠지다
- **亿** yì 수 억
- **财产** cáichǎn 명 재산
- **人物** rénwù 명 인물

302
我刚开始感觉很慌张，后来在她的安慰下恢复了平静。

Wǒ gāng kāishǐ gǎnjué hěn huāngzhāng, hòulái zài tā de ānwèi xià huīfù le píngjìng.

나는 처음에는 당황스럽다고 느꼈지만, 후에 그녀의 위로에 차분함을 회복했다.

- **慌张** huāngzhāng 형 당황하다, 허둥대다, 안절부절못하다
- **安慰** ānwèi 동 위로하다 형 (마음이) 편하다
- **恢复** huīfù 동 회복하다, 회복되다
- **平静** píngjìng 형 ① (상황이나 환경이) 평온하다 ② (태도나 감정이) 조용하다, 차분하다

303
我去参加紧急会议前摸了一下胸口，才发现忘了系领带。

Wǒ qù cānjiā jǐnjí huìyì qián mō le yíxià xiōngkǒu, cái fāxiàn wàng le jì lǐngdài.

나는 긴급회의에 참석하러 가기 전 가슴 쪽을 만져보고, 그제야 넥타이 매는 것을 잊었다는 것을 알아챘다.

- **紧急** jǐnjí 형 긴급하다, 긴박하다
- **摸** mō 동 (손으로) 더듬다, 어루만지다, 쓰다듬다
- **胸** xiōng 명 가슴
- **系领带** jì lǐngdài 넥타이를 매다

304
在实践中，我们要把现实的形势和培训中学到的理论结合起来。

Zài shíjiàn zhōng, wǒmen yào bǎ xiànshí de xíngshì hé péixùn zhōng xué dào de lǐlùn jiéhé qǐlái.

실천하는 과정에서 우리는 현실의 형세와 훈련에서 배운 이론을 결합시켜야 한다.

- **实践** shíjiàn 동 실천하다, 실행하다, 이행하다
- **现实** xiànshí 명 현실 형 현실적이다
- **形势** xíngshì 명 형세, 정세, 상황, 형편
- **培训** péixùn 동 훈련하다, 양성하다
- **理论** lǐlùn 명 이론
- **结合** jiéhé 동 결합하다

> **Point**
> '把A跟/和B结合起来'는 'A와 B를 결합하다'라는 뜻으로 '把A跟/和B结合在一起'로도 말합니다.

알고나면 쉬워지는

최은정의 시크릿노트

---

1 차용 동량사

문장 297

동작에 대한 양사로 신체기관 명사나 도구 명사가 쓰이기도 합니다. 문장에서는 동량보어 역할을 합니다.

예) **看了一眼** 한 번 보았다

咬了一口 한 입 물었다

切了一刀 한 번 잘랐다

扎了一针 주사를 한 대 놓았다

2 丝毫의 쓰임

문장 293

丝毫는 주로 뒤에 부정부사가 옵니다.

- (丝)毫 + 不 + 동사/형용사

  예) **丝毫不高兴** 조금도 기쁘지 않다

- (丝)毫 + 没(有)/无 + 명사

  예) **丝毫没有问题** 조금의 문제도 없다

3 5급 빈출 이합동사 I

- **熬夜** áoyè 밤새다, 밤샘하다
- **吵架** chǎojià 말다툼하다, 다투다
- **灰心** huīxīn 낙담하다, 낙심하다
- **报到** bàodào 도착 보고하다, 참석 등록하다
- **发愁** fāchóu 근심하다, 걱정하다
- **操心** cāoxīn 마음 쓰다, 걱정하다
- **冒险** màoxiǎn 모험하다, 위험을 무릅쓰다
- **吃亏** chīkuī 손해를 보다
- **进口** jìnkǒu 수입하다
- **受伤** shòushāng 상처를 입다, 부상을 당하다
- **罚款** fákuǎn 벌금을 내다
- **干活** gànhuó 일을 하다
- **破产** pòchǎn 파산하다
- **贷款** dàikuǎn 대출하다

289

돈을 빚졌기 때문에 그는 반드시 여가 시간에 겸직을 해야 한다.

因为 ____ 了钱，他必须在 ____ 时间做 ____ 。
　　　qiàn　　　　　　　　yèyú　　　　　jiānzhí

290

이곳은 이렇게 좁아서 꿀벌조차 들어올 수 없는데, 하물며 사람이야 (말할 필요가 있겠는가)?

这里这么 ____ ，连 ____ 都进不来， ____ 人呢？
　　　　　zhǎi　　　　mìfēng　　　　　　hékuàng

291

평화로운 시대에는 모든 사람이 평안하고 자유로운 생활을 누릴 수가 있다.

在 ____ ____ ，每个人都可以 ____ ____ ____ 的生活。
　hépíng　niándài　　　　　　　xiǎngshòu píng'ān　zìyóu

292

그는 무심코 아직 타고 있는 성냥을 땅바닥에 버렸고, 결국 불이 났다.

他 ____ 把还在 ____ 着的 ____ 扔到了地上，结果 ____ 了。
　suíshǒu　　　　ránshāo　　　huǒchái　　　　　zháohuǒ

빠른
정답
289 因为欠了钱，他必须在业余时间做兼职。
290 这里这么窄，连蜜蜂都进不来，何况人呢？
291 在和平年代，每个人都可以享受平安自由的生活。
292 他随手把还在燃烧着的火柴扔到了地上，结果着火了。

293

설령 교활한 적에게 위협을 당할지라도, 그의 단호한 태도는 조금도 변하지 않을 것이다.

即使被 ___ 的 ___ ___ ，他 ___ 的态度也 ___ 不会
　　　　jiǎohuá　　dírén　wēixié　　jiānjué　　　　sīháo

___ 。
zhuǎnbiàn

294

나의 꿈은 꿋꿋하고 유능하며 각종 상황에 대처할 수 있는 한 사람으로 변하는 것이다.

我的 ___ 是变成一个 ___ ___ 、可以 ___ 各种
　　mèngxiǎng　　　　 jiānqiáng nénggàn　　yìngfu　zhuàngkuàng

的人。

295

교제 중에 다른 사람과 함께 잘 지내야만 거리를 좁히고 우정을 맺을 수 있다.

在 ___ 中要好好儿和别人 ___ ，才能 ___ 距离， ___
　jiāojì　　　　　　　　xiāngchǔ　　　suōduǎn　　　jiànlì

友谊。

296

남동생이 기절해서 쓰러지는 척할 때 너무 진실하게 연기했고, 그래서 우리는 모두 속았다.

弟弟 ___ ___ 倒的时候表演得太 ___ 了，所以我们都
　jiǎzhuāng　yūn　　　　　　　　　　zhēnshí

___ 了。
shàngdàng

🔓 빠른
정답

293 即使被狡猾的敌人威胁，他坚决的态度也丝毫不会转变。
294 我的梦想是变成一个坚强能干、可以应付各种状况的人。
295 在交际中要好好儿和别人相处，才能缩短距离，建立友谊。
296 弟弟假装晕倒的时候表演得太真实了，所以我们都上当了。

297

이 뱀이 이빨로 나를 한 입 물었다.

这条 ___ 用 ___ ___ 了我一口。
　　　 shé　　　 yáchǐ　　 yǎo

298

작년 이래로 사람들은 한목소리로 국가 제도를 고칠 것을 요구한다.

自去年 ___ ，人们 ___ 要求 ___ 国家 ___ 。
　　　 yǐlái　　　 yízhì　　 xiūgǎi　　 zhìdù

299

담판이 시작되는 것을 선포하기 전, 그들은 서로의 명함을 교환했다.

___ ___ 开始前，他们 ___ 了 ___ 的 ___ 。
xuānbù tánpàn　　　　　　 jiāohuàn　 bǐcǐ　 míngpiàn

300

제때 옥수수나 밀에 물을 주고, 그것들이 햇볕을 많이 쬐게 해야 한다.

要按时给 ___ 或 ___ 水，让它们多 ___ 太阳。
　　　　 yùmǐ　 xiǎomài jiāo　　　　　 shài

🔓 빠른
정답

297 这条蛇用牙齿咬了我一口。
298 自去年以来，人们一致要求修改国家制度。
299 宣布谈判开始前，他们交换了彼此的名片。
300 要按时给玉米或小麦浇水，让它们多晒太阳。

202　문장으로 끝내는 HSK 단어장 5급

301

그는 자신이 몇백억 재산을 가진 큰 인물이 될 수 있을 거라는 환상에 빠져있다.

他 ____（huànxiǎng）自己能成为一个有几百 ____（yì）____（cáichǎn）的大 ____（rénwù）。

302

나는 처음에는 당황스럽다고 느꼈지만, 후에 그녀의 위로에 차분함을 회복했다.

我刚开始感觉很 ____（huāngzhāng），后来在她的 ____（ānwèi）下 ____（huīfù）了 ____（píngjìng）。

303

나는 긴급회의에 참석하러 가기 전 가슴 쪽을 만져보고, 그제야 넥타이 매는 것을 잊었다는 것을 알아챘다.

我去参加 ____（jǐnjí）会议前 ____（mō）了一下 ____（xiōng）口，才发现忘了

____（jì lǐngdài）。

304

실천하는 과정에서 우리는 현실의 형세와 훈련에서 배운 이론을 결합시켜야 한다.

在 ____（shíjiàn）中，我们要把 ____（xiànshí）的 ____（xíngshì）和 ____（péixùn）中学到的

____（lǐlùn）____（jiéhé）起来。

🔓 빠른 정답

301 他幻想自己能成为一个有几百亿财产的大人物。
302 我刚开始感觉很慌张，后来在她的安慰下恢复了平静。
303 我去参加紧急会议前摸了一下胸口，才发现忘了系领带。
304 在实践中，我们要把现实的形势和培训中学到的理论结合起来。

Unit

20

305 ☑ **劳驾你有空闲的时候把这里的灰尘打扫一下。**
Láojià nǐ yǒu kòngxián de shíhou bǎ zhèlǐ de huīchén dǎsǎo yíxià.
죄송한데 틈이 있을 때 이곳의 먼지를 좀 청소해주세요.

- **劳驾** láojià 동 죄송합니다, 미안합니다
- **空闲** kòngxián 명 여가, 짬, 틈, 겨를
  형 비어 있다, 한가하다
- **灰尘** huīchén 명 먼지

306 **坦率地说，我对婚姻的期待已经逐渐消失了。**
Tǎnshuài de shuō, wǒ duì hūnyīn de qīdài yǐjīng zhújiàn xiāoshī le.
솔직히 말해서, 나는 결혼에 대한 기대가 이미 점점 사라졌다.

- **坦率** tǎnshuài 형 솔직하다, 담백하다
- **婚姻** hūnyīn 명 혼인, 결혼
- **期待** qīdài 동 기대하다
- **逐渐** zhújiàn 부 점점, 점차
- **消失** xiāoshī 동 사라지다, 없어지다

> **✿ Point**
> '坦率地说'는 '솔직히 말하면'이라는 뜻으로, 같은 표현으로는
> '说实话', '说实在的' 등이 있습니다.

307 **总之，一些敏感的政治因素影响了两国的联合。**
Zǒngzhī, yìxiē mǐngǎn de zhèngzhì yīnsù yǐngxiǎng le liǎng guó de liánhé.
결론적으로 약간의 민감한 정치 요소들이 양국의 연합에 영향을 주었다.

- **总之** zǒngzhī 접 한 마디로 말해서,
  결론적으로 말해서 =总而言之
- **敏感** mǐngǎn 형 민감하다
- **政治** zhèngzhì 명 정치
- **因素** yīnsù 명 요소, 요인
- **联合** liánhé 동 형 연합하다

308 **健身教练给我讲了锻炼后背肌肉的基本课程。**
Jiànshēn jiàoliàn gěi wǒ jiǎng le duànliàn hòubèi jīròu de jīběn kèchéng.
헬스 코치가 나에게 등 근육을 단련하는 기본적인 과정을 말해 주었다.

- **健身** jiànshēn 동 신체를 건강하게 하다
- **教练** jiàoliàn 명 코치, 감독
- **后背** hòubèi 명 등
- **肌肉** jīròu 명 근육
- **基本** jīběn 명 기본, 근본 형 기본의, 기본적인, 근
  본적인 부 기본적으로, 대체로, 거의 *基本(上)
  同意 대체로 동의하다
- **课程** kèchéng 명 (교육) 과정, 커리큘럼

309

到了出发时刻他向兄弟们挥了挥手，看起来很精神。

Dào le chūfā shíkè tā xiàng xiōngdìmen huī le huī shǒu, kàn qǐlái hěn jīngshen.

출발 시각이 되자 그는 형제들을 향해 손을 흔들었는데, 생기발랄해 보였다.

- **时刻** shíkè 명 시각, 순간 ＊关键时刻 결정적 순간 부 시시각각, 늘, 언제나, 항상 ＝时时刻刻
- **兄弟** xiōngdì 명 형과 동생, 형제
- **挥** huī 동 휘두르다, 흔들다
- **精神** jīngshen ① 명 원기, 활력, 기력 형 활기차다, 생기발랄하다 ② 명 정신 [jīngshén으로 발음]

310

朋友劝我跟别人争论问题时切勿主观，更不能轻视别人的看法。

Péngyou quàn wǒ gēn biérén zhēnglùn wèntí shí qiè wù zhǔguān, gèng bù néng qīngshì biérén de kànfǎ.

친구는 나에게 다른 사람과 문제를 논쟁할 때 절대 주관적이어서는 안 되고, 다른 사람의 견해를 경시해서는 더욱 안 된다고 충고했다.

- **劝** quàn 동 권하다, 타이르다, 충고하다, 설득하다
- **争论** zhēnglùn 동 논쟁하다
- **勿** wù 부 ~하지 마라, ~해서는 안 된다
- **主观** zhǔguān 형 주관적이다
- **轻视** qīngshì 동 경시하다, 얕보다

311

他集中精力训练，以良好的状态在激烈的比赛中创造了世界纪录。

Tā jízhōng jīnglì xùnliàn, yǐ liánghǎo de zhuàngtài zài jīliè de bǐsài zhōng chuàngzào le shìjiè jìlù.

그는 정신을 집중해서 훈련했고, 좋은 컨디션으로 치열한 경기에서 세계 기록을 세웠다.

- **集中** jízhōng 동 집중하다, 모으다
- **精力** jīnglì 명 정력, 정신, 기력, 에너지
- **训练** xùnliàn 동 훈련하다
- **良好** liánghǎo 형 좋다
- **状态** zhuàngtài 명 상태
- **激烈** jīliè 형 격렬하다, 치열하다
- **创造** chuàngzào 동 창조하다
- **纪录** jìlù 명 기록, 최고 성적

312

希望大家配合我们的工作，遵守纪律，如果有问题就可以随时询问。

Xīwàng dàjiā pèihé wǒmen de gōngzuò, zūnshǒu jìlù, rúguǒ yǒu wèntí jiù kěyǐ suíshí xúnwèn.

모두 우리의 업무에 협력하고 기율을 지켜주길 바라며, 만약 문제가 있으면 수시로 문의해도 됩니다.

- **配合** pèihé 동 협동하다, 협력하다
- **遵守** zūnshǒu 동 준수하다, 지키다
- **纪律** jìlù 명 기율, 규율
- **随时** suíshí 부 수시로, 언제나, 아무 때나
- **询问** xúnwèn 동 문의하다, 알아보다

313

妈妈临时用开水烫了一下那块嫩猪肉。

Māma línshí yòng kāishuǐ tàng le yíxià nà kuài nèn zhū ròu.

엄마는 끓인 물을 사용하여 그 연한 돼지고기 덩이를 한번 데웠다.

- **临时** línshí 〔부〕 임박하여, 그때가 되어, 때에 이르러 〔형〕 임시의
- **开水** kāishuǐ 〔명〕 끓인 물
- **烫** tàng 〔동〕 ① (불이나 끓인 물 등에) 데다, 화상 입다 ② (뜨거운 물에) 데우다
  ③ 파마하다 *烫(头)发 머리카락을 파마하다 〔형〕 뜨겁다
- **嫩** nèn 〔형〕 부드럽다, 연하다
- **猪** zhū 〔명〕 돼지

314

我舅舅骑摩托车时不小心撞到了路上的行人。

Wǒ jiùjiu qí mótuōchē shí bù xiǎoxīn zhuàng dào le lù shang de xíngrén.

나의 외삼촌이 오토바이를 탈 때 조심하지 않아 길 위의 행인을 쳤다.

- **舅舅** jiùjiu 〔명〕 외삼촌
- **摩托车** mótuōchē 〔명〕 오토바이
- **撞** zhuàng 〔동〕 부딪치다, 충돌하다
- **行人** xíngrén 〔명〕 행인

315

他把我撕碎的支票用胶水儿完整地粘贴好了。

Tā bǎ wǒ sī suì de zhīpiào yòng jiāoshuǐr wánzhěng de zhāntiē hǎo le.

그는 내가 찢어 조각낸 수표를 풀을 사용하여 완벽하게 잘 붙였다.

- **撕** sī 〔동〕 (천, 종이 등을 손으로) 찢다, 떼다, 뜯다
- **碎** suì 〔동〕 부서지다, 깨지다 〔형〕 자질구레하다, 부스러져있다
- **支票** zhīpiào 〔명〕 수표
- **胶水(儿)** jiāoshuǐ(r) 〔명〕 풀
- **完整** wánzhěng 〔형〕 완전(무결)하다, 온전하다
- **粘贴** zhāntiē 〔동〕 (풀 등으로) 붙이다

316

这个国家的土地面积至今还有不断扩大的趋势。

Zhège guójiā de tǔdì miànjī zhìjīn hái yǒu búduàn kuòdà de qūshì.

이 국가의 영토 면적은 지금까지도 여전히 끊임없이 넓혀가는 추세이다.

- **土地** tǔdì 〔명〕 ① 땅, 토지 ② 영토, 국토
- **面积** miànjī 〔명〕 면적
- **至今** zhìjīn 〔부〕 지금까지, 오늘까지 = 到现在
- **扩大** kuòdà 〔동〕 확대하다, 넓히다
- **趋势** qūshì 〔명〕 추세, 경향

317

我录音时使用的麦克风不但样式好看，而且绝对实用。

Wǒ lùyīn shí shǐyòng de màikèfēng búdàn yàngshì hǎokàn, érqiě juéduì shíyòng.

내가 녹음할 때 사용하는 마이크는 모양이 보기 좋을 뿐만 아니라, 게다가 완전히 실용적이다.

- **录音** lùyīn 명 녹음 이합 녹음하다
- **麦克风** màikèfēng 명 마이크
- **样式** yàngshì 명 양식, 모양, 스타일
- **绝对** juéduì 형 절대적인 ↔ 相对 상대적인 부 절대적으로, 완전히, 반드시
- **实用** shíyòng 형 실용적이다

318

他受伤后身上青一片紫一片的，脸上却是无所谓的表情。

Tā shòushāng hòu shēn shàng qīng yí piàn zǐ yí piàn de, liǎn shàng què shì wúsuǒwèi de biǎoqíng.

그는 부상을 당한 후 몸 곳곳이 멍들었지만, 얼굴에는 상관없다는 표정이었다.

- **受伤** shòushāng 이합 상처를 입다, 부상을 당하다
- **青** qīng 형 푸르다
- **片** piàn 양 ① 얇거나 작게 잘라진 부분을 세는 단위 ② 차지한 면적 또는 범위를 세는 단위
- **紫** zǐ 형 자줏빛의, 보라색의
- **无所谓** wúsuǒwèi 동 상관없다, 관계없다
- **表情** biǎoqíng 명 표정

319

那个糟糕的组合因为态度消极，舞跳得不整齐而被人们议论。

Nàge zāogāo de zǔhé yīnwèi tàidù xiāojí, wǔ tiào de bù zhěngqí ér bèi rénmen yìlùn.

그 엉망인 그룹은 태도가 소극적이고 질서 있게 춤을 추지 않아서 사람들의 입방아에 오르내린다.

- **糟糕** zāogāo 형 ① 엉망이다 ② 아뿔싸, 아차, 큰일났네
- **组合** zǔhé 명 조합, 그룹 동 조합하다
- **消极** xiāojí 형 ① 소극적이다 ② 부정적이다
- **整齐** zhěngqí 형 가지런하다, 고르다, 질서 있다
- **议论** yìlùn 동 의론하다, 비평하다, 왈가왈부하다 *背后议论 뒤에서 수군거리다

320

她输入这个地方的名字搜索后，寻找到了一些值得游览的名胜古迹。

Tā shūrù zhège dìfang de míngzi sōusuǒ hòu, xúnzhǎo dào le yìxiē zhíde yóulǎn de míngshènggǔjì.

그녀는 이 지역의 이름을 입력하여 검색한 후, 몇몇 관광할 만한 가치가 있는 명승고적을 찾아냈다.

- **输入** shūrù 동 ① (밖에서 안으로) 들여보내다, 받아들이다 ② 입력하다
- **搜索** sōusuǒ 동 ① 수색하다, 자세히 뒤지다 ② (인터넷에서) 검색하다
- **寻找** xúnzhǎo 동 찾다
- **游览** yóulǎn 동 유람하다, 관광하다
- **名胜古迹** míngshènggǔjì 명 명승고적

알고나면 쉬워지는

최은정의 시크릿노트

---

1 상용 결합 어휘 문장 311, 316

- 创造 + 记录 / 奇迹 / 世界 기록을 세우다/기적을 만들다/세계를 창조하다
- 扩大 + 面积 / 规模 / 范围 면적을 넓히다/규모를 확대하다/범위를 확장하다

2 의미가 같은 1음절 단어와 2음절 단어 문장 320

대부분의 경우 1음절보다 2음절일 때 정식적이거나 격식 있는 문어체의 어감이 강합니다.

- 好 hǎo = 良好 liánghǎo 좋다, 양호하다
- 找 zhǎo = 寻找 xúnzhǎo 찾다
- 问 wèn = 询问 xúnwèn 질문하다, 알아보다

3 5급 빈출 이합동사 II

- **鼓掌** gǔzhǎng 손뼉 치다, 박수하다
- **发言** fāyán 발언하다, 발표하다
- **离婚** líhūn 이혼하다
- **过期** guòqī 기간이 지나다
- **合影** héyǐng 함께 사진을 찍다
- **握手** wòshǒu 손을 잡다, 악수하다
- **失业** shīyè 직업을 잃다
- **挂号** guàhào 접수하다, 신청하다
- **怀孕** huáiyùn 임신하다
- **使劲(儿)** shǐjìn(r) 힘을 쓰다
- **着火** zháohuǒ 불이 나다
- **上当** shàngdàng 속다, 사기를 당하다

우리말 해석을 참고하여 빈칸에 알맞은 중국어를 쓰세요.

305

죄송한데 틈이 있을 때 이곳의 먼지를 좀 청소해 주세요.

____ 你有 ____ 的时候把这里的 ____ 打扫一下。

láojià kòngxián huīchén

306

솔직히 말해서, 나는 결혼에 대한 기대가 이미 점점 사라졌다.

____ 地说，我对 ____ 的 ____ 已经 ____ ____ 了。

tǎnshuài hūnyīn qīdài zhújiàn xiāoshī

307

결론적으로 약간의 민감한 정치 요소들이 양국의 연합에 영향을 주었다.

____，一些 ____ 的 ____ 影响了两国的 ____。

zǒngzhī mǐngǎn zhèngzhì yīnsù liánhé

308

헬스 코치가 나에게 등 근육을 단련하는 기본적인 과정을 말해 주었다.

____ 给我讲了锻炼 ____ 的 ____ 。

jiànshēn jiàoliàn hòubèi jīròu jīběn kèchéng

빠른
정답

305 劳驾你有空闲的时候把这里的灰尘打扫一下。
306 坦率地说，我对婚姻的期待已经逐渐消失了。
307 总之，一些敏感的政治因素影响了两国的联合。
308 健身教练给我讲了锻炼后背肌肉的基本课程。

309

출발 시각이 되자 그는 형제들을 향해 손을 흔들었는데, 생기발랄해 보였다.

到了出发 [____] 他向 [____] 们 [____] 了 [____] 手，看起来很 [____]。
　　　　shíkè　　　xiōngdì　　huī　huī　　　　　　jīngshen

310

친구는 나에게 다른 사람과 문제를 논쟁할 때 절대 주관적이어서는 안 되고, 다른 사람의 견해를 경시해서는 더욱 안 된다고 충고했다.

朋友 [____] 我跟别人 [____] 问题时切 [____]，更不能
　　quàn　　　　zhēnglùn　　　　wù　zhǔguān

[____] 别人的看法。
qīngshì

311

그는 정신을 집중해서 훈련했고, 좋은 컨디션으로 치열한 경기에서 세계 기록을 세웠다.

他 [____] [____] [____]，以 [____] 的 [____] 在 [____] 的比赛中
　jízhōng　jīnglì　xùnliàn　liánghǎo　zhuàngtài　jīliè

[____] 了世界 [____]。
chuàngzào　　　jìlù

312

모두들 우리의 업무에 협력하고 기율을 지켜주길 바라며, 만약 문제가 있으면 수시로 문의해도 됩니다.

希望大家 [____] 我们的工作，[____] [____]，如果有问题就可以
　　　　pèihé　　　　　　zūnshǒu　jìlù

[____] [____]。
suíshí　xúnwèn

빠른
정답

309 到了出发时刻他向兄弟们挥了挥手，看起来很精神。
310 朋友劝我跟别人争论问题时切勿主观，更不能轻视别人的看法。
311 他集中精力训练，以良好的状态在激烈的比赛中创造了世界纪录。
312 希望大家配合我们的工作，遵守纪律，如果有问题就可以随时询问。

엄마는 끓인 물을 사용하여 그 연한 돼지고기 덩이를 한번 데웠다.

313

妈妈 ___ 用 ___ 了一下那块 ___ ___ 肉。

　　　　linshí　　kāishuǐ　　tàng　　　　　　nèn　　zhū

나의 외삼촌이 오토바이를 탈 때 조심하지 않아 길 위의 행인을 쳤다.

314

我 ___ 骑 ___ 时不小心 ___ 到了路上的 ___ 。

　　jiùjiu　　mótuōchē　　　　zhuàng　　　　xíngrén

그는 내가 찢어 조각낸 수표를 풀을 사용하여 완벽하게 잘 붙였다.

315

他把我 ___ ___ 的 ___ 用 ___ ___ 地 ___ 好了。

　　　　sī　　suì　　zhīpiào　　jiāoshuǐr　wánzhěng　zhāntiē

이 국가의 영토 면적은 지금까지도 여전히 끊임없이 넓혀가는 추세이다.

316

这个国家的 ___ ___ ___ 还有不断 ___ 的 ___ 。

　　　　tǔdì　　miànjī　　zhìjīn　　　　kuòdà　　qūshì

빠른
정답

313 妈妈临时用开水烫了一下那块嫩猪肉。

314 我舅舅骑摩托车时不小心撞到了路上的行人。

315 他把我撕碎的支票用胶水儿完整地粘贴好了。

316 这个国家的土地面积至今还有不断扩大的趋势。

317

내가 녹음할 때 사용하는 마이크는 모양이 보기 좋을 뿐만 아니라, 게다가 완전히 실용적이다.

我 ___ 时使用的 ___ 不但 ___ 好看，而且 ___ 。
　　lùyīn　　　　màikèfēng　　yàngshì　　　　juéduì　shíyòng

318

그는 부상을 당한 후 몸 곳곳이 멍들었지만, 얼굴에는 상관없다는 표정이었다.

他 ___ 后身上 ___ 一 ___ ___ 一 ___ 的，脸上却是
　shòushāng　　　qīng　　piàn　zǐ　　piàn

___ 的 ___ 。
wúsuǒwèi　biǎoqíng

319

그 엉망인 그룹은 태도가 소극적이고 질서 있게 춤을 추지 않기 때문에 사람들의 입방아에 오르내린다.

那个 ___ 的 ___ 因为态度 ___ ，舞跳得不 ___ 而被人们
　　zāogāo　　zǔhé　　　　xiāojí　　　　　zhěngqí

___ 。
yìlùn

320

그녀는 이 지역의 이름을 입력하여 검색한 후, 몇몇 관광할 만한 가치가 있는 명승고적을 찾아냈다.

她 ___ 这个地方的名字 ___ 后， ___ 到了一些值得
　shūrù　　　　　　　　sōusuǒ　　　xúnzhǎo　　　　yóulǎn

的 ___ 。
míngshènggǔjì

🔓 빠른
정답

317 我录音时使用的麦克风不但样式好看，而且绝对实用。

318 他受伤后身上青一片紫一片的，脸上却是无所谓的表情。

319 那个糟糕的组合因为态度消极，舞跳得不整齐而被人们议论。

320 她输入这个地方的名字搜索后，寻找到了一些值得游览的名胜古迹。

新 HSK 5급 미니 모의고사 1

听力 (🎧 05-41)

第一部分 请选出正确答案。

1. A 隔壁邻居　　　　B 大学同学
　　C 海鲜店老板　　　D 宿舍管理员

2. A 丢了　　　　　　B 没汽油了
　　C 太疲劳了　　　　D 送去维修了

3. A 心脏不好　　　　B 在急诊室
　　C 需定期检查　　　D 需立即手术

4. A 不能退货　　　　B 临时加班
　　C 无法接收包裹　　D 收货地址写错了

第二部分 请选出正确答案。

5. A 对方很厉害　　　B 比赛最关键
　　C 让男的别灰心　　D 劝女的回去养病

6. A 发言　　　　　　B 整理材料
　　C 接待音乐家　　　D 宣布获奖名单

第一部分 请选出正确答案。

　　土掌房是彝族先民的传统民居，具有鲜明的地方 ____**7**____ 。它层层叠落、相互连通，远远望去甚是壮观。土掌房主要 ____**8**____ 在云南中部以及东南一带，这一带的泥土质地细腻、干湿适中，为土掌房的建造提供了大量方便易得的材料。土掌房多为平房，部分为二层或三层，冬暖夏凉，且有很强的防火性，非常 ____**9**____ 。

7. A 特色　　　　B 领域　　　　C 情景　　　　D 样式

8. A 具备　　　　B 展开　　　　C 分布　　　　D 成立

9. A 繁荣　　　　B 可怕　　　　C 粗糙　　　　D 实用

书写

第一部分 请结合下列词语，写一篇80字左右的短文。

10. 实习　收获　将来　从而　实际

新 HSK 5급 미니 모의고사 2

(🎧 05-42)

第一部分 请选出正确答案。

1. A 男的被罚款了　　　　B 男的在海关上班
   C 女的带了日用品　　　D 女的护照不见了

2. A 闲得厉害　　　　　　B 没保存报告
   C 合同出错了　　　　　D 被领导批评了

3. A 太薄了　　　　　　　B 很时尚
   C 非常柔软　　　　　　D 颜色有些暗

4. A 包裹没到　　　　　　B 想去逛超市
   C 日用品卖光了　　　　D 早就知道有优惠了

第二部分 请选出正确答案。

5. A 银行　　　　　　　　B 酒吧
   C 蛋糕店　　　　　　　D 菜市场

6. A 地铁　　　　　　　　B 摩托车
   C 高速列车　　　　　　D 长途汽车

第一部分 请选出正确答案。

　　音乐选秀节目的走红，让观众认识到一项新技术——修音。修音与图片的后期处理 ___7___ ，它是指通过专业的音乐软件，对歌手录制的音乐作品进行调整处理。业内人士透露，这是音乐作品上市前必不可少的 ___8___ 。所以，如果你在家被一位歌手的专辑迷得如痴如醉，到了现场却发现这位歌手的唱功令人 ___9___ ，那么主要原因很可能就是修音。

7. A 相似　　　　　　B 突出　　　　　　C 统一　　　　　　D 交换

8. A 权利　　　　　　B 样式　　　　　　C 程序　　　　　　D 概念

9. A 紧急　　　　　　B 失望　　　　　　C 委屈　　　　　　D 倒霉

书写

第一部分 请结合下列词语，写一篇80字左右的短文。

10. 　聚会　　遇到　　开心　　曾经　　改变

🔑 모범답안은 220쪽에 있습니다.

新 **HSK 5급** 미니 모의고사 1

听力　**1.** B　**2.** D　**3.** C　**4.** C　**5.** D　**6.** A

(듣기 지문)

1. 男：这么新鲜又便宜的海鲜可不好找，你在哪儿买的?
　　女：一个海鲜市场。我本科同学是当地人，他告诉我的。
　　问：谁告诉女的那个海鲜市场的?

2. 女：哥，这几天怎么不见你骑摩托车了。
　　男：送去维修了，得换几个进口的零件。
　　问：男的为什么不骑摩托车了?

3. 男：大夫，我妈的检查结果怎么样? 还需要留院观察吗?
　　女：不用。她手术后恢复得很好，以后定期来检查就行。
　　问：关于他母亲，可以知道什么?

4. 女：下午我们都不在家，万一送包裹的来了怎么办?
　　男：没事儿，可以让他先放在小区的快递代收点，我下班后去取。
　　问：女的担心什么?

5. 男：你的腰伤还没好，怎么来训练了?
　　女：还有一个月就比赛了，心里实在太着急了。
　　男：比赛参加不了也无所谓，身体最重要。
　　女：谢谢教练! 我会专心养病，争取早日来训练。
　　问：男的是什么意思?

6. 女：主任，您能在下周艺术节的开幕式上发言吗?
　　男：开幕式是哪天?
　　女：下周五晚上，6点准时开始。
　　男：行，你把艺术节的相关资料发到我邮箱里吧。
　　问：女的请男的做什么?

（ 지문 해석 ）

　　토장방은 이족 조상들의 전통적인 민가로, 선명한 지역적 특색이 있다. 그것은 층층이 쌓여 서로 연결되어 통하는데, 멀리서 바라보면 정말이지 장관이다. 토장방은 주로 윈난 중부 및 동남쪽 일대에 분포하는데, 이 일대의 흙은 질감이 부드럽고 건습이 알맞아 토장방의 건축에 있어 대량의 편리하고 쉽게 얻을 수 있는 재료를 제공했다. 토장방은 대부분 단층집이고 일부가 2층이나 3층인데, 겨울에 따뜻하고 여름에 시원하며, 게다가 매우 강한 방화작용이 있어 매우 실용적이다.

书写　**10.**

		实	习	的	过	程	对	我	们	来	说	非	常	重	要，
因	为	它	可	以	帮	助	我	们	把	从	学	校	学	到	的
知	识	和	实	际	的	工	作	结	合	起	来	，	从	而	积
累	经	验	，	提	高	我	们	解	决	问	题	的	能	力	。
只	有	经	历	了	实	习	的	阶	段	，	我	们	才	能	真
正	有	收	获	，	不	断	进	步	。	这	样	将	来	一	定
能	更	好	地	处	理	工	作	中	遇	到	的	问	题	。	

新 **HSK 5급** 미니 모의고사 2

听力   **1.** C   **2.** B   **3.** D   **4.** D   **5.** C   **6.** D

(듣기 지문)

1. 男：你再检查一遍，看有没有限制进出境的东西，海关检查很严格。
　　女：放心吧！我就带了些衣服和日用品。
　　问：根据对话，下列哪项正确?

2. 女：真倒霉，昨晚熬夜做的报告竟然忘记保存了。
　　男：你以后要养成边写边保存的习惯。
　　问：女的怎么了?

3. 男：这条围巾怎么样?
　　女：我记得你有一条和这个差不多的，而且这条颜色有点儿暗。
　　问：女的觉得那条围巾怎么样?

4. 女：最近这个网店有优惠活动，你可以看看。
　　男：哈哈，看到我桌上的包裹了吗?上周活动一开始我就在上面买了很多日用品。
　　问：男的是什么意思?

5. 男：我想预订一个生日蛋糕，明天傍晚来取。
　　女：好的，您对大小、样式有什么要求吗?
　　男：摆在柜台最上面的那个就可以
　　女：没问题，押金30，需要您提前交一下。
　　问：对话发生在哪儿?

6. 女：国庆节放假你回去吗?
　　男：不回了。我家太远了，得做九十个小时的汽车才能到。
　　女：为什么不坐高铁呢?
　　男：高铁没有直达的，何况票也不好买。所以我一般坐长途汽车。
　　问：男的一般乘坐哪种交通工具回家?

(지문 해석)

　음악 오디션 프로그램이 인기가 많아지자, 관중들은 새로운 기술인 오디오 편집을 알게 되었다. 오디오 편집은 사진의 촬영 후 수정과 서로 비슷한데, 그것은 전문적인 음악 소프트웨어를 통해 가수가 녹음한 음악 작품에 대해 조정 처리하는 것을 가리킨다. 업계 인사가 밝힌 바로는, 이것은 음악 작품이 시장에 나가기 전 반드시 필요한 단계이다. 그래서 만약 당신이 집에서 어떤 가수의 개인 앨범에 취한 듯 빠졌는데 현장에 가서 이 가수의 노래 실력이 사람들을 실망시킨다는 것을 발견했다면, 주요 원인은 아마도 오디오 편집일 것이다.

书写　**10.**

		上	周	末	我	参	加	了	高	中	同	学	的	聚	会，
在	路	上	我	遇	到	了	很	多	年	没	见	的	老	同	学，
我	们	开	心	地	彼	此	问	候	，	聊	起	了	高	中	时
代	曾	经	发	生	过	的	事	。	虽	然	这	些	年	我	们
都	改	变	了	很	多	，	但	在	一	起	聊	天	儿	的	感
觉	还	是	和	以	前	一	样	亲	密	。	我	觉	得	这	次
来	参	加	聚	会	真	是	太	好	了	。					

문장으로 끝내는
HSK
단어장

新HSK 필수 어휘

1급 新HSK 필수 어휘

A

爱	ài	동 사랑하다, ~하기를 좋아하다

B

八	bā	수 8, 여덟
爸爸	bàba	명 아빠
杯子	bēizi	명 잔, 컵
北京	Běijīng	고유 베이징, 북경 [중국의 수도]
本	běn	양 권 [책을 세는 단위]
不	bù	부 아니다 [동사나 형용사, 또는 부사 앞에 쓰여 부정을 나타냄]
不客气	bú kèqi	천만에요, 별말씀을요

C

菜	cài	명 요리, 채소
茶	chá	명 차 [음료]
吃	chī	동 먹다
出租车	chūzūchē	명 택시

D

打电话	dǎ diànhuà	전화를 걸다
大	dà	형 (크기가) 크다, (나이가) 많다
的	de	조 ~의, ~의 것
点	diǎn	양 시 [시간]
电脑	diànnǎo	명 컴퓨터
电视	diànshì	명 텔레비전
电影	diànyǐng	명 영화
东西	dōngxi	명 물품, 물건
都	dōu	부 모두, 다

读	dú	동 읽다
对不起	duìbuqǐ	미안합니다, 죄송합니다
多	duō	형 많다
多少	duōshao	대 얼마, 몇

E

儿子	érzi	명 아들
二	èr	수 2, 둘

F

饭店	fàndiàn	명 식당, 레스토랑, 호텔
飞机	fēijī	명 비행기
分钟	fēnzhōng	명 분 [시간]

G

高兴	gāoxìng	형 기쁘다, 즐겁다
个	ge	양 개, 명
工作	gōngzuò	명 일, 업무, 직업
狗	gǒu	명 개 [동물]

H

汉语	Hànyǔ	고유 중국어
好	hǎo	형 좋다
号	hào	명 일 [날짜], 번 [번호]
喝	hē	동 마시다
和	hé	전 접 ~와(과)
很	hěn	부 매우, 아주
后面	hòumiàn	명 뒤쪽, 뒷면
回	huí	동 돌아가다, 돌아오다
会	huì	조동 ~할 줄 안다, ~할 수 있다

J

几	jǐ	수 몇, 얼마

家	jiā	명 집 양 집, 가정 [가게, 가정, 공장 등을 세는 단위]
叫	jiào	통 (이름을) ~라고 하다, (이름이) ~이다
今天	jīntiān	명 오늘
九	jiǔ	수 9, 아홉

K

开	kāi	통 (문, 뚜껑 등을) 열다, (전원을)켜다
看	kàn	통 보다
看见	kànjiàn	통 보다, 보이다
块	kuài	양 위안 [중국 화폐 단위]

L

来	lái	통 오다
老师	lǎoshī	명 선생님
了	le	조 ~했다 [동사 뒤에서 완료를 나타 내거나 문장 끝에 쓰여 변화를 나타냄]
冷	lěng	형 춥다
里	lǐ	명 안, 속
六	liù	수 6, 여섯

M

妈妈	māma	명 엄마
吗	ma	조 [평서문 뒤에 쓰여 의문을 나타냄]
买	mǎi	통 사다
猫	māo	명 고양이 [동물]
没关系	méi guānxi	괜찮다, 문제없다
没有	méiyǒu	통 없다
米饭	mǐfàn	명 (쌀)밥
名字	míngzi	명 이름
明天	míngtiān	명 내일

N

哪	nǎ	대 어떤, 어느
哪儿	nǎr	대 어디
那	nà	대 그(것), 저(것)
呢	ne	조 지속을 나타냄
能	néng	조동 ~할 수 있다, ~해도 된다
你	nǐ	대 너, 당신
年	nián	명 년, 해
女儿	nǚ'ér	명 딸

P

朋友	péngyou	명 친구
漂亮	piàoliang	형 예쁘다, 아름답다
苹果	píngguǒ	명 사과

Q

七	qī	수 7, 일곱
钱	qián	명 돈
前面	qiánmiàn	명 앞쪽, 앞면
请	qǐng	통 요청하다, 부탁하다 [상대에게 부탁하거나 권유할 때 쓰는 경어]
去	qù	통 가다

R

热	rè	형 뜨겁다, 덥다
人	rén	명 사람
认识	rènshi	통 (사람끼리 서로) 알다

S

三	sān	수 3, 셋
商店	shāngdiàn	명 상점
上	shàng	명 위, 지난 통 올라가다
上午	shàngwǔ	명 오전

少	shǎo	형	적다
谁	shéi	대	누가, 누구
什么	shénme	대	무슨, 무엇
十	shí	수	10, 열
时候	shíhou	명	때, 무렵
是	shì	동	~이다
书	shū	명	책
水	shuǐ	명	물
水果	shuǐguǒ	명	과일
睡觉	shuìjiào	이합	잠을 자다
说	shuō	동	말하다
四	sì	수	4, 넷
岁	suì	양	살, 세 [나이를 세는 단위]

T

他	tā	대	그
她	tā	대	그녀
太	tài	부	너무
天气	tiānqì	명	날씨
听	tīng	동	듣다
同学	tóngxué	명	동창, 학교 친구, 함께 공부하는 친구

W

喂	wéi	감	(전화상에서) 여보세요
我	wǒ	대	나, 저
我们	wǒmen	대	우리(들)
五	wǔ	수	5, 다섯

X

喜欢	xǐhuan	동	좋아하다
下	xià	명	아래, 밑, 다음, 나중 동 내려가다
下午	xiàwǔ	명	오후

下雨	xiàyǔ	이합	비가 내리다, 비가 오다
先生	xiānsheng	명	선생, 씨 [성인 남자에 대한 존칭]
现在	xiànzài	명	지금, 현재
想	xiǎng	조동	~하고 싶다 동 생각하다, 그리워하다
小	xiǎo	형	(크기가) 작다, (나이가) 어리다
小姐	xiǎojiě	명	아가씨
些	xiē	양	약간, 조금
写	xiě	동	(글씨를) 쓰다
谢谢	xièxie		감사합니다, 고맙습니다
星期	xīngqī	명	주, 요일
学生	xuéshēng	명	학생
学习	xuéxí	명 동	학습(하다), 공부(하다)
学校	xuéxiào	명	학교

Y

一	yī	수	1, 하나
一点儿	yìdiǎnr		조금, 약간
衣服	yīfu	명	옷
医生	yīshēng	명	의사
医院	yīyuàn	명	병원
椅子	yǐzi	명	의자
有	yǒu	동	있다
月	yuè	명	월, 달 [날짜]

Z

在	zài	동	~에 있다
再见	zàijiàn		안녕히 가세요(계세요), 또 만나요
怎么	zěnme	대	왜, 어째서
怎么样	zěnmeyàng	대	어떻다, 어떠하다
这	zhè	대	이, 이것

中国	Zhōngguó	고유 중국
中午	zhōngwǔ	명 정오
住	zhù	동 숙박하다, 거주하다, 살다
桌子	zhuōzi	명 탁자, 테이블
字	zì	명 글자
昨天	zuótiān	명 어제
坐	zuò	동 앉다, (탈 것에) 타다
做	zuò	동 하다

2급 新HSK 필수 어휘

B

吧	ba	조 [제안, 추측, 명령 등을 나타냄]
白	bái	형 희다, 하얗다
百	bǎi	수 백
帮助	bāngzhù	동 돕다
报纸	bàozhǐ	명 신문
比	bǐ	전 ~보다
别	bié	부 ~하지 마라
宾馆	bīnguǎn	명 호텔

C

长	cháng	형 (시간이나 길이가) 길다
唱歌	chànggē	이합 노래를 부르다
出	chū	동 (안에서 밖으로) 나가다, 나오다
穿	chuān	동 (옷, 신발 등을) 입다
次	cì	양 번, 회, 차례
从	cóng	전 ~로부터
错	cuò	형 틀리다, 맞지 않다

D

打篮球	dǎ lánqiú	농구를 하다
大家	dàjiā	대 모두
到	dào	동 도착하다, 도달하다
得	de	조 동사와 보어 사이에 쓰임
等	děng	동 기다리다
弟弟	dìdi	명 남동생
第一	dì-yī	수 제1, 첫 (번)째, 맨 처음
懂	dǒng	동 이해하다
对	duì	형 맞다, 옳다 / 전 ~에게, ~에 대하여

F

房间	fángjiān	명 방
非常	fēicháng	부 매우, 아주
服务员	fúwùyuán	명 종업원

G

高	gāo	형 (키가) 크다
告诉	gàosu	동 알리다, 말하다
哥哥	gēge	명 오빠, 형
给	gěi	동 주다 전 ~에게, ~을 위해
公共汽车	gōnggòng qìchē	명 버스
公司	gōngsī	명 회사
贵	guì	형 (값이) 비싸다
过	guo	조 ~한 적이 있다

H

还	hái	부 아직(도), 여전히
孩子	háizi	명 아이, 자녀
好吃	hǎochī	형 맛있다
黑	hēi	형 검다, 까맣다
红	hóng	형 빨갛다, 붉다
火车站	huǒchēzhàn	명 기차역

J

机场	jīchǎng	명 공항, 비행장
鸡蛋	jīdàn	명 계란, 달걀
件	jiàn	양 벌, 건 [옷이나 일을 세는 단위]
教室	jiàoshì	명 교실
姐姐	jiějie	명 언니, 누나
介绍	jièshào	동 소개하다
近	jìn	형 가깝다
进	jìn	동 들어오다, 들어가다

就	jiù	부 바로, 곧
觉得	juéde	동 ~라고 생각하다, ~라고 여기다

K

咖啡	kāfēi	명 커피
开始	kāishǐ	동 시작하다
考试	kǎoshì	명 시험
可能	kěnéng	부 아마, 아마도
可以	kěyǐ	조동 ~할 수 있다, ~해도 된다
课	kè	명 수업, 강의, 과
快	kuài	형 빠르다
快乐	kuàilè	형 즐겁다, 유쾌하다

L

累	lèi	형 피곤하다, 지치다
离	lí	전 ~에서, ~로부터
两	liǎng	수 2, 둘
零	líng	수 0, 영
路	lù	명 길, 도로
旅游	lǚyóu	동 여행하다

M

卖	mài	동 팔다, 판매하다
慢	màn	형 느리다
忙	máng	형 바쁘다
每	měi	대 매, ~마다
妹妹	mèimei	명 여동생
门	mén	명 문
面条(儿)	miàntiáo(r)	명 국수

N

男	nán	명 남자, 남성

您	nín	때 당신 ['你'를 높여 부르는 말]
牛奶	niúnǎi	명 우유
女	nǚ	명 여자, 여성

P

旁边	pángbiān	명 옆, 곁
跑步	pǎobù	이합 조깅하다, 달리기하다
便宜	piányi	형 (값이) 싸다
票	piào	명 표

Q

妻子	qīzi	명 아내
起床	qǐchuáng	이합 일어나다, 기상하다
干	qiān	수 천
铅笔	qiānbǐ	명 연필
晴	qíng	형 맑다
去年	qùnián	명 작년, 지난 해

R

让	ràng	통 ~로 하여금 ~하게 하다
日	rì	명 (특정한) 일, 날 [날짜]

S

上班	shàngbān	이합 출근하다
身体	shēntǐ	명 몸, 신체, 건강
生病	shēngbìng	이합 병이 나다
生日	shēngrì	명 생일
时间	shíjiān	명 시간
事情	shìqing	명 일, 사건
手表	shǒubiǎo	명 손목시계
手机	shǒujī	명 휴대 전화
说话	shuōhuà	이합 말하다, 이야기하다
送	sòng	통 주다, 선물하다

虽然……	suīrán…	접 비록 ~일지라도
但是……	dànshì…	그러나~

T

它	tā	때 그(것), 저(것)
踢足球	tī zúqiú	축구를 하다
题	tí	명 문제
跳舞	tiàowǔ	이합 춤을 추다

W

外	wài	명 밖, 바깥
完	wán	통 다하다, 없어지다, 완성하다, 끝내다
玩(儿)	wán(r)	통 놀다
晚上	wǎnshang	명 저녁, 밤
往	wǎng	전 ~쪽으로, ~을 향해
为什么	wèishénme	때 왜, 어째서
问	wèn	통 묻다, 질문하다
问题	wèntí	명 문제, 질문

X

西瓜	xīguā	명 수박
希望	xīwàng	통 희망하다
洗	xǐ	통 씻다
小时	xiǎoshí	명 시간
笑	xiào	통 웃다
新	xīn	형 새, 새로운, 새롭다
姓	xìng	명 성 통 성이 ~이다
休息	xiūxi	명 통 휴식(하다)
雪	xuě	명 눈

Y

颜色	yánsè	명 색, 색상
眼睛	yǎnjing	명 눈
羊肉	yángròu	명 양고기

药	yào	명 약
要	yào	조동 ~하려고 하다
也	yě	부 ~도, 또한
一起	yìqǐ	부 함께, 같이
一下(儿)	yíxià(r)	양 시험 삼아 해보다, 좀 ~하다, 한번 ~하다
已经	yǐjīng	부 이미, 벌써
意思	yìsi	명 뜻, 의미
因为…… 所以……	yīnwèi… suǒyǐ…	접 ~때문에 그래서~
阴	yīn	형 흐리다
游泳	yóuyǒng	명 수영
右边	yòubian	명 오른쪽, 우측
鱼	yú	명 생선, 물고기
远	yuǎn	형 멀다
运动	yùndòng	명 동 운동(하다)

Z

再	zài	부 또, 다시
早上	zǎoshang	명 아침
丈夫	zhàngfu	명 남편
找	zhǎo	동 찾다
着	zhe	조 ~하면서, ~한 채로
真	zhēn	부 정말로, 참으로
正在	zhèngzài	부 마침 (~하고 있는 중이다)
知道	zhīdào	동 알다
准备	zhǔnbèi	동 ~할 계획이다, ~하려고 하다
走	zǒu	동 가다, 걷다, 떠나다
最	zuì	부 가장
左边	zuǒbian	명 왼쪽, 좌측

3급 新HSK 필수 어휘

A

阿姨	āyí	명 아주머니
啊	a	감 [문장 끝에 쓰여 감탄을 나타냄]
矮	ǎi	형 (키가) 작다, (높이가) 낮다
爱好	àihào	명 취미
安静	ānjìng	형 조용하다

B

把	bǎ	전 ~을(를)
班	bān	명 반
搬	bān	동 옮기다, 이사하다
办法	bànfǎ	명 방법
办公室	bàngōngshì	명 사무실
半	bàn	수 반, 절반, 2분의 1
帮忙	bāngmáng	이합 돕다, 도와주다
包	bāo	명 주머니, 가방 동 싸다, 싸매다
饱	bǎo	형 배부르다
北方	běifāng	명 북방
被	bèi	전 ~에 의해 ~당하다
鼻子	bízi	명 코
比较	bǐjiào	동 비교하다
比赛	bǐsài	명 동 시합(하다)
笔记本	bǐjìběn	명 노트, 수첩
必须	bìxū	부 반드시
变化	biànhuà	명 동 변화(하다)
别人	biérén	대 다른 사람
冰箱	bīngxiāng	명 냉장고
不但… 而且…	búdàn… érqiě…	접 ~뿐만 아니라 게다가 ~하다

C

菜单	càidān	몡 메뉴
参加	cānjiā	통 참가하다
草	cǎo	몡 풀 [식물]
层	céng	양 층, 겹
差	chà	혱 좋지 않다, 나쁘다
超市	chāoshì	몡 슈퍼마켓, 마트
衬衫	chènshān	몡 셔츠, 와이셔츠
成绩	chéngjì	몡 성적
城市	chéngshì	몡 도시
迟到	chídào	통 지각하다
除了	chúle	젠 ~을 제외하고, ~외에
船	chuán	몡 배, 선박
春	chūn	몡 봄
词典	cídiǎn	몡 사전
聪明	cōngmíng	혱 똑똑하다, 총명하다

D

打扫	dǎsǎo	통 청소하다
打算	dǎsuàn	통 ~할 계획이다
带	dài	통 가지다, 휴대하다, 지니다
担心	dānxīn	통 걱정하다
蛋糕	dàngāo	몡 케이크
当然	dāngrán	혱 당연하다 부 물론이다, 당연히
地	de	조 [부사어와 수식을 받는 서술어를 연결함]
灯	dēng	몡 등, 등불
地方	dìfang	몡 곳, 장소
地铁	dìtiě	몡 지하철
地图	dìtú	몡 지도
电梯	diàntī	몡 엘리베이터
电子邮件	diànzǐ yóujiàn	몡 이메일, 전자우편
东	dōng	몡 동(쪽)

冬	dōng	몡 겨울
动物	dòngwù	몡 동물
短	duǎn	혱 짧다
段	duàn	양 토막, 단락, 구간 [사물이나 시간 등의 한 구간을 나타냄]
锻炼	duànliàn	통 운동하다, (몸과 마음을) 단련하다
多么	duōme	부 얼마나 [의문이나 감탄에 쓰임]

E

饿	è	혱 배고프다
耳朵	ěrduo	몡 귀

F

发	fā	통 보내다, 발송하다
发烧	fāshāo	이합 열이 나다
发现	fāxiàn	몡 통 발견(하다)
方便	fāngbiàn	혱 편리하다
放	fàng	통 두다, 놓다
放心	fàngxīn	이합 안심하다, 마음을 놓다
分	fēn	통 나누다, 분류하다
附近	fùjìn	몡 근처, 부근
复习	fùxí	통 복습하다

G

干净	gānjìng	혱 깨끗하다
感冒	gǎnmào	통 감기에 걸리다
感兴趣	gǎn xìngqù	흥미를 느끼다, 관심을 갖다
刚才	gāngcái	부 방금, 막
个子	gèzi	몡 키
根据	gēnjù	젠 ~에 근거하여, ~에 따라
跟	gēn	젠 접 ~와(과)

更	gèng	부	더, 더욱
公斤	gōngjīn	양	킬로그램(kg)
公园	gōngyuán	명	공원
故事	gùshi	명	이야기
刮风	guāfēng	이합	바람이 불다
关	guān	동	(문, 창문 등을) 닫다, (전원을) 끄다
关系	guānxi	명	관계
关心	guānxīn	동	관심을 기울이다, 관심을 갖다
关于	guānyú	전	~에 관해
国家	guójiā	명	국가, 나라
过	guò	동	지나다, 보내다
过去	guòqù	명	과거

H

还是	háishi	부	~하는 편이 (더) 좋다, 아직도, 여전히
害怕	hàipà	동	무서워하다, 두려워하다
黑板	hēibǎn	명	칠판
后来	hòulái	명	후에, 그 뒤에
护照	hùzhào	명	여권
花	huā	명	꽃 [식물]
花	huā	동	(돈이나 시간을) 쓰다
画	huà	동	(그림을) 그리다
坏	huài	동	고장 나다
欢迎	huānyíng	명 동	환영(하다)
还	huán	동	반납하다, 돌려주다, 갚다
环境	huánjìng	명	환경
换	huàn	동	바꾸다, 교환하다
黄河	Huánghé	고유	황허, 황하
回答	huídá	명 동	대답(하다)
会议	huìyì	명	회의
或者	huòzhě	접	혹은, 또는, ~이 아니면 ~이다

J

几乎	jīhū	부	거의
机会	jīhuì	명	기회
极	jí	부	몹시, 아주, 매우
记得	jìde	동	기억하고 있다
季节	jìjié	명	계절
检查	jiǎnchá	동	검사하다, 점검하다
简单	jiǎndān	형	간단하다, 단순하다
见面	jiànmiàn	이합	만나다
健康	jiànkāng	명 형	건강(하다)
讲	jiǎng	동	이야기하다, 강의하다, 설명하다
教	jiāo	동	(~에게 ~을) 가르치다
角	jiǎo	명	모서리, 구석, (짐승의) 뿔
脚	jiǎo	명	발
接	jiē	동	마중하다, 맞이하다
街道	jiēdào	명	(길)거리
节目	jiémù	명	프로그램
节日	jiérì	명	기념일, 명절
结婚	jiéhūn	이합	결혼하다
结束	jiéshù	동	끝나다, 마치다
解决	jiějué	동	해결하다
借	jiè	동	빌리다, 빌려주다
经常	jīngcháng	부	자주, 늘, 종종
经过	jīngguò	동	(장소, 시간, 동작 등을) 거치다, 지나다
经理	jīnglǐ	명	사장, 기업의 책임자
久	jiǔ	형	오래다, (시간이) 길다
旧	jiù	형	낡다, 오래 되다
句子	jùzi	명	문장
决定	juédìng	명 동	결정(하다)

K

可爱	kě'ài	형	귀엽다, 사랑스럽다

渴	kě	혱 목 타다, 갈증이 나다
刻	kè	양 15분 [시간]
客人	kèrén	몡 손님
空调	kōngtiáo	몡 에어컨
口	kǒu	몡 입, 말
哭	kū	동 울다
裤子	kùzi	몡 바지
筷子	kuàizi	몡 젓가락

L

蓝	lán	혱 남색의
老	lǎo	혱 나이 먹다, 늙다
离开	líkāi	동 떠나다
礼物	lǐwù	몡 선물
历史	lìshǐ	몡 역사
脸	liǎn	몡 얼굴
练习	liànxí	몡 동 연습(하다)
辆	liàng	양 대 [차량을 셀 때 쓰는 단위]
聊天儿	liáotiānr	이합 이야기하다, 잡담을 하다
了解	liǎojiě	동 이해하다, 알다
邻居	línjū	몡 이웃 사람, 이웃(집)
留学	liúxué	이합 유학하다
楼	lóu	몡 건물, 층
绿	lǜ	혱 초록의, 푸르다

M

马	mǎ	몡 말
马上	mǎshàng	부 곧, 즉시
满意	mǎnyì	혱 만족하다
帽子	màozi	몡 모자
米	mǐ	몡 쌀
面包	miànbāo	몡 빵
明白	míngbai	동 이해하다, 알다

N

拿	ná	동 잡다, 쥐다, 가지다
奶奶	nǎinai	몡 할머니
南	nán	몡 남(쪽)
难	nán	혱 어렵다
难过	nánguò	혱 괴롭다, 슬프다
年级	niánjí	몡 학년
年轻	niánqīng	혱 젊다
鸟	niǎo	몡 새 [동물]
努力	nǔlì	몡 동 노력(하다)

P

爬山	páshān	이합 산에 올라가다, 등산하다
盘子	pánzi	몡 쟁반, 접시
胖	pàng	혱 뚱뚱하다
皮鞋	píxié	몡 가죽구두
啤酒	píjiǔ	몡 맥주
瓶子	píngzi	몡 병

Q

其实	qíshí	부 사실은
其他	qítā	대 기타, 그 외
奇怪	qíguài	혱 이상하다
骑	qí	동 (말, 자전거, 오토바이 등을) 타다
起飞	qǐfēi	동 (비행기가) 이륙하다
起来	qǐlái	동 일어나다, 일어서다
清楚	qīngchu	혱 분명하다, 뚜렷하다
请假	qǐngjià	이합 (조퇴, 휴가 등을) 신청하다, 허가를 받다
秋	qiū	몡 가을
裙子	qúnzi	몡 치마, 스커트

3급

R

然后	ránhòu	접 그런 다음, 그런 후에
热情	rèqíng	형 마음이 따뜻하다, 친절하다
认为	rènwéi	동 생각하다, 여기다
认真	rènzhēn	형 진지하다, 성실하다
容易	róngyì	형 쉽다
如果	rúguǒ	접 만약 ~라면

S

伞	sǎn	명 우산
上网	shàngwǎng	이합 인터넷에 접속하다
生气	shēngqì	이합 화내다
声音	shēngyīn	명 소리, 목소리
世界	shìjiè	명 세계
试	shì	동 시험 삼아 해 보다, 시도하다
瘦	shòu	형 마르다, 여위다
叔叔	shūshu	명 삼촌, 아저씨
舒服	shūfu	형 (신체나 정신이) 편안하다
树	shù	명 나무
数学	shùxué	명 수학
刷牙	shuāyá	이합 이를 닦다
双	shuāng	양 켤레, 쌍
水平	shuǐpíng	명 수준
司机	sījī	명 운전기사, 조종사

T

太阳	tàiyáng	명 태양
特别	tèbié	형 특별하다 부 아주, 특히
疼	téng	동 아프다
提高	tígāo	동 향상시키다, 높이다
体育	tǐyù	명 체육
甜	tián	형 (맛이) 달다

条	tiáo	양 가지, 조항 [가늘고 긴 것을 세는 단위]
同事	tóngshì	명 동료, 동업자
同意	tóngyì	명 동 동의(하다)
头发	tóufa	명 머리카락
突然	tūrán	부 갑자기
图书馆	túshūguǎn	명 도서관
腿	tuǐ	명 다리

W

完成	wánchéng	동 끝내다, 완성하다
碗	wǎn	명 그릇, 사발
万	wàn	수 만
忘记	wàngjì	동 잊어버리다
为	wèi	전 ~을 위해서, ~에게
为了	wèile	전 ~을 위하여
位	wèi	양 분, 명 [존칭으로 사람을 세는 단위]
文化	wénhuà	명 문화

X

西	xī	명 서(쪽)
习惯	xíguàn	동 습관이 되다, 익숙해지다
洗手间	xǐshǒujiān	명 화장실
洗澡	xǐzǎo	이합 샤워하다, 목욕하다
夏	xià	명 여름
先	xiān	부 먼저, 우선
相信	xiāngxìn	동 믿다
香蕉	xiāngjiāo	명 바나나
向	xiàng	전 ~을 향해, ~에게
像	xiàng	동 마치 ~와 같다, 닮다, 비슷하다
小心	xiǎoxīn	동 조심하다, 주의하다
校长	xiàozhǎng	명 교장
新闻	xīnwén	명 뉴스

新鲜	xīnxiān	형	신선하다
信用卡	xìnyòngkǎ	명	신용카드
行李箱	xínglǐxiāng	명	트렁크, 여행용 가방
熊猫	xióngmāo	명	판다 [동물]
需要	xūyào	동	필요로 하다
选择	xuǎnzé	명 동	선택(하다)

Y

要求	yāoqiú	명 동	요구(하다)
爷爷	yéye	명	할아버지
一般	yìbān	부	일반적으로
一边	yìbiān		~하면서 ~하다
一定	yídìng	부	반드시
一共	yígòng	부	모두, 전부
一会儿	yíhuìr		잠시, 잠깐 동안, 짧은 시간
一样	yíyàng	형	같다
一直	yìzhí	부	줄곧, 계속해서
以前	yǐqián	명	이전
音乐	yīnyuè	명	음악
银行	yínháng	명	은행
饮料	yǐnliào	명	음료
应该	yīnggāi	조동	마땅히 ~해야 한다
影响	yǐngxiǎng	동	영향을 끼치다
用	yòng	동	사용하다, 쓰다
游戏	yóuxì	명	게임, 놀이
有名	yǒumíng	형	유명하다
又	yòu	부	또
遇到	yùdào	동	만나다, 마주치다
元	yuán	양	위안 [중국 화폐 단위]
愿意	yuànyì	동	원하다, ~하길 바라다
月亮	yuèliang	명	달
越	yuè	부	갈수록, 점점, 더욱더

Z

站	zhàn	동	서다, 일어서다
张	zhāng	양	장 [종이, 침대, 책상 등 넓은 표면을 가진 것을 세는 단위]
长	zhǎng	동	자라다, 생기다
着急	zháojí	이합	초조해하다, 조급해하다
照顾	zhàogù	동	돌보다, 보살펴 주다
照片	zhàopiàn	명	사진
照相机	zhàoxiàngjī	명	카메라, 사진기
只	zhī	양	마리, 쪽 [동물이나 쌍을 이루는 사물의 한쪽을 세는 단위]
只	zhǐ	부	오직, 단지, 겨우
只有…… 才……	zhǐyǒu… cái…	접	오직 ~해야만 ~하다
中间	zhōngjiān	명	중간, 가운데
中文	Zhōngwén	고유	중국어
终于	zhōngyú	부	마침내, 결국
种	zhǒng	양	종, 가지 [종류를 세는 단위]
重要	zhòngyào	형	중요하다
周末	zhōumò	명	주말
主要	zhǔyào	형	주요하다
注意	zhùyì	동	주의하다, 조심하다
自己	zìjǐ	대	자신, 자기
自行车	zìxíngchē	명	자전거
总是	zǒngshì	부	늘, 언제나
嘴	zuǐ	명	입
最后	zuìhòu	명	맨 마지막, 최후
最近	zuìjìn	명	최근, 요즘
作业	zuòyè	명	숙제, 과제

A

爱情	àiqíng	명 사랑, 애정
安排	ānpái	동 마련하다, 안배하다, 배치하다
安全	ānquán	명 형 안전(하다)
按时	ànshí	부 제때에, 제시간에, 규정된 시간대로
按照	ànzhào	전 ~에 따라, ~에 비추어

B

百分之	bǎi fēn zhī	퍼센트(%)
棒	bàng	형 멋지다, 뛰어나다, 훌륭하다
包子	bāozi	명 (소가 든) 찐빵
保护	bǎohù	명 동 보호(하다)
保证	bǎozhèng	동 약속하다, 보증하다
报名	bàomíng	이합 등록하다, 신청하다, 지원하다
抱	bào	동 안다, 포옹하다
抱歉	bàoqiàn	동 미안하게 생각하다, 미안해하다
倍	bèi	양 배, 배수
本来	běnlái	부 본래, 원래
笨	bèn	형 멍청하다, 어리석다
比如	bǐrú	접 예를 들어, 예컨대
毕业	bìyè	명 동 졸업(하다)
遍	biàn	양 번, 회 [동작이 시작되어 끝날 때까지의 전 과정을 나타냄]
标准	biāozhǔn	형 표준적이다
表格	biǎogé	명 표, 양식, 서식
表示	biǎoshì	동 의미하다, 가리키다
表演	biǎoyǎn	명 동 공연(하다), 연기(하다)
表扬	biǎoyáng	동 칭찬하다
饼干	bǐnggān	명 과자, 비스킷
并且	bìngqiě	접 또한, 더욱이
博士	bóshì	명 박사
不得不	bùdébù	부 어쩔 수 없이, 부득이하게
不管	bùguǎn	접 ~에 관계없이, ~을 막론하고
不过	búguò	접 그러나
不仅	bùjǐn	접 ~일 뿐만 아니라
部分	bùfen	명 부분, 일부

C

擦	cā	동 닦다, 비비다, 문지르다
猜	cāi	동 추측하다, 알아맞히다
材料	cáiliào	명 자료, 재료
参观	cānguān	동 참관하다, 견학하다
餐厅	cāntīng	명 식당
厕所	cèsuǒ	명 변소, 화장실
差不多	chàbuduō	부 거의, 대체로
长城	Chángchéng	고유 만리장성
长江	Chángjiāng	고유 창장, 장강, 양쯔강
尝	cháng	동 맛보다
场	chǎng	양 회, 번, 차례 [문예, 오락, 체육 활동 등을 세는 단위]
超过	chāoguò	동 넘다, 초과하다
成功	chénggōng	동 형 성공하다, 성공적이다
成为	chéngwéi	동 ~이 되다
诚实	chéngshí	형 성실하다
乘坐	chéngzuò	동 (탈 것에) 타다, 탑승하다
吃惊	chījīng	이합 놀라다
重新	chóngxīn	부 처음부터, 다시, 새로
抽烟	chōuyān	이합 담배를 피우다

出差	chūchāi	이합	출장하다
出发	chūfā	동	출발하다
出生	chūshēng	동	태어나다, 출생하다
出现	chūxiàn	동	나타나다, 출현하다
厨房	chúfáng	명	주방, 부엌
传真	chuánzhēn	명	팩시밀리
窗户	chuānghu	명	창문
词语	cíyǔ	명	단어
从来	cónglái	부	지금까지, 여태껏
粗心	cūxīn	형	세심하지 못하다, 부주의하다
存	cún	동	모으다, 저축하다
错误	cuòwù	명	잘못, 실수

D

答案	dá'àn	명	답, 답안
打扮	dǎban	동	꾸미다, 화장하다
打扰	dǎrǎo	동	폐를 끼치다, 방해하다
打印	dǎyìn	동	인쇄하다
打招呼	dǎ zhāohu		(가볍게) 인사하다, (사전에) 알리다
打折	dǎzhé	이합	가격을 깎다, 할인하다
打针	dǎzhēn	이합	주사를 맞다, 주사를 놓다
大概	dàgài	부	대략, 대충
大使馆	dàshǐguǎn	명	대사관
大约	dàyuē	부	대략, 대강
大夫	dàifu	명	의사
戴	dài	동	착용하다
当	dāng	동	~이 되다
当时	dāngshí	명	당시, 그 때
刀(子)	dāo(zi)	명	칼
导游	dǎoyóu	명	가이드, 관광 안내원
到处	dàochù	부	도처에, 곳곳에
到底	dàodǐ	부	도대체

倒	dào	동	거꾸로 되다, 뒤집(히)다
道歉	dàoqiàn	이합	사과하다
得意	déyì	형	의기양양하다
得	dé	동	얻다, 획득하다
得	de	조	[동사나 형용사 뒤에서 결과나 정도를 나타내는 보어를 연결함]
得	děi	조동	~해야 한다
登机牌	dēngjīpái	명	탑승권
等	děng	조	등, 따위
低	dī	형	낮다
底	dǐ	명	밑, 끝
地点	dìdiǎn	명	장소, 지점
地球	dìqiú	명	지구
地址	dìzhǐ	명	주소
调查	diàochá	명 동	조사(하다)
掉	diào	동	떨어뜨리다, 떨어지다
丢	diū	동	잃다, 잃어버리다
动作	dòngzuò	명	행동, 동작
堵车	dǔchē	이합	차가 막히다
肚子	dùzi	명	배
短信	duǎnxìn	명	문자 메시지
对话	duìhuà	명 동	대화(하다)
对面	duìmiàn	명	맞은편, 반대편
对于	duìyú	전	~에 대해 [대상을 나타냄]

E

儿童	értóng	명	아동, 어린이
而	ér	접	그래서, 그러나 [상황에 따라 순접과 역접을 나타냄]

F

发生	fāshēng	동	발생하다, 생기다
发展	fāzhǎn	명 동	발전(하다)

法律	fǎlǜ	명 법률
翻译	fānyì	동 번역하다, 통역하다
烦恼	fánnǎo	명 동 걱정(하다)
反对	fǎnduì	명 동 반대(하다)
方法	fāngfǎ	명 방법
方面	fāngmiàn	명 방면
方向	fāngxiàng	명 방향
房东	fángdōng	명 집주인
放弃	fàngqì	동 포기하다
放暑假	fàng shǔjià	여름방학을 하다
放松	fàngsōng	동 긴장을 풀다, 늦추다, 느슨하게 하다
份	fèn	명 부분, 몫 양 부 [문서, 서류를 세는 단위]
丰富	fēngfù	형 풍부하다
否则	fǒuzé	접 만약 그렇지 않으면
符合	fúhé	동 부합하다
父亲	fùqīn	명 아버지, 부친
付款	fùkuǎn	이합 돈을 지불하다
负责	fùzé	동 책임지다
复印	fùyìn	명 동 복사(하다)
复杂	fùzá	형 복잡하다
富	fù	형 부유하다, 재산이 많다, 잘살다

G

改变	gǎibiàn	동 바꾸다, 변하다
干杯	gānbēi	이합 건배하다
赶	gǎn	동 쫓다, (시간에) 대다, 서두르다, 맞추다
敢	gǎn	조동 용감하게 하다, 대담하게 하다
感动	gǎndòng	동 감동하다, 감동시키다
感觉	gǎnjué	동 느끼다
感情	gǎnqíng	명 애정, 감정

感谢	gǎnxiè	동 감사하다
干	gàn	동 하다
刚(刚)	gāng(gāng)	부 막, 방금
高速公路	gāosù gōnglù	명 고속도로
胳膊	gēbo	명 팔
各	gè	대 여러, 각자, 각기, 각각
工资	gōngzī	명 월급, 임금
公里	gōnglǐ	양 킬로미터(km)
功夫	gōngfu	명 (투자한) 시간
共同	gòngtóng	형 공통의, 공동의
购物	gòuwù	동 쇼핑하다
够	gòu	부 꽤, 충분히
估计	gūjì	동 예측하다
鼓励	gǔlì	명 동 격려(하다)
故意	gùyì	부 고의로, 일부러
顾客	gùkè	명 고객
挂	guà	동 (고리, 못 등에) 걸다
关键	guānjiàn	형 매우 중요한
观众	guānzhòng	명 관중, 시청자
管理	guǎnlǐ	명 동 관리(하다)
光	guāng	명 빛, 광선
广播	guǎngbō	명 라디오 방송
广告	guǎnggào	명 광고, 선전
逛	guàng	동 돌아보며 구경하다, 한가롭게 거닐다
规定	guīdìng	명 동 규정(하다)
国籍	guójí	명 국적
国际	guójì	명 국제
果汁	guǒzhī	명 과일 주스
过程	guòchéng	명 과정

H

海洋	hǎiyáng	명 해양, 바다
害羞	hàixiū	이합 부끄러워하다, 수줍어하다

寒假	hánjià	명	겨울 방학
汗(水)	hàn(shuǐ)	명	땀
航班	hángbān	명	(비행기나 배의) 항공편, 운항편
好处	hǎochù	명	좋은 점, 장점
好像	hǎoxiàng	부	마치 (~과 같다)
号码	hàomǎ	명	번호
合格	hégé	동	합격하다
合适	héshì	형	적합하다, 적당하다, 알맞다
盒子	hézi	명	작은 상자
后悔	hòuhuǐ	동	후회하다
厚	hòu	형	두껍다
互联网	hùliánwǎng	명	인터넷
互相	hùxiāng	부	서로
护士	hùshi	명	간호사
怀疑	huáiyí	동	의심하다
回忆	huíyì	명 동	추억(하다), 회상(하다)
活动	huódòng	명	활동, 행사
活泼	huópō	형	활발하다
火	huǒ	명	불
获得	huòdé	동	얻다, 획득하다

J

积极	jījí	형	적극적이다, 긍정적이다
积累	jīlěi	동	쌓다, 쌓이다, 누적하다
基础	jīchǔ	명	기초
激动	jīdòng	형	감동하다, 감격하다, 흥분하다
及时	jíshí	부	제때에, 적시에
即使	jíshǐ	접	설령 ~일지라도
计划	jìhuà	명 동	계획(하다)
记者	jìzhě	명	기자
技术	jìshù	명	기술

既然	jìrán	접	기왕 그렇게 된 이상, 이미 이렇게 된 바에야
继续	jìxù	동	계속하다
寄	jì	동	(우편으로) 부치다
加班	jiābān	이합	초과 근무하다, 잔업하다
加油站	jiāyóuzhàn	명	주유소
家具	jiājù	명	가구
假	jiǎ	형	거짓의, 가짜의
价格	jiàgé	명	가격
坚持	jiānchí	동	끝까지 하다, 고수하다, 지속하다
减肥	jiǎnféi	이합	다이어트하다
减少	jiǎnshǎo	동	감소하다, 줄(이)다
建议	jiànyì	명 동	제안(하다), 건의(하다)
将来	jiānglái	명	미래, 장래
奖金	jiǎngjīn	명	보너스, 상여금
降低	jiàngdī	동	낮아지다, 내려가다, 내리다, 낮추다
降落	jiàngluò	동	착륙하다
交	jiāo	동	제출하다, 넘기다, 건네다, 내다
交流	jiāoliú	명 동	교류(하다)
交通	jiāotōng	명	교통
郊区	jiāoqū	명	교외 지역
骄傲	jiāo'ào	형	자랑스럽다, 자부하다
饺子	jiǎozi	명	만두, 교자
教授	jiàoshòu	명	교수
教育	jiàoyù	명 동	교육(하다)
接受	jiēshòu	동	받아들이다, 수락하다
接着	jiēzhe	부	이어서, 잇따라, 연이어
节	jié	양	절, 마디, 단락
节约	jiéyuē	동	절약하다
结果	jiéguǒ	명	결과
解释	jiěshì	명 동	해명(하다), 설명(하다)

尽管	jǐnguǎn	접 비록 ~지만 부 얼마든지, 마음 놓고
紧张	jǐnzhāng	형 긴장하다
进行	jìnxíng	동 (어떤 활동을) 하다, 진행하다
禁止	jìnzhǐ	동 금지하다
京剧	jīngjù	명 경극
经济	jīngjì	명 경제
经历	jīnglì	명 경험, 경력
经验	jīngyàn	명 경험
精彩	jīngcǎi	형 멋지다, 뛰어나다, 훌륭하다
景色	jǐngsè	명 풍경, 경치
警察	jǐngchá	명 경찰
竞争	jìngzhēng	명 동 경쟁(하다)
竟然	jìngrán	부 뜻밖에도, 의외로
镜子	jìngzi	명 거울
究竟	jiūjìng	부 도대체
举	jǔ	동 들어 올리다, 쳐들다
举办	jǔbàn	동 개최하다, 거행하다
举行	jǔxíng	동 개최하다, 거행하다
拒绝	jùjué	명 동 거절(하다)
距离	jùlí	명 거리
聚会	jùhuì	명 동 모임, 모이다

K

开玩笑	kāi wánxiào	농담을 하다
开心	kāixīn	형 즐겁다, 유쾌하다
看法	kànfǎ	명 견해
考虑	kǎolǜ	동 고려하다
烤鸭	kǎoyā	명 오리구이
科学	kēxué	명 형 과학(적이다)
棵	kē	양 그루, 포기 [식물을 세는 단위]
咳嗽	késou	동 기침하다
可怜	kělián	형 불쌍하다

可是	kěshì	접 그러나, 하지만
可惜	kěxī	형 섭섭하다, 애석하다, 아깝다
客厅	kètīng	명 거실, 객실 응접실
肯定	kěndìng	명 동 긍정(하다)
空	kòng	명 틈, 짬, 겨를
空气	kōngqì	명 공기
恐怕	kǒngpà	부 아마도
苦	kǔ	형 쓰다
矿泉水	kuàngquánshuǐ	명 광천수
困	kùn	형 졸리다
困难	kùnnan	명 어려움 형 곤란하다, 어렵다

L

垃圾桶	lājītǒng	명 쓰레기통
拉	lā	동 당기다
辣	là	형 맵다
来不及	láibují	시간에 댈 수 없다, 여유가 없다
来得及	láidejí	시간에 댈 수 있다, 여유가 있다
来自	láizì	동 ~에서 오다
懒	lǎn	형 게으르다, 나태하다
浪费	làngfèi	동 낭비하다
浪漫	làngmàn	형 낭만적이다, 로맨틱하다
老虎	lǎohǔ	명 호랑이
冷静	lěngjìng	형 냉정하다, 침착하다
礼拜天	lǐbàitiān	일요일
礼貌	lǐmào	명 예의
理发	lǐfà	이합 이발하다
理解	lǐjiě	명 동 이해(하다)
理想	lǐxiǎng	명 형 이상(적이다)
力气	lìqi	명 힘, 체력
厉害	lìhai	형 대단하다, 무섭다
例如	lìrú	동 예를 들어

俩	liǎ	수 두 사람
连	lián	동 연결하다, 잇다
联系	liánxì	동 연락하다
凉快	liángkuài	형 시원하다
零钱	língqián	명 용돈, 잔돈
另外	lìngwài	접 그 밖에
留	liú	동 남기다, 남겨두다
流利	liúlì	형 (글, 말 등이) 유창하다
流行	liúxíng	형 유행하다
旅行	lǚxíng	명 동 여행(하다)
律师	lǜshī	명 변호사
乱	luàn	부 제멋대로, 함부로, 마구

M

麻烦	máfan	동 귀찮게 하다, 폐를 끼치다
马虎	mǎhu	형 대강대강하다, 소홀하다, 건성건성하다
满	mǎn	형 가득하다, 가득 차 있다
毛	máo	명 털
毛巾	máojīn	명 수건, 타월
美丽	měilì	형 아름답다
梦	mèng	명 꿈
迷路	mílù	이합 길을 잃다
密码	mìmǎ	명 비밀번호
免费	miǎnfèi	이합 무료로 하다
秒	miǎo	양 초 [시간]
民族	mínzú	명 민족
母亲	mǔqīn	명 어머니, 모친
目的	mùdì	명 목적

N

耐心	nàixīn	형 인내심이 강하다, 참을성이 있다
难道	nándào	부 그래 ~란 말인가?, 설마 ~하겠는가?

难受	nánshòu	형 (육체적, 정신적으로) 괴롭다, 견딜 수 없다
内	nèi	명 안(쪽), 속, 내부
内容	nèiróng	명 내용
能力	nénglì	명 능력
年龄	niánlíng	명 나이, 연령
弄	nòng	동 하다, 행하다 [구체적 동사를 대신하여 쓰이기도 함]
暖和	nuǎnhuo	형 따뜻하다

O

偶尔	ǒu'ěr	부 가끔, 간혹

P

排队	páiduì	이합 줄을 서다
排列	páiliè	동 배열하다, 정렬하다
判断	pànduàn	명 동 판단(하다)
陪	péi	동 동반하다, 수행하다, 모시다
批评	pīpíng	명 동 비판(하다)
皮肤	pífū	명 피부
脾气	píqi	명 성격, 성깔
篇	piān	양 편 [글을 세는 단위]
骗	piàn	동 속이다
乒乓球	pīngpāngqiú	명 탁구, 탁구공
平时	píngshí	명 평소, 평상시
破	pò	동 깨다, 망가뜨리다, 찢다
葡萄	pútao	명 포도
普遍	pǔbiàn	형 보편적이다
普通话	pǔtōnghuà	명 표준어

Q

其次	qícì	대 다음, 그 다음
其中	qízhōng	명 그 중
气候	qìhòu	명 기후

千万	qiānwàn	閉	절대, 제발, 부디
签证	qiānzhèng	閉	비자
敲	qiāo	통	두드리다, 치다
桥	qiáo	閉	다리, 교량
巧克力	qiǎokèlì	閉	초콜릿
亲戚	qīnqi	閉	친척
轻	qīng	閉	(정도가) 약하다
轻松	qīngsōng	閉	(기분이) 홀가분하다, 편안하다, (일 등이) 수월하다, 가볍다
情况	qíngkuàng	閉	상황
穷	qióng	閉	가난하다
区别	qūbié	閉	차이, 다름
取	qǔ	통	찾다, 찾아 가지다
全部	quánbù	閉 閉	전부(의)
缺点	quēdiǎn	閉	단점, 결점
缺少	quēshǎo	통	부족하다, 모자라다
却	què	閉	오히려, 그러나
确实	quèshí	閉	정말로, 확실히

R

然而	rán'ér	접	그러나
热闹	rènao	閉	떠들썩하다, 번화하다, 왁자지껄하다
任何	rènhé	대	어떠한 ~라도
任务	rènwù	閉	임무
扔	rēng	통	버리다, 던지다
仍然	réngrán	閉	여전히, 아직도
日记	rìjì	閉	일기
入口	rùkǒu	閉	입구

S

散步	sànbù	이합	산책하다
森林	sēnlín	閉	숲, 삼림
沙发	shāfā	閉	소파

伤心	shāngxīn	이합	상심하다, 슬퍼하다
商量	shāngliang	통	상의하다
稍微	shāowēi	閉	조금, 약간
勺子	sháozi	閉	숟가락, 국자
社会	shèhuì	閉	사회
申请	shēnqǐng	통	신청하다
深	shēn	閉	(물이) 깊다, (색이) 짙다
甚至	shènzhì	閉	심지어 ~조차도 접 심지어, 더욱이
生活	shēnghuó	閉 통	생활(하다)
生命	shēngmìng	閉	생명
生意	shēngyi	閉	장사, 영업
省	shěng	통	아끼다, 절약하다, 줄이다
剩	shèng	통	남다
失败	shībài	閉 통	실패(하다)
失望	shīwàng	통	실망하다
师傅	shīfu	閉	기사님, 선생님 [기술, 기능을 가진 사람에 대한 존칭]
十分	shífēn	閉	매우, 대단히
实际	shíjì	閉 閉	실제(적이다)
实在	shízài	閉	정말, 진정, 참으로
使	shǐ	통	~로 하여금 ~하게 하다
使用	shǐyòng	통	사용하다, 쓰다
世纪	shìjì	閉	세기
是否	shìfǒu	閉	~인지 아닌지
适合	shìhé	통	적합하다, 알맞다
适应	shìyìng	통	적응하다
收	shōu	통	(물건을) 받다
收入	shōurù	閉	수입
收拾	shōushi	통	치우다, 정리하다
首都	shǒudū	閉	수도
首先	shǒuxiān	대	첫째, 맨 먼저, 우선
受不了	shòu bu liǎo		견딜 수 없다, 참을 수 없다

受到	shòudào	통	받다
售货员	shòuhuòyuán	명	점원, 판매원
输	shū	통	지다
熟悉	shúxī	형	충분히 알다, 상세히 알다
数量	shùliàng	명	수량
数字	shùzì	명	숫자
帅	shuài	형	잘생기다, 멋지다
顺便	shùnbiàn	부	~하는 김에
顺利	shùnlì	형	순조롭다
顺序	shùnxù	명	순서
说明	shuōmíng	명 통	설명(하다)
硕士	shuòshì	명	석사
死	sǐ	통	죽다
速度	sùdù	명	속도
塑料袋	sùliàodài	명	비닐봉지
酸	suān	형	(맛이나 냄새가) 시다
随便	suíbiàn	부	마음대로, 제멋대로, 함부로
随着	suízhe	전	~에 따라
孙子	sūnzi	명	손자
所有	suǒyǒu	형	모든, 전부의

T

抬	tái	통	들다
台	tái	명 양	무대, 대 [기계, 설비, 가전 등을 세는 단위]
态度	tàidù	명	태도
谈	tán	통	이야기하다, 말하다, 토론하다
弹钢琴	tán gāngqín		피아노를 치다
趟	tàng	양	번, 차례 [왕복하는 횟수를 세는 단위]
糖	táng	명	설탕, 사탕
躺	tǎng	통	눕다, 드러눕다
汤	tāng	명	국, 탕

讨论	tǎolùn	명 통	토론(하다)
讨厌	tǎoyàn	통	싫어하다, 미워하다
特点	tèdiǎn	명	특징
提	tí	통	들다, 들어올리다
提供	tígōng	통	제공하다
提前	tíqián	통	(예정된 시간이나 기한을) 앞당기다
提醒	tíxǐng	통	주의를 환기시키다, 일깨우다
填空	tiánkòng	이합	빈칸에 써 넣다
条件	tiáojiàn	명	조건
停	tíng	통	멈추다, 정지하다
挺	tǐng	부	아주, 매우, 대단히
通过	tōngguò	통 전	(시험 등을) 통과하다 / ~을 통해
通知	tōngzhī	명 통	통지(하다)
同情	tóngqíng	명 통	동정(하다)
同时	tóngshí	부	동시에
推	tuī	통	밀다
推迟	tuīchí	통	미루다, 연기하다
脱	tuō	통	벗다

W

袜子	wàzi	명	양말
完全	wánquán	부	완전히, 전적으로
网球	wǎngqiú	명	테니스, 테니스공
网站	wǎngzhàn	명	(인터넷) 사이트
往往	wǎngwǎng	부	종종, 자주
危险	wēixiǎn	명 형	위험(하다)
卫生间	wèishēngjiān	명	화장실
味道	wèidao	명	맛
温度	wēndù	명	온도
文章	wénzhāng	명	글
污染	wūrǎn	통	오염시키다, 오염되다
无	wú	통	없다

4급

无聊	wúliáo	형	지루하다, 무료하다, 따분하다
无论	wúlùn	접	~에 관계없이, ~에 막론하고
误会	wùhuì	명 동	오해(하다)

X

西红柿	xīhóngshì	명	토마토
吸引	xīyǐn	동	유인하다, 매료시키다, 사로잡다, 끌다
咸	xián	형	(맛이) 짜다
现金	xiànjīn	명	현금
羡慕	xiànmù	동	부러워하다
相反	xiāngfǎn	형	상반되다, 반대되다
相同	xiāngtóng	형	서로 같다, 똑같다
香	xiāng	형	향기롭다
详细	xiángxì	형	상세하다
响	xiǎng	동	울리다, 소리를 내다
橡皮	xiàngpí	명	지우개
消息	xiāoxi	명	소식
小吃	xiǎochī	명	간식, 간단한 음식
小伙子	xiǎohuǒzi	명	젊은이, 총각
小说	xiǎoshuō	명	소설
笑话	xiàohua	동	조롱하다, 비웃다
效果	xiàoguǒ	명	효과
心情	xīnqíng	명	기분, 심정, 마음
辛苦	xīnkǔ	동	고생하다
信封	xìnfēng	명	편지 봉투
信息	xìnxī	명	메시지, 정보
信心	xìnxīn	명	자신
兴奋	xīngfèn	형	흥분하다, 감격하다, 감동하다
行	xíng	형	좋다, 괜찮다
醒	xǐng	동	깨다
幸福	xìngfú	명 형	행복(하다)
性别	xìngbié	명	성별

性格	xìnggé	명	성격
修理	xiūlǐ	동	수리하다, 고치다
许多	xǔduō	형	매우 많다
学期	xuéqī	명	학기

Y

压力	yālì	명	스트레스
牙膏	yágāo	명	치약
亚洲	Yàzhōu	고유	아시아
呀	ya	조	[의문, 감탄의 어기를 강조함]
严格	yángé	형	엄격하다
严重	yánzhòng	형	심각하다
研究	yánjiū	명 동	연구(하다)
盐	yán	명	소금
眼镜	yǎnjìng	명	안경
演出	yǎnchū	명 동	공연(하다)
演员	yǎnyuán	명	연기자, 배우
阳光	yángguāng	명	햇빛
养成	yǎngchéng	동	(습관을) 기르다
样子	yàngzi	명	모습, 모양
邀请	yāoqǐng	명 동	초대(하다), 초청(하다)
要是	yàoshi	접	만약 ~라면
钥匙	yàoshi	명	열쇠
也许	yěxǔ	부	아마도, 어쩌면
叶子	yèzi	명	잎
页	yè	양	페이지, 쪽
一切	yíqiè	대	모든, 일체
以	yǐ	전 접	~(으)로써, ~(으)로
以为	yǐwéi	동	잘못 생각하다, 착각하다
艺术	yìshù	명 형	예술(적이다)
意见	yìjiàn	명	의견, 불만
因此	yīncǐ	접	이로 인해, 그래서, 따라서

引起	yǐnqǐ	동	일으키다, 야기하다
印象	yìnxiàng	명	인상
赢	yíng	동	이기다
应聘	yìngpìn	동	지원하다, 응시하다
永远	yǒngyuǎn	부	영원히, 언제까지나
勇敢	yǒnggǎn	형	용감하다
优点	yōudiǎn	명	장점
优秀	yōuxiù	형	우수하다
幽默	yōumò	형	유머러스하다, 유머가 있다
尤其	yóuqí	부	특히, 더욱
由	yóu	전	~이(가), ~에 의해
由于	yóuyú	전 접	~때문에
邮局	yóujú	명	우체국
友好	yǒuhǎo	형	우호적이다
友谊	yǒuyì	명	우정
有趣	yǒuqù	형	재미있다
于是	yúshì	접	그래서
愉快	yúkuài	형	유쾌하다, 기분이 좋다
与	yǔ	전 접	~와(과)
羽毛球	yǔmáoqiú	명	배드민턴, 배드민턴공
语法	yǔfǎ	명	어법, 문법
语言	yǔyán	명	언어
预习	yùxí	명 동	예습(하다)
原来	yuánlái	부	알고 보니
原谅	yuánliàng	동	용서하다
原因	yuányīn	명	원인, 이유
约会	yuēhuì	이합	만날 약속을 하다, 데이트를 하다
阅读	yuèdú	동	읽다
云	yún	명	구름
允许	yǔnxǔ	동	허락하다, 허가하다

Z

杂志	zázhì	명	잡지
咱们	zánmen	대	우리(들)
暂时	zànshí	형	일시적인, 잠깐의, 잠시의
脏	zāng	형	더럽다
责任	zérèn	명	책임
增加	zēngjiā	동	증가하다, 더하다, 늘리다
占线	zhànxiàn	이합	(전화 선로가) 통화 중이다
招聘	zhāopìn	동	모집하다
照	zhào	동	(거울에) 비추다
真正	zhēnzhèng	부	진정으로, 참으로, 정말로
整理	zhěnglǐ	동	정리하다
正常	zhèngcháng	형	정상이다
正好	zhènghǎo	부	공교롭게도, (때)마침
正确	zhèngquè	형	정확하다, 올바르다
正式	zhèngshì	형	정식의, 정식적인
证明	zhèngmíng	명 증서, 증명(서) 동 증명하다	
之	zhī	조	~의
支持	zhīchí	동	지지하다
知识	zhīshi	명	지식
直接	zhíjiē	형	직접의, 직접적인
值得	zhíde	동	~할 만한 가치가 있다
职业	zhíyè	명	직업
植物	zhíwù	명	식물
只好	zhǐhǎo	부	할 수 없이, 부득이
只要	zhǐyào	접	~하기만 하면
指	zhǐ	동	지적하다, 가리키다
至少	zhìshǎo	부	적어도, 최소한
质量	zhìliàng	명	품질, 질
重	zhòng	형	무겁다
重点	zhòngdiǎn	명 중점 형 중점의, 중요한	
重视	zhòngshì	명 동	중시(하다)
周围	zhōuwéi	명	주위

主意	zhǔyi	몡 의견, 생각, 방법
祝贺	zhùhè	몡 동 축하(하다)
著名	zhùmíng	혱 유명하다, 저명하다
专门	zhuānmén	뷔 일부러
专业	zhuānyè	혱 전문적이다, 프로의
转	zhuǎn	동 (맴)돌다, 회전하다
赚	zhuàn	동 (돈을) 벌다
准确	zhǔnquè	혱 정확하다, 꼭 맞다
准时	zhǔnshí	뷔 정시에, 제때에
仔细	zǐxì	혱 자세하다
自然	zìrán	몡 자연
自信	zìxìn	혱 자신감이 넘치다, 자신 있어 하다
总结	zǒngjié	몡 동 총결산(하다), 총정리(하다)
租	zū	동 빌리다, 임차하다, 세내다
最好	zuìhǎo	뷔 제일 좋기는
尊重	zūnzhòng	동 존중하다
左右	zuǒyòu	몡 쯤, 가량, 안팎
作家	zuòjiā	몡 작가
作用	zuòyòng	몡 작용
作者	zuòzhě	몡 작가
座	zuò	몡 자리, 좌석 양 좌, 동, 채 [산, 건물, 다리, 도시 등 크고 고정된 물체를 세는 단위]
座位	zuòwèi	몡 자리, 좌석

A

＊오른쪽 숫자는 문장 번호입니다.

哎	āi	갑 어, 야 [놀람, 불만을 나타냄]	002
唉	āi	갑 에이, 나 원 [애석함, 안타까움을 나타냄]	017
爱护	àihù	동 잘 보살피다, 사랑하고 보호하다	019
爱惜	àixī	동 아끼다, 소중히 여기다	001
爱心	àixīn	명 (인간이나 환경에 대한) 관심과 사랑	003
安慰	ānwèi	동 형 위로하다, 위로가 되다	302
安装	ānzhuāng	동 (기계, 기자재 등을) 설치하다	057
岸	àn	명 해안, 기슭	009
暗	àn	형 어둡다	057
熬夜	áoyè	동 밤새다, 철야하다	001

B

把握	bǎwò	동 파악하다, 장악하다	058
摆	bǎi	동 놓다, 벌여놓다	248
办理	bànlǐ	동 처리하다, 취급하다	011
傍晚	bàngwǎn	명 저녁 무렵	010
包裹	bāoguǒ	명 소포 동 싸다, 포장하다	033
包含	bāohán	동 포함하다, 내포하다	171
包括	bāokuò	동 포함하다, 포괄하다	015
薄	báo	형 얇다	018
宝贝	bǎobèi	명 보물, 보배, 귀염둥이	025
宝贵	bǎoguì	동 소중히 여기다 형 진귀한, 소중한	042
保持	bǎochí	동 (지속적으로) 유지하다, 지키다	006, 142
保存	bǎocún	동 보존하다, 간직하다	005
保留	bǎoliú	동 보류하다, 남겨두다	036
保险	bǎoxiǎn	명 보험	029
报到	bàodào	동 도착함을 보고하다	026
报道	bàodào	명 동 보도(하다)	027
报告	bàogào	명 보고, 보고서 동 보고하다	050
报社	bàoshè	명 신문사	049

抱怨	bàoyuàn	통 원망하다	018
悲观	bēiguān	형 비관적이다, 비관하다	020
背	bèi	통 외우다, 암기하다	271
背景	bèijǐng	명 배경	021
被子	bèizi	명 이불	018
本科	běnkē	명 (대학교의) 학부, 본과	037
本领	běnlǐng	명 기량, 능력, 재능	067
本质	běnzhì	명 본질, 본성	024
比例	bǐlì	명 비례, 비율	069
彼此	bǐcǐ	대 피차, 상호, 서로	159, 299
必然	bìrán	형 필연적이다 부 꼭, 반드시	012
必要	bìyào	명 필요(성) 형 필요로 하다	078
毕竟	bìjìng	부 결국, 필경, 끝내	029
避免	bìmiǎn	통 피하다, 모면하다	008
编辑	biānjí	명 편집자, 편집인 통 편집하다	015
鞭炮	biānpào	명 폭죽의 총칭	036
便	biàn	부 곧, 바로 형 편리하다, 편하다	066
辩论	biànlùn	명 통 변론(하다), 논쟁(하다)	004
标点	biāodiǎn	명 구두점 통 구두점을 찍다	015
标志	biāozhì	명 표지, 상징 통 상징하다, 명시하다	068
表达	biǎodá	통 (생각, 감정을) 표현하다, 나타내다	004
表面	biǎomiàn	명 표면, 외관, 외재적인 현상	225
表明	biǎomíng	통 분명하게 밝히다, 표명하다	031
表情	biǎoqíng	명 표정	067, 318
表现	biǎoxiàn	명 태도, 품행 통 나타내다, 표현하다	066, 107, 207
冰激凌	bīngjīlíng	명 아이스크림	076
病毒	bìngdú	명 병균, 바이러스	073
玻璃	bōlí	명 유리	030
播放	bōfàng	통 방송하다, 방영하다	007
脖子	bózǐ	명 목	099
博物馆	bówùguǎn	명 박물관	083, 257
补充	bǔchōng	통 추가하다, 보충하다	102
不安	bù'ān	형 불안하다	101
不得了	bùdéliǎo	형 (정도가) 심하다	014

不断	búduàn	뷔 계속해서, 끊임없이	110
不见得	bújiàndé	뷔 꼭 ~인 것은 아니다	013
不耐烦	búnàifán	혱 성가시다, 귀찮다	066
不然	bùrán	젭 그렇지 않으면, 아니면	059, 074
不如	bùrú	둉 ~만 못하다, ~하는 편이 낫다	057, 086
不要紧	búyàojǐn	혱 괜찮다, 문제없다	078
不足	bùzú	혱 부족하다, 모자라다	168
布	bù	몡 천, 옷감	085
部门	bùmén	몡 부서, 부문	155, 246
步骤	bùzhòu	몡 (일이 진행되는) 순서, 절차, 차례	108

C

财产	cáichǎn	몡 (금전, 물자, 가옥 등의) 재산	012, 301
采访	cǎifǎng	둉 탐방하다, 인터뷰하다, 취재하다	007
采取	cǎiqǔ	둉 채택하다, 취하다	016
彩虹	cǎihóng	몡 무지개	010
踩	cǎi	둉 (발로) 밟다	028, 172
参考	cānkǎo	둉 참고하다, 참조하다	108
参与	cānyù	둉 참여하다, 참가하다	052
惭愧	cánkuì	혱 부끄럽다, 창피하다	023
操场	cāochǎng	몡 운동장	081
操心	cāoxīn	둉 마음을 쓰다, 신경을 쓰다	039
册	cè	양 권, 책 [책을 세는 단위]	022
测验	cèyàn	몡 둉 시험(하다), 테스트(하다)	031
曾经	céngjīng	뷔 일찍이, 이전에	032
叉子	chāzi	몡 포크	089
差距	chājù	몡 격차, 차이	133
插	chā	둉 끼우다, 꽂다, 삽입하다	107
拆	chāi	둉 (붙어 있는 것을) 뜯다, 떼다, 해체하다	044
产品	chǎnpǐn	몡 생산품, 제품	092
产生	chǎnshēng	둉 생기다, 발생하다	071, 090
长途	chángtú	몡 혱 장거리(의)	134
常识	chángshí	몡 상식, 일반 지식	131
抄	chāo	둉 베끼다, 베껴 쓰다	179

5급

超级	chāojí	형 최상급의, 뛰어난	212
朝	cháo	전 ~를 향하여, ~쪽으로	115
潮湿	cháoshī	형 습하다, 축축하다	176
吵	chǎo	동 시끄럽다, 떠들썩하다	060
吵架	chǎojià	동 입씨름하다, 다투다	006
炒	chǎo	동 볶다	131
车库	chēkù	명 차고	044
车厢	chēxiāng	명 객실, 트렁크	040
彻底	chèdǐ	형 철저하다, 철저히 하다	124
沉默	chénmò	동 형 침묵하다, 과묵하다, 말이 적다	060
趁	chèn	전 ~를 틈타, ~을 이용하여	125
称	chēng	동 부르다, 칭하다	104
称呼	chēnghu	명 호칭 동 ~라고 부르다	025
称赞	chēngzàn	동 칭찬하다, 찬양하다	050
成分	chéngfèn	명 (구성) 성분, 요소	113
成果	chéngguǒ	명 성과, 결과	051
成就	chéngjiù	명 (사업 상의) 성취, 성과 동 이루다	014
成立	chénglì	동 (조직, 기구 등을) 창립하다, 결성하다	130
成人	chéngrén	명 성인, 어른	082
成熟	chéngshú	형 성숙하다, 숙련되다	068
成语	chéngyǔ	명 성어	043
成长	chéngzhǎng	동 성장하다, 자라다	047
诚恳	chéngkěn	형 (태도가) 진실하다, 간절하다	122
承担	chéngdān	동 맡다, 담당하다	114
承认	chéngrèn	동 승인하다, 인정하다	051
承受	chéngshòu	동 받아들이다, 감당하다	068
程度	chéngdù	명 정도	176
程序	chéngxù	명 순서, 절차	041
吃亏	chīkuī	동 손해를 보다, 손실을 입다	058
池塘	chítáng	명 (비교적 작고 얕은) 못	009
迟早	chízǎo	부 조만간	058
持续	chíxù	동 지속하다	132
尺子	chǐzi	명 자	053
翅膀	chìbǎng	명 날개	129
冲	chōng	동 (물로) 씻어 내다, 돌진하다	038

充电器	chōngdiànqì	명 충전기	035
充分	chōngfèn	형 충분하다 부 충분히	140
充满	chōngmǎn	동 가득 차다, 넘치다, 충만하다	138
重复	chóngfù	동 (같은 일을) 반복하다, 중복하다	288
宠物	chǒngwù	명 애완동물	044
抽屉	chōutì	명 서랍	053
抽象	chōuxiàng	형 추상적이다	086
丑	chǒu	형 추하다, 못생기다	097
臭	chòu	형 (냄새가) 고약하다, 역겹다	139
出版	chūbǎn	동 출판하다, 출간하다	049
出口	chūkǒu	명 출구 동 수출하다	146
出色	chūsè	형 대단히 뛰어나다, 출중하다	155
出示	chūshì	동 내보이다, 제시하다	153
出席	chūxí	동 회의에 참가하다, 출석하다	182
初级	chūjí	형 초급의, 초등의	049
除非	chúfēi	접 오직 ~해야 전 ~을 제외하고는	074
除夕	chúxī	명 섣달 그믐날	036
处理	chǔlǐ	동 처리하다, 해결하다	232
传播	chuánbō	동 전파하다, 유포하다	073
传染	chuánrǎn	동 전염하다, 전염시키다	008
传说	chuánshuō	명 전설	046
传统	chuántǒng	명 형 전통(적이다)	036
窗帘	chuānglián	명 커튼	085
闯	chuǎng	동 돌진하다	087
创造	chuàngzào	동 창조하다, 만들다	137, 311
吹	chuī	동 불다	121
词汇	cíhuì	명 어휘	049
辞职	cízhí	동 사직하다, 직장을 그만두다	154
此外	cǐwài	접 이 외에, 이 밖에	062
次要	cìyào	형 부차적인, 이차적인	061
刺激	cìjī	명 동 자극(하다)	064
匆忙	cōngmáng	형 매우 바쁘다, 분주하다	156
从此	cóngcǐ	부 이후로, 그로부터, 이로부터	065
从而	cóngér	접 따라서, 그리하여	071
从前	cóngqián	명 이전, 옛날	154

从事	cóngshì	동 종사하다	154
粗糙	cūcāo	형 거칠다, 조잡하다	166
促进	cùjìn	동 촉진하다, 추진하다	162
促使	cùshǐ	동 ~하도록 (추진)하다	178
醋	cù	명 식초	167
催	cuī	동 재촉하다, 다그치다	110
存在	cúnzài	동 존재하다	164
措施	cuòshī	명 조치, 대책	016

D

答应	dāying	동 응답하다, 동의하다, 허락하다	091
达到	dádào	동 도달하다, 이르다	149
打工	dǎgōng	동 아르바이트를 하다, 일하다	133
打交道	dǎ jiāodao	동 (사람끼리) 왕래하다	190
打喷嚏	dǎ pēntì	동 재채기를 하다	080
打听	dǎting	동 물어보다, 알아보다	195
大方	dàfang	형 인색하지 않다, (언행이) 시원시원하다	002
大厦	dàshà	명 빌딩	105
大象	dàxiàng	명 코끼리	180
大型	dàxíng	형 대형의	182
呆	dāi	동 머무르다 형 (머리가) 둔하다, 멍청하다	183
代表	dàibiǎo	명 동 대표(하다)	161
代替	dàitì	동 대체하다, 대신하다	187
贷款	dàikuǎn	명 대부금, 대여금 동 (은행에서) 대출하다	124
待遇	dàiyù	명 대우, 대접 동 대우하다	133
担任	dānrèn	동 맡다, 담당하다	181
单纯	dānchún	형 단순하다	063
单调	dāndiào	형 단조롭다	093
单独	dāndú	부 단독으로, 혼자서	177
单位	dānwèi	명 단위, 직장, 기관	026
单元	dānyuán	명 (아파트·빌딩 등의) 현관, (교재 등의) 단원	031
耽误	dānwù	동 시간을 지체하다, 일을 그르치다	075
胆小鬼	dǎnxiǎoguǐ	명 겁쟁이	045
淡	dàn	형 싱겁다, (농도가) 낮다	056

当地	dāngdì	명 현장, 현지, 그 곳	146
当心	dāngxīn	동 조심하다, 주의하다	132
挡	dǎng	동 막다, 차단하다	077
导演	dǎoyǎn	명 연출자, 감독	189
导致	dǎozhì	동 (어떤 사태를) 야기하다, 초래하다	012
岛屿	dǎoyǔ	명 섬	079
倒霉	dǎoméi	형 재수없다, 운이 없다	172
到达	dàodá	동 도달하다, 도착하다	169
道德	dàodé	명 도덕, 윤리	070
道理	dàolǐ	명 도리, 이치	171
登记	dēngjì	동 등기하다, 등록하다	041
等待	děngdài	동 기다리다	096
等于	děngyú	동 ~과 같다	194
滴	dī	동 (액체가 한 방울씩) 떨어지다	205
的确	díquè	부 확실히, 분명히	201
敌人	dírén	명 적	118, 293
地道	dìdao	형 순수하다, 진짜의	248
地理	dìlǐ	명 지리	204
地区	dìqū	명 지역, 지구	204
地毯	dìtǎn	명 양탄자, 카펫	206
地位	dìwèi	명 지위, 위치	055
地震	dìzhèn	명 지진	012
递	dì	동 넘겨주다, 전해주다	053
点心	diǎnxīn	명 간식	156
电池	diànchí	명 건전지	035
电台	diàntái	명 라디오 방송국	037
钓	diào	동 낚다, 낚시하다	009
顶	dǐng	명 꼭대기	202
动画片	dònghuàpiàn	명 만화영화	076
冻	dòng	동 얼다, 굳다	209
洞	dòng	명 구멍, 동굴	210
豆腐	dòufu	명 두부	219
逗	dòu	동 놀리다 형 재미있다	095
独立	dúlì	동 독립하다, 독자적으로 하다	100
独特	dútè	형 독특하다	120

5
급

度过	dùguò	통 (시간을) 보내다, 지내다	221
断	duàn	통 자르다, 끊다	163, 166
堆	duī	명 무더기 통 쌓다, 쌓이다 양 무리, 떼, 더미	220
对比	duìbǐ	통 대비하다, 대조하다	094
对待	duìdài	통 대응하다, 대처하다	222
对方	duìfāng	명 상대방, 상대편	028, 255, 260
对手	duìshǒu	명 상대(방), 적수	072
对象	duìxiàng	명 상대, 대상	006
兑换	duìhuàn	통 환전하다	098
吨	dūn	양 톤(ton)	103
蹲	dūn	통 쪼그리고 앉다	228
顿	dùn	양 끼니, 번, 차례	116
多亏	duōkuī	통 덕택이다, 은혜를 입다	054
多余	duōyú	형 여분의, 나머지의	040
朵	duǒ	양 송이, 조각	117
躲藏	duǒcáng	통 숨다, 피하다	118

E

恶劣	èliè	형 아주 나쁘다, 열악하다	143
耳环	ěrhuán	명 귀걸이	111

F

发表	fābiǎo	통 발표하다	109
发愁	fāchóu	통 걱정하다, 근심하다	032
发达	fādá	형 발달하다 통 발전시키다	162
发抖	fādǒu	통 떨다, 떨리다	209
发挥	fāhuī	통 발휘하다	135
发明	fāmíng	명 통 발명(하다)	147
发票	fāpiào	명 영수증	136
发言	fāyán	명 통 발언(하다)	226
罚款	fákuǎn	명 벌금 통 벌금을 부과하다	106
法院	fǎyuàn	명 법원	158
翻	fān	통 뒤집다, 들추다, 펴다	148
繁荣	fánróng	형 (경제나 사업이) 번영하다 통 번영시키다	162

反而	fǎn'ér	🖣 반대로, 도리어, 오히려	152
反复	fǎnfù	통 거듭하다, 반복하다 🖣 반복하여	007
反应	fǎnyìng	명 통 반응(하다)	119
反映	fǎnyìng	통 반영하다, 보고하다	173
反正	fǎnzhèng	🖣 아무튼, 어쨌든	127
范围	fànwéi	명 범위	128
方	fāng	형 사각형의 명 방향	217
方案	fāng'àn	명 방안	157
方式	fāngshì	명 방식, 방법	127, 179
妨碍	fáng'ài	통 지장을 주다, 방해하다	021
仿佛	fǎngfú	🖣 마치 ~인 것 같다	170
非	fēi	통 ~이 아니다 🖣 반드시, 꼭	227
肥皂	féizào	명 비누	225
废话	fèihuà	명 쓸데없는 말 통 쓸데없는 말을 하다	230
分别	fēnbié	통 구별하다, 헤어지다 🖣 각각, 따로따로	236
分布	fēnbù	통 분포하다, 널려 있다	238
分配	fēnpèi	통 분배하다, 배급하다	246
分手	fēnshǒu	통 헤어지다, 이별하다	159
分析	fēnxī	통 분석하다	241
纷纷	fēnfēn	🖣 쉴새없이, 계속, 연이어	234
奋斗	fèndòu	통 분투하다	115
风格	fēnggé	명 기질, 풍격	235
风景	fēngjǐng	명 풍경, 경치	030
风俗	fēngsú	명 풍속	242
风险	fēngxiǎn	명 위험, 모험	241
疯狂	fēngkuáng	형 미치다	261
讽刺	fěngcì	명 통 풍자(하다)	237
否定	fǒudìng	통 부정하다 형 부정의	112
否认	fǒurèn	통 부인하다, 부정하다	084
扶	fú	통 (손으로) 일으키다, 부축하다	088
幅	fú	명 너비, 넓이 양 폭 [그림이나 천을 세는 단위]	144
服装	fúzhuāng	명 복장, 의류	235
辅导	fǔdǎo	통 학습을 도우며 지도하다	177
妇女	fùnǚ	명 부녀자	055
复制	fùzhì	통 복제하다	141

G

改革	gǎigé	몡 통 개혁(하다)	055
改进	gǎijìn	통 개선하다, 개량하다	160
改善	gǎishàn	통 개선하다	244
改正	gǎizhèng	통 (잘못, 착오 등을)개정하다, 시정하다	168
盖	gài	몡 두껑, 덮개 통 덮다	105
概括	gàikuò	통 개괄하다, 요약하다	174
概念	gàiniàn	몡 개념	142
干脆	gāncuì	혱 시원스럽다, 명쾌하다 튀 아예, 차라리	245
干燥	gānzào	혱 건조하다	176
赶紧	gǎnjǐn	튀 서둘러, 재빨리	110, 202
赶快	gǎnkuài	튀 황급히, 재빨리	270
感激	gǎnjī	통 감격하다	177
感受	gǎnshòu	몡 느낌, 체험 통 느끼다	165
感想	gǎnxiǎng	몡 감상, 소감	109
干活儿	gànhuór	통 일하다	110
钢铁	gāngtiě	몡 강철	252
高档	gāodàng	혱 고급의, 상등의	099
高级	gāojí	혱 (품질·수준이) 고급의	249
搞	gǎo	통 하다, 처리하다	175
告别	gàobié	통 이별을 고하다	263
隔壁	gébì	몡 이웃집, 옆집	193
格外	géwài	튀 각별히, 특별히	176
个别	gèbié	혱 개개의, 개별적인	150
个人	gèrén	몡 개인	278
个性	gèxìng	몡 개성	100
各自	gèzì	대 각자, 제각기	197
根	gēn	몡 뿌리	151, 216, 269
根本	gēnběn	몡 근본 튀 전혀, 아예	073
工厂	gōngchǎng	몡 공장	238
工程师	gōngchéngshī	몡 엔지니어	249
工具	gōngjù	몡 공구, 작업 도구	249
工人	gōngrén	몡 노동자	234
工业	gōngyè	몡 공업	186

公布	gōngbù	통 공포하다	254
公开	gōngkāi	통 공개하다	198
公平	gōngpíng	형 공평하다	250
公寓	gōngyù	명 아파트	192
公元	gōngyuán	명 서기	048
公主	gōngzhǔ	명 공주	196
功能	gōngnéng	명 기능, 효능	092
恭喜	gōngxǐ	통 축하하다	259
贡献	gòngxiàn	명 통 공헌(하다)	126
沟通	gōutōng	통 교류하다, 소통하다	006
构成	gòuchéng	통 구성하다, 이루다	199
姑姑	gūgu	명 고모	028
姑娘	gūniang	명 처녀, 아가씨	267
古代	gǔdài	명 고대	083
古典	gǔdiǎn	명 형 고전(의), 고전(적인)	200
股票	gǔpiào	명 주식	282
骨头	gǔtou	명 뼈	269
鼓舞	gǔwǔ	통 격려하다, 고무하다	188
鼓掌	gǔzhǎng	통 손뼉을 치다, 박수하다	214
固定	gùdìng	통 고정하다	216
挂号	guàhào	통 등록하다, 접수시키다	278
乖	guāi	형 (어린아이가) 얌전하다, 착하다	063
拐弯	guǎiwān	통 굽이를 돌다, 방향을 틀다	192
怪不得	guàibude	부 과연, 어쩐지	003
关闭	guānbì	통 닫다	257
观察	guānchá	통 관찰하다, 살피다	192
观点	guāndiǎn	명 관점, 견해	004
观念	guānniàn	명 관념, 생각	017
官	guān	명 관리, 공무원	275
管子	guǎnzi	명 관, 호스, 파이프	216
冠军	guànjūn	명 챔피언 우승	038
光滑	guānghuá	형 매끌매끌하다	225
光临	guānglín	통 오다, 광림하다	208
光明	guāngmíng	명 광명, 빛	207
光盘	guāngpán	명 CD, 콤펙디스크	213

何况	hékuàng	🔵 하물며 ~는 어떠하겠는가?	290
和平	hépíng	🔵 🔵 평화(롭다)	291
核心	héxīn	🔵 핵심	243
恨	hèn	🔵 원망하다	266
猴子	hóuzi	🔵 원숭이	264
后背	hòubèi	🔵 등	308
后果	hòuguǒ	🔵 (주로 부정적인) 결과	114
忽然	hūrán	🔵 갑자기	026
忽视	hūshì	🔵 소홀히 하다, 등한히 하다	256
呼吸	hūxī	🔵 호흡하다	135
壶	hú	🔵 항아리, 주전자	248
蝴蝶	húdié	🔵 나비	129
胡说	húshuō	🔵 헛소리하다, 함부로 지껄이다	095
胡同	hútòng	🔵 골목	104
糊涂	hútu	🔵 어리석다, 멍청하다	288
花生	huāshēng	🔵 땅콩	281
划	huà	🔵 긋다, 가르다	240
华裔	huáyì	🔵 화교	193
滑	huá	🔵 미끄럽다	270
话题	huàtí	🔵 화제, 논제	218
化学	huàxué	🔵 화학	262
怀念	huáiniàn	🔵 회상하다, 추억하다	239
怀孕	huáiyùn	🔵 임신하다	283
缓解	huǎnjiě	🔵 정도가 완화되다, 호전되다	135
幻想	huànxiǎng	🔵 환상 🔵 상상하다, 환상을 가지다	301
慌张	huāngzhāng	🔵 당황하다, 쩔쩔매다	302
黄金	huángjīn	🔵 황금	048
灰	huī	🔵 재, 먼지	233
灰尘	huīchén	🔵 먼지	305
灰心	huīxīn	🔵 낙담하다, 낙심하다	020
挥	huī	🔵 휘두르다, 흔들다	309
恢复	huīfù	🔵 회복하다, 회복되다	302
汇率	huìlǜ	🔵 환율	098
婚礼	hūnlǐ	🔵 결혼식	041
婚姻	hūnyīn	🔵 혼인, 결혼	306

活跃	huóyuè	동 형 활약하다, 활동적이다, 활기있다	251
火柴	huǒchái	명 성냥	292
伙伴	huǒbàn	명 동료, 동반자	164
或许	huòxǔ	부 아마, 어쩌면	263

J

机器	jīqì	명 기계	245
肌肉	jīròu	명 근육	308
基本	jīběn	명 형 기본(의), 기본(적인) 부 거의, 대체로	308
激烈	jīliè	형 격렬하다, 치열하다	311
及格	jígé	동 합격하다	230
极其	jíqí	부 아주, 매우	139
急忙	jímáng	부 급히, 황급히	156
急诊	jízhěn	명 급진, 응급 진료	054
集合	jíhé	동 집합하다, 모으다	234
集体	jítǐ	명 단체, 집단	052
集中	jízhōng	동 집중하다	311
系	jì	동 매다, 묶다	099
记录	jìlù	명 동 기록(하다)	184
记忆	jìyì	명 동 기억(하다)	042
纪录	jìlù	명 동 기록(하다)	311
纪律	jìlǜ	명 규율	312
纪念	jìniàn	명 동 기념(하다)	203
计算	jìsuàn	동 계산하다, 셈하다	231
系领带	jì lǐngdài	넥타이를 매다	303
寂寞	jìmò	형 외롭다, 적막하다	093
夹子	jiāzi	명 집게, 클립	185
家庭	jiātíng	명 가정	021
家务	jiāwù	명 가사, 집안일	039
家乡	jiāxiāng	명 고향	105
嘉宾	jiābīn	명 귀빈, 손님	182
甲	jiǎ	명 갑, 순서나 등급의 첫 번째	288
假如	jiǎrú	접 가령, 만약, 만일	239
假设	jiǎshè	동 가정하다	130

假装	jiǎzhuāng	통 가장하다, ~체 하다	296
嫁	jià	통 시집가다, 출가하다	196
驾驶	jiàshǐ	통 운전하다	276
价值	jiàzhí	명 가치	048
肩膀	jiānbǎng	명 어깨	271
坚决	jiānjué	형 단호하다, 결연하다	293
坚强	jiānqiáng	형 굳세다, 강인하다	294
艰巨	jiānjù	형 어렵고 힘들다	286
艰苦	jiānkǔ	형 어렵고 고달프다	123, 173
兼职	jiānzhí	통 겸직하다	289
捡	jiǎn	통 줍다	258
剪刀	jiǎndāo	명 가위	280
简历	jiǎnlì	명 약력	240
简直	jiǎnzhí	부 그야말로, 너무나	045
建立	jiànlì	통 세우다, 건립하다	295
建设	jiànshè	통 건설하다, 세우다	126
建筑	jiànzhù	명 건축물 통 건축하다	170
健身	jiànshēn	통 신체를 건강하게 하다	142, 308
键盘	jiànpán	명 키보드	233
讲究	jiǎngjiu	통 중요시하다, 주의하다	070, 212
讲座	jiǎngzuò	명 강좌	287
酱油	jiàngyóu	명 간장	223
浇	jiāo	통 관개하다, 물을 대다	300
交换	jiāohuàn	통 교환하다	299
交际	jiāojì	통 교제하다, 사귀다	295
交往	jiāowǎng	통 왕래하다	021
胶水	jiāoshuǐ	명 풀	315
角度	jiǎodù	명 각도	241
狡猾	jiǎohuá	형 교활하다, 간사하다	293
教材	jiàocái	명 교재	049
教练	jiàoliàn	명 감독, 코치 통 훈련하다	308
教训	jiàoxùn	명 교훈 통 훈계하다, 가르치고 타이르다	059
阶段	jiēduàn	명 단계, 계단	243
接触	jiēchù	통 닿다, 접촉하다	052
接待	jiēdài	통 접대하다, 영접하다	255

5
급

接近	jiējìn	통 접근하다, 가까이하다	275
结实	jiēshi	형 굳다, 단단하다	085
节省	jiéshěng	통 아끼다, 절약하다	032
结构	jiégòu	명 구조, 구성	217
结合	jiéhé	통 결합하다	304
结论	jiélùn	명 결론	048
结账	jiézhàng	통 계산하다, 결재하다	184
戒	jiè	통 (나쁜 습관을) 끊다	065
戒指	jièzhi	명 반지	266
届	jiè	명 회, 기 [정기회의나 졸업 연차를 세는 단위]	037
借口	jièkǒu	명 구실, 핑계 통 구실(로 삼다), 핑계(를 대다)	275
金属	jīnshǔ	명 금속	252
尽快	jǐnkuài	부 되도록 빨리	075
尽量	jǐnliàng	부 가능한 한	001
紧急	jǐnjí	형 긴급하다, 긴박하다	303
谨慎	jǐnshèn	형 신중하다, 조심스럽다	272
尽力	jìnlì	통 전력을 다하다	168
进步	jìnbù	명 통 진보(하다), 진보(적이다)	059
进口	jìnkǒu	통 수입하다	085
近代	jìndài	명 근대, 근세	147
经典	jīngdiǎn	명 경전, 고전	161
经商	jīngshāng	통 장사하다	282
经营	jīngyíng	통 운영하다, 경영하다	160
精力	jīnglì	명 정력, 정신과 체력	311
精神	jīngshén	명 정신, 원기, 활력	309
酒吧	jiǔbā	명 술집, 바	065
救	jiù	통 구하다, 구조하다, 구제하다	095
救护车	jiùhùchē	명 구급차	054
舅舅	jiùjiu	명 외삼촌	022, 314
居然	jūrán	부 뜻밖에, 예상외로, 의외로	268
桔子	júzi	명 귤	248
巨大	jùdà	형 거대하다, 아주 크다	244
具备	jùbèi	통 갖추다, 구비하다	068
具体	jùtǐ	형 구체적이다	086
俱乐部	jùlèbù	명 클럽, 동호회	227

据说	jùshuō	통 듣자하니 ~라고 한다	044
捐	juān	통 바치다, 기부하다	272
绝对	juéduì	형 절대적인 부 절대로	317
决赛	juésài	명 결승	038
决心	juéxīn	명 통 결심(하다)	065
角色	juésè	명 배역, 역, 역할	181
军事	jūnshì	명 군사	260
均匀	jūnyún	형 균등하다, 고르다	238

K

卡车	kǎchē	명 트럭	276
开发	kāifā	통 개발하다, 개척하다	160
开放	kāifàng	통 개방하다, 해방하다	257
开幕式	kāimùshì	명 개막식	182
开水	kāishuǐ	명 끓인 물	313
砍	kǎn	통 (도끼 등으로) 찍다, 패다	166
看不起	kànbuqǐ	경시하다, 얕보다	190
看望	kànwàng	통 방문하다	239
靠	kào	통 기대다	089
颗	kē	양 알, 방울	279
可见	kějiàn	접 ~라는 것을 알 수 있다	232
可靠	kěkào	형 믿을 만하다	016
可怕	kěpà	형 두렵다, 무섭다	205
克	kè	양 그램(g)	131
克服	kèfú	통 극복하다, 이겨내다	168
刻苦	kèkǔ	형 몹시 애를 쓰다	149
客观	kèguān	형 객관적이다	168
课程	kèchéng	명 교과목, 교육과정	308
空间	kōngjiān	명 공간	040, 200
空闲	kòngxián	명 여가, 자유시간	213, 305
控制	kòngzhì	통 통제하다, 제어하다	067, 184
口味	kǒuwèi	명 맛, 향미, 풍미	191
夸	kuā	통 칭찬하다	116
夸张	kuāzhāng	통 과장하다	211

会计	kuàijì	몡 회계	231
宽	kuān	혱 넓다	271
昆虫	kūnchóng	몡 곤충	277
扩大	kuòdà	동 확대하다, 넓히다	316

L

辣椒	làjiāo	몡 고추	167
拦	lán	동 막다, 저지하다	285
烂	làn	혱 썩다, 부패하다	279
朗读	lǎngdú	동 낭독하다, 큰소리로 읽다	214
劳动	láodòng	몡 동 노동(하다)	055
劳驾	láojià	동 실례합니다, 수고하십니다	305
老百姓	lǎobǎixìng	몡 백성, 국민	244
老板	lǎobǎn	몡 사장	094, 110, 111
老婆	lǎopo	몡 아내, 처	025
老实	lǎoshí	혱 성실하다, 솔직하다	268
老鼠	lǎoshǔ	몡 쥐	281
姥姥	lǎolao	몡 외할머니, 외조모	088
乐观	lèguān	혱 낙관적이다	020
雷	léi	몡 천둥, 우레	205
类型	lèixíng	몡 종류, 유형	128
冷淡	lěngdàn	혱 쌀쌀하다, 냉담하다	023
厘米	límǐ	양 센티미터(cm)	280
离婚	líhūn	동 이혼하다	228
梨	lí	몡 배	274
理论	lǐlùn	몡 이론	086, 304
理由	lǐyóu	몡 이유	145
力量	lìliang	몡 힘, 역량	277
立即	lìjí	부 곧, 즉시	228
立刻	lìkè	부 즉시, 바로	183
利润	lìrùn	몡 이윤	094
利息	lìxī	몡 이자	231
利益	lìyì	몡 이익, 이득	150
利用	lìyòng	동 이용하다	200

连忙	liánmáng	부 얼른, 재빨리	028
连续	liánxù	동 연속하다, 계속하다	056
联合	liánhé	동 연합하다, 결합하다	307
恋爱	liànài	명 동 연애(하다)	006
良好	liánghǎo	형 좋다, 양호하다	006, 311
粮食	liángshi	명 양식, 식량	033
亮	liàng	형 밝다, 빛나다	205
了不起	liǎobuqǐ	형 뛰어나다, 대단하다	043
列车	lièchē	명 열차	169
临时	línshí	부 임시의, 때에 이르러	313
铃	líng	명 방울, 종, 벨	144
灵活	línghuó	형 민첩하다, 재빠르다	264
零件	língjiàn	명 부속품	217
零食	língshí	명 간식, 군것질	219
领导	lǐngdǎo	명 지도자 동 지도하다, 이끌다	206, 236, 243
领域	lǐngyù	명 분야, 영역	014
浏览	liúlǎn	동 대강 둘러보다	240
流传	liúchuán	동 퍼지다, 전해지다, 유전되다	046
流泪	liúlèi	동 눈물을 흘리다	263
龙	lóng	명 용	046
漏	lòu	동 새다, 새나가다	202
陆地	lùdì	명 땅, 육지	215
陆续	lùxù	부 끊임없이, 연이어	166
录取	lùqǔ	동 채용하다, 뽑다	195
录音	lùyīn	명 동 녹음(하다)	317
轮流	lúnliú	동 교대로 하다, 돌아가면서 하다	226
论文	lùnwén	명 논문	005, 015
逻辑	luójí	명 논리	004
落后	luòhòu	동 형 뒤쳐지다, 낙후되다	017

M

骂	mà	동 욕하다	045
麦克风	màikèfēng	명 마이크	317
馒头	mántóu	명 (소가 없는) 찐빵	125

满足	mǎnzú	통 만족하다	208
毛病	máobìng	명 고장, 결점	245
矛盾	máodùn	명 갈등, 대립	090
冒险	màoxiǎn	통 모험하다, 위험을 무릅쓰다	045
贸易	màoyì	명 무역	027
眉毛	méimao	명 눈썹	271
媒体	méitǐ	명 대중 매체	007
煤炭	méitàn	명 석탄	103
美术	měishù	명 미술	083
魅力	mèilì	명 매력	271
梦想	mèngxiǎng	명 꿈, 몽상	294
秘密	mìmì	명 비밀, 기밀	164
秘书	mìshū	명 비서	232
密切	mìqiè	형 밀접하다, 긴밀하다	021
蜜蜂	mìfēng	명 꿀벌	290
面对	miànduì	통 마주 보다, 직면하다	047
面积	miànjī	명 면적	316
面临	miànlín	통 직면하다, 당면하다	286
苗条	miáotiáo	형 날씬하다	194
描写	miáoxiě	통 묘사하다	242
敏感	mǐngǎn	형 민감하다, 예민하다	307
名牌	míngpái	명 유명 상표, 브랜드	266
名片	míngpiàn	명 명함	299
名胜古迹	míngshènggǔjì	명 명승고적	320
明确	míngquè	형 명확하다	004
明显	míngxiǎn	형 뚜렷하다, 분명하다	237
明星	míngxīng	명 스타	189
命令	mìnglìng	명 통 명령(하다)	236
命运	mìngyùn	명 운명	250
摸	mō	통 어루만지다, 쓰다듬다	303
模仿	mófǎng	통 모방하다	264
模糊	móhu	형 모호하다, 애매하게 하다	287
模特	mótè	명 모델	247
摩托车	mótuōchē	명 오토바이	314
陌生	mòshēng	형 생소하다, 낯설다	019

某	mǒu	데 아무, 어느	276
木头	mùtóu	명 나무, 목재	119
目标	mùbiāo	명 목표	149
目录	mùlù	명 목록, 목차	015
目前	mùqián	명 지금, 현재	157

N

哪怕	nǎpà	접 설령 ~라 해도	277
难怪	nánguài	부 어쩐지, 과연	056, 121
难免	nánmiǎn	동 피하기 어렵다	029
脑袋	nǎodai	명 두뇌, 머리	077
内部	nèibù	명 내부	200
内科	nèikē	명 내과	157
嫩	nèn	형 부드럽다, 연하다	313
能干	nénggàn	형 유능하다	294
能源	néngyuán	명 에너지원, 에너지	143
嗯	èng	감 응, 그래	119
年代	niándài	명 시대, 연대	291
年纪	niánjì	명 나이	088
念	niàn	동 읽다, 낭독하다, 그리워하다	273
宁可	nìngkě	부 차라리 ~할지언정	134
牛仔裤	niúzǎikù	명 청바지	082
农村	nóngcūn	명 농촌	042
农民	nóngmín	명 농민, 농부	016
农业	nóngyè	명 농업	016
浓	nóng	형 진하다, 짙다	271
女士	nǚshì	명 여사	218

O

欧洲	Ōuzhōu	고유 유럽	089
偶然	ǒurán	부 우연히, 뜻밖에	193

P

| 拍 | pāi | 동 치다, 때리다, (사진을) 찍다 | 247 |

派	pài	동 파견하다, 지명하다	232
盼望	pànwàng	동 간절히 바라다, 희망하다	186
培训	péixùn	동 양성하다, 훈련하다	304
培养	péiyǎng	동 기르다, 양성하다	155
赔偿	péicháng	동 배상하다, 변상하다	158
佩服	pèifú	동 탄복하다, 감탄하다	201
配合	pèihé	동 협동하다, 협력하다	312
盆	pén	명 대야, 화분	117
碰	pèng	동 우연히 만나다, 부딪치다	019, 080
披	pī	동 덮다, 걸치다	209
批	pī	양 무리, 떼	155
批准	pīzhǔn	동 비준하다, 허가하다	253
疲劳	píláo	형 피곤하다, 지치다	175
匹	pǐ	양 필 [말이나 비단 등을 세는 단위]	180
片	piàn	양 편 [조각이나 면적 등을 세는 단위]	215, 238, 318
片面	piànmiàn	형 일방적이다, 단편적이다	024
飘	piāo	동 바람에 나부끼다, 흩날리다	121
拼音	pīnyīn	명 병음	179
频道	píndào	명 채널	007
平	píng	형 평평하다, 평탄하다	224
平安	píng'ān	형 평안하다, 무사하다	291
平常	píngcháng	명 평상시, 평소 형 평범하다	197
平等	píngděng	형 평등하다	055
平方	píngfāng	명 제곱, 평방	238
平衡	pínghéng	형 균형이 맞다	069
平静	píngjìng	형 조용하다, 평온하다	302
平均	píngjūn	동 균등히 하다, 고르게 하다 형 균등한, 평균적인	013
评价	píngjià	명 동 평가(하다)	168
凭	píng	동 기대다, 의지하다 전 ~에 근거하여	223
迫切	pòqiè	형 절박하다, 다급하다	209
破产	pòchǎn	동 파산하다, 부도나다	124
破坏	pòhuài	동 파괴하다, 손상시키다	260

Q

期待	qīdài	통 기대하다, 바라다	306
期间	qījiān	명 기간, 시간	011
其余	qíyú	대 나머지, 남은 것	102
奇迹	qíjì	명 기적	103
企业	qǐyè	명 기업	027, 137
启发	qǐfā	통 일깨우다, 영감을 주다	174
气氛	qìfēn	명 분위기	226
汽油	qìyóu	명 휘발유, 가솔린	150
谦虚	qiānxū	형 겸손하다, 겸허하다	120
签	qiān	통 서명하다, 사인하다	247
前途	qiántú	명 앞길, 전망	207
浅	qiǎn	형 얕다, 좁다	163
欠	qiàn	통 빚지다	289
枪	qiāng	명 총	087
墙	qiáng	명 담장	216
强调	qiángdiào	통 강조하다	243
强烈	qiángliè	형 강렬하다, 맹렬하다	139
抢	qiǎng	통 빼앗다, 약탈하다	266
悄悄	qiāoqiāo	부 은밀히, 몰래	281
瞧	qiáo	통 보다	216
巧妙	qiǎomiào	형 교묘하다	200
切	qiē	통 (칼로) 썰다, 자르다	279
亲爱	qīn'ài	형 친애하다, 사랑하다	229
亲切	qīnqiè	형 친절하다	247
亲自	qīnzì	부 직접, 손수, 친히	189
勤奋	qínfèn	형 부지런하다, 열심히 하다	207
青	qīng	형 푸르다	318
青春	qīngchūn	명 청춘	126
青少年	qīngshàonián	명 청소년	069
轻视	qīngshì	통 경시하다, 무시하다	310
轻易	qīngyì	형 함부로 하다, 경솔하다	256
清淡	qīngdàn	형 음식이 기름지지 않고 담백하다	191
情景	qíngjǐng	명 정경, 광경	183

情绪	qíngxù	명 정서, 기분	067
请求	qǐngqiú	동 요청하다, 부탁하다	091
庆祝	qìngzhù	동 경축하다	203
球迷	qiúmí	명 구기 운동 팬	227
趋势	qūshì	명 추세, 경향	316
取消	qǔxiāo	동 취소하다	127
娶	qǔ	동 아내를 얻다, 장가들다	097
去世	qùshì	동 세상을 뜨다	088
圈	quān	명 주위, 둘레	099, 274
权力	quánlì	명 권력	120
权利	quánlì	명 권리	234
全面	quánmiàn	명 전면 형 전반적이다, 전면적이다	024
劝	quàn	동 권하다, 타이르다	310
缺乏	quēfá	동 모자라다, 결핍되다	093
确定	quèdìng	동 형 확정하다, 확고하다	075, 128
确认	quèrèn	동 확인하다	015, 229
群	qún	명 양 무리, 떼	275

R

燃烧	ránshāo	동 연소하다, 타다	292
绕	rào	동 휘감다, 우회하다	099
热爱	rè'ài	동 뜨겁게 사랑하다	138
热烈	rèliè	형 열렬하다	226
热心	rèxīn	동 형 열성적이다, 친절하다	023
人才	réncái	명 인재	137
人口	rénkǒu	명 인구	254
人类	rénlèi	명 인류	013, 048, 147, 264
人民币	rénmínbì	명 런민비, 인민폐	098
人生	rénshēng	명 인생	115, 171
人事	rénshì	명 인사	155
人物	rénwù	명 인물	301
人员	rényuán	명 인원, 요원	012
忍不住	rěnbuzhù	동 견딜 수 없다, 참을 수 없다	125
日常	rìcháng	형 일상의, 일상적인	212

日程	rìchéng	圆 일정	075
日历	rìlì	圆 달력, 일력	075
日期	rìqī	圆 날짜, 기간	136
日用品	rìyòngpǐn	圆 일용품, 생활용품	220
日子	rìzi	圆 날짜, 기간, 생활	221
如何	rúhé	뗀 어떠한가, 어떻게	180
如今	rújīn	圆 지금, 오늘날	194
软	ruǎn	圈 부드럽다	267
软件	ruǎnjiàn	圆 소프트웨어	160
弱	ruò	圈 약하다, 허약하다	283

S

洒	sǎ	圄 뿌리다, 엎지르다	270
嗓子	sǎngzi	圆 목소리, 목, 목구멍	285
色彩	sècǎi	圆 색채, 색깔	129
杀	shā	圄 죽이다	087
沙漠	shāmò	圆 사막	103
沙滩	shātān	圆 모래사장, 백사장	079
傻	shǎ	圈 어리석다, 우둔하다	087
晒	shài	圄 햇볕을 쬐다, 햇볕에 말리다	300
删除	shānchú	圄 삭제하다, 지우다	159
闪电	shǎndiàn	圆 번개 圄 번개가 번쩍이다	205
扇子	shànzi	圆 부채	258
善良	shànliáng	圈 선량하다, 착하다	003
善于	shànyú	圄 ~을 잘하다, ~에 능하다	022, 137
伤害	shānghài	圄 상처를 주다, 손상시키다, 해치다	268
商品	shāngpǐn	圆 상품, 제품	178
商务	shāngwù	圆 상업상의 용무, 비즈니스	154
商业	shāngyè	圆 상업	241
上当	shàngdàng	圄 속다, 사기를 당하다	296
蛇	shé	圆 뱀	297
舍不得	shěbude	圄 섭섭하다, ~하기 아까워하다	032
设备	shèbèi	圆 설비, 시설 圄 설비를 갖추다	246
设计	shèjì	圆 圄 설계(하다), 디자인(하다)	082

设施	shèshī	몡 시설	252
射击	shèjī	몡 동 사격(하다)	072
摄影	shèyǐng	동 사진을 찍다, 영화를 촬영하다	236
伸	shēn	동 (신체 일부를) 펴다, 펼치다	255
身材	shēncái	몡 몸매, 체격	142
身份	shēnfèn	몡 신분	120
深刻	shēnkè	혱 (인상이) 깊다, (느낌이) 강렬하다	165
神话	shénhuà	몡 신화	046
神秘	shénmì	혱 신비하다	046
升	shēng	동 오르다, (등급 등이) 올라가다	254
生产	shēngchǎn	동 생산하다, 만들다	092
生动	shēngdòng	혱 생동감 있다	242
生长	shēngzhǎng	동 성장하다, 자라다	079
声调	shēngdiào	몡 성조	045
绳子	shéngzi	몡 노끈, 밧줄	166
省略	shěnglüè	동 생략하다, 삭제하다	061
胜利	shènglì	동 승리하다	072
失眠	shīmián	동 잠을 이루지 못하다	213
失去	shīqù	동 잃다, 잃어버리다	047, 072
失业	shīyè	동 직업을 잃다, 실직하다	256
诗	shī	몡 시	214
狮子	shīzi	몡 사자	076
湿润	shīrùn	혱 촉촉하다, 습윤하다	225
石头	shítou	몡 돌	172
时差	shíchā	몡 시차	056
时代	shídài	몡 시대, 시기	210
时刻	shíkè	몡 시각, 때 분 시시각각	309
时髦	shímáo	혱 유행이다, 현대적이다	210
时期	shíqī	몡 (특정한) 시기	052, 173
时尚	shíshàng	몡 시대적 유행, 시류	138
实话	shíhuà	몡 실화, 참말	230
实践	shíjiàn	몡 동 실천(하다)	304
实习	shíxí	동 실습하다	037
实现	shíxiàn	동 실현하다, 달성하다	115
实验	shíyàn	몡 동 실험(하다)	108

实用	shíyòng	형 실용적이다	317
食物	shíwù	명 음식물	113
使劲儿	shǐjìnr	동 힘을 쓰다	285
始终	shǐzhōng	부 명 한결같이, 처음과 끝	038
士兵	shìbīng	명 병사, 사병	169
市场	shìchǎng	명 시장	235
似的	shìde	조 ~과(와) 같다	175
事实	shìshí	명 사실	130
事物	shìwù	명 사물	138
事先	shìxiān	명 사전, 미리	118
试卷	shìjuàn	명 시험지	199
收获	shōuhuò	명 동 수확(하다)	165
收据	shōujù	명 영수증	223
手工	shǒugōng	명 수공, 손으로 하는 일	253
手术	shǒushù	명 동 수술(하다)	157
手套	shǒutào	명 장갑	253
手续	shǒuxù	명 수속, 절차	116
手指	shǒuzhǐ	명 손가락	280
首	shǒu	명 시작, 머리, 우두머리	187, 214
寿命	shòumìng	명 수명	013
受伤	shòushāng	동 부상당하다	012, 095, 318
书架	shūjià	명 책꽂이	224
梳子	shūzi	명 빗	032
舒适	shūshì	형 쾌적하다	082
输入	shūrù	동 입력하다	320
蔬菜	shūcài	명 채소, 야채	034
熟练	shúliàn	형 숙련되어 있다, 능숙하다	089
属于	shǔyú	동 ~에 속하다	252
鼠标	shǔbiāo	명 마우스	233
数	shǔ	동 세다, 헤아리다	269
数据	shùjù	명 데이터	254
数码	shùmǎ	명 디지털, 숫자	092
摔倒	shuāidǎo	동 넘어지다, 쓰러지다	078, 172
甩	shuǎi	동 휘두르다, 내던지다	183

双方	shuāngfāng	몡 쌍방, 양측	226
税	shuì	몡 세금, 세	284
说不定	shuōbudìng	뫼 아마, 대개 图 단언하기 어렵다	124
说服	shuōfú	图 설득하다	127
丝绸	sīchóu	몡 비단	163
丝毫	sīháo	휑 조금도, 추호도	293
私人	sīrén	몡 민간, 개인	232
思考	sīkǎo	图 사고하다, 깊은 생각하다	137
思想	sīxiǎng	몡 사상, 생각	100
撕	sī	图 (손으로) 찢다, 뜯다	163, 315
似乎	sìhū	뫼 마치 ~인 것 같다	202
搜索	sōusuǒ	图 (인터넷에) 검색하다, 수색하다	320
宿舍	sùshè	몡 기숙사	176
随身	suíshēn	图 곁에 따라 다니다, 휴대하다	033
随时	suíshí	뫼 수시로, 언제나	081, 312
随手	suíshǒu	뫼 ~하는 김에	292
碎	suì	图 부수다, 깨지다	315
损失	sǔnshī	몡 图 손실(되다)	012
缩短	suōduǎn	图 단축하다, 줄이다	295
所	suǒ	앙 채, 동 [집이나 학교 등을 세는 단위]	070
锁	suǒ	몡 자물쇠 图 잠그다	258

T

台阶	táijiē	몡 층계, 계단	206
太极拳	tàijíquán	몡 태극권	081
太太	tàitai	몡 아내, 부인 [결혼한 여자에 대한 존칭]	259
谈判	tánpàn	图 담판하다	299
坦率	tǎnshuài	휑 솔직하다, 담백하다	306
烫	tàng	휑 몹시 뜨겁다	313
逃	táo	图 도망치다, 달아나다	284
逃避	táobì	图 도피하다	047
桃	táo	몡 복숭아	080, 248
淘气	táoqì	휑 장난이 심하다, 말을 듣지 않다	063
讨价还价	tǎojià huánjià	값을 흥정하다	111

套	tào	양 세트	233
特色	tèsè	명 특색, 특징	216
特殊	tèshū	형 특수하다, 특별하다	217
特征	tèzhēng	명 특징	264
疼爱	téng'ài	동 매우 귀여워하다	196
提倡	tíchàng	동 제창하다, 부르짖다	155
提纲	tígāng	명 요점, 요강	102
提问	tíwèn	동 질문하다	148
题目	tímù	명 제목	015, 128
体会	tǐhuì	동 체득하다	109
体贴	tǐtiē	동 자상하게 돌보다	097
体现	tǐxiàn	동 구현하다, 체현하다	237
体验	tǐyàn	명 동 체험(하다)	165
天空	tiānkōng	명 하늘	010
天真	tiānzhēn	형 천진하다, 순진하다	063
调皮	tiáopí	형 장난스럽다	063
调整	tiáozhěng	동 조정하다, 조절하다	135
挑战	tiǎozhàn	명 동 도전(하다)	286
通常	tōngcháng	명 형 보통(이다), 일반(적이다)	220
统一	tǒngyī	동 통일하다 형 통일된, 단일한	246
痛苦	tòngkǔ	형 고통스럽다	068
痛快	tòngkuài	형 통쾌하다, 즐겁다	110
偷	tōu	동 훔치다 부 남몰래, 슬그머니	281
投入	tóurù	동 뛰어들다, 투입하다	076
投资	tóuzī	명 동 투자(하다)	094, 241, 282
透明	tòumíng	형 투명하다	030
突出	tūchū	동 형 돌파하다, 돌출하다, 뛰어나다	207
土地	tǔdì	명 땅, 토지	238, 316
土豆	tǔdòu	명 감자	219
吐	tù	동 토하다	134
兔子	tùzi	명 토끼	185
团	tuán	명 단체	270
推辞	tuīcí	동 거절하다, 사양하다	272
推广	tuīguǎng	동 널리 보급하다	160

推荐	tuījiàn	동 추천하다	233
退	tuì	동 물러나다, 물러서다	172
退步	tuìbù	동 퇴보하다, 후퇴하다	188
退休	tuìxiū	동 퇴직하다	201

W

歪	wāi	형 비뚤다	274
外公	wàigōng	명 외조부, 외할아버지	054
外交	wàijiāo	명 외교	187
完美	wánměi	형 완벽하다, 매우 훌륭하다	214
完善	wánshàn	형 완벽하다, 나무랄 데가 없다	102
完整	wánzhěng	형 온전하다, 완전히 갖추어져 있다	315
玩具	wánjù	명 장난감, 완구	166
万一	wànyī	접 만일, 만약	035
王子	wángzǐ	명 왕자	196
网络	wǎngluò	명 네트워크	145
往返	wǎngfǎn	동 왕복하다	276
危害	wēihài	명 동 손상, 해를 끼치다	113
威胁	wēixié	명 동 위협(하다)	293
微笑	wēixiào	명 미소 동 미소를 짓다	237
违反	wéifǎn	동 (법률, 규정 등을) 위반하다	140
围巾	wéijīn	명 목도리, 스카프	099
围绕	wéirào	동 (문제나 일을) 둘러싸다	242
唯一	wéiyī	형 유일한	157
维修	wéixiū	동 수리하다, 수선하다	202
伟大	wěidà	형 위대하다	147
尾巴	wěiba	명 꼬리	185
委屈	wěiqū	형 억울하다, 분하다	222
未必	wèibì	부 반드시 ~한 것은 아니다	230
未来	wèilái	명 미래	115
位于	wèiyú	동 ~에 위치하다	204
位置	wèizhì	명 위치	204
胃	wèi	명 위	191
胃口	wèikǒu	명 식욕	283

温暖	wēnnuǎn	혱 따뜻하다, 포근하다	079
温柔	wēnróu	혱 다정하다, 부드럽다	025
文件	wénjiàn	몡 문건, 서류	224
文具	wénjù	몡 문구, 문방구	053
文明	wénmíng	몡 문명, 문화 혱 교양이 있다	161
文学	wénxué	몡 문학	173
文字	wénzì	몡 문자, 글자	236
闻	wén	통 냄새를 맡다	139
吻	wěn	통 입맞춤하다	117
稳定	wěndìng	혱 안정되다	054
问候	wènhòu	통 안부를 묻다, 문안드리다	159
卧室	wòshì	몡 침실	197
握手	wòshǒu	통 악수하다, 손을 잡다	255
屋子	wūzi	몡 방	074, 200
无奈	wúnài	통 하는 수 없다, 방법이 없다	060
无数	wúshù	혱 무수하다, 셀 수 없다	105
无所谓	wúsuǒwèi	상관없다	318
武术	wǔshù	몡 무술	161
勿	wù	튄 ~하지 마라	310
物理	wùlǐ	몡 물리	051, 177
物质	wùzhì	몡 물질	034
雾	wù	몡 안개	139

X

吸取	xīqǔ	통 흡수하다, 빨아들이다	059
吸收	xīshōu	통 흡수하다	034
戏剧	xìjù	몡 희극, 연극	181
系	xì	몡 학과	(099)
系统	xìtǒng	몡 계통, 체계, 시스템	278
细节	xìjié	몡 세부 사항, 자세한 부분	224
瞎	xiā	통 눈이 멀다, 실명하다 튄 제멋대로, 함부로	088
下载	xiàzài	통 다운로드하다	005
吓	xià	통 놀라다, 무서워하다	064, 087
夏令营	xiàlìngyíng	몡 여름 캠프	109

血	xiě	몡 피	280
心理	xīnlǐ	몡 심리, 기분	101
心脏	xīnzàng	몡 심장	064
欣赏	xīnshǎng	동 감상하다, 마음에 들다	030
信号	xìnhào	몡 신호, 싸인	005
信任	xìnrèn	몡 동 신임(하다), 신뢰(하다)	232
行动	xíngdòng	몡 동 행동(하다)	260
行人	xíngrén	몡 행인, 길을 걷는 사람	314
行为	xíngwéi	몡 행위, 행동	152
形成	xíngchéng	동 형성되다, 이루어지다	262
形容	xíngróng	동 형용하다, 묘사하다	251
形式	xíngshì	몡 형식, 형태	246
形势	xíngshì	몡 형편, 상황	304
形象	xíngxiàng	몡 이미지, 형상	062
形状	xíngzhuàng	몡 형상, 물체의 외관	217
幸亏	xìngkuī	부 다행히	118
幸运	xìngyùn	몡 행운 동 운이 좋다	181
性质	xìngzhì	몡 성질	284
兄弟	xiōngdì	몡 형제	309
胸	xiōng	몡 가슴, 흉부	303
休闲	xiūxián	동 한가하다, 여가활동을 하다	235
修改	xiūgǎi	동 고치다, 수정하다	298
虚心	xūxīn	형 겸손하다, 겸허하다	084
叙述	xùshù	동 서술하다, 기술하다	152
宣布	xuānbù	동 선포하다, 공표하다	299
宣传	xuānchuán	동 선전하다, 홍보하다	178, 189
学历	xuélì	몡 학력	062
学术	xuéshù	몡 학술	175
学问	xuéwèn	몡 학문, 학식	070
寻找	xúnzhǎo	동 찾다, 구하다	320
询问	xúnwèn	동 알아보다, 물어보다	312
训练	xùnliàn	동 훈련하다	311
迅速	xùnsù	형 신속하다, 재빠르다	231

Y

押金	yājīn	몡 보증금	074
牙齿	yáchǐ	몡 이, 치아	297
延长	yáncháng	됭 연장하다, 늘이다	013
严肃	yánsù	혱 엄숙하다	222
演讲	yǎnjiǎng	몡 됭 연설(하다)	061
宴会	yànhuì	몡 연회, 파티	272
阳台	yángtái	몡 발코니, 베란다	117
痒	yǎng	혱 가렵다, 간지럽다	080
样式	yàngshì	몡 양식, 스타일	317
腰	yāo	몡 허리	267
摇	yáo	됭 흔들다	119
咬	yǎo	됭 물다, 깨물다	297
要不	yàobù	젭 그렇지 않으면	118
业务	yèwù	몡 업무	011
业余	yèyú	혱 여가의, 아마추어의	289
夜	yè	몡 밤	281
一辈子	yíbèizi	몡 한평생, 일생	259
一旦	yídàn	뷔 일단	279
一律	yílǜ	뷔 혱 예외 없이, 일률적이다	148
一再	yízài	뷔 거듭, 반복해서	188
一致	yízhì	혱 일치하다	298
依然	yīrán	뷔 여전히	151
移动	yídòng	됭 옮기다, 움직이다	040
移民	yímín	몡 됭 이민(하다)	151
遗憾	yíhàn	몡 혱 유감(스럽다)	096
疑问	yíwèn	몡 의문, 의혹	240
乙	yǐ	몡 을, 배열 순서의 두 번째	288
以及	yǐjí	젭 및, 그리고	258
以来	yǐlái	몡 이래, 이후	298
亿	yì	슈 억	301
义务	yìwù	몡 의무	039
议论	yìlùn	됭 의논하다, 비평하다	319
意外	yìwài	혱 의외의, 뜻밖의	029

意义	yìyì	명 의의, 의미	096
因而	yīnér	접 그러므로	190
因素	yīnsù	명 요소, 성분	307
银	yín	명 은, 실버	111
印刷	yìnshuā	동 인쇄하다	022
英俊	yīngjùn	형 잘생기다, 재능이 출중하다	097
英雄	yīngxióng	명 영웅	201
迎接	yíngjiē	동 영접하다, 마중하다	206
营养	yíngyǎng	명 영양	034
营业	yíngyè	동 영업하다	106
影子	yǐngzi	명 그림자	287
应付	yìngfu	동 대응하다, 대처하다	294
应用	yìngyòng	동 응용하다	253
硬	yìng	형 단단하다, 딱딱하다	279
硬件	yìngjiàn	명 하드웨어	245
拥抱	yōngbào	동 포옹하다, 껴안다	263
拥挤	yōngjǐ	형 붐비다, 혼잡하다	040
勇气	yǒngqì	명 용기	047
用功	yònggōng	동 노력하다, 열심히 공부하다	188
用途	yòngtú	명 용도	249
优惠	yōuhuì	형 특혜의, 우대의	011
优美	yōuměi	형 아름답다	267
优势	yōushì	명 우세	072
悠久	yōujiǔ	형 오래되다, 유구하다	046
犹豫	yóuyù	동 주저하다, 망설이다	091
油炸	yóuzhá	동 (끓는) 기름에 튀기다	113
游览	yóulǎn	동 유람하다	320
有利	yǒulì	형 유리하다, 이롭다	016
幼儿园	yòuéryuán	명 유치원	043
娱乐	yúlè	명 오락, 예능	251
与其	yǔqí	접 ~하기보다는	086
语气	yǔqì	명 어기, 말투, 어투	122
玉米	yùmǐ	명 옥수수	300
预报	yùbào	명 동 예보(하다)	132
预订	yùdìng	동 예약하다	127

预防	yùfáng	통 예방하다	071
元旦	Yuándàn	고유 원단 [양력 1월 1일]	011
员工	yuángōng	명 종업원	155
原料	yuánliào	명 원료	085
原则	yuánzé	명 원칙	071
圆	yuán	명 원 형 둥글다	279
愿望	yuànwàng	명 희망, 바람	115
乐器	yuèqì	명 악기	127
晕	yūn	형 어지럽다 통 기절하다	296
运气	yùnqì	명 운수, 운세	211
运输	yùnshū	통 운반하다, 수송하다	265
运用	yùnyòng	통 운용하다, 활용하다	184

Z

灾害	zāihài	명 재해, 재난	143
再三	zàisān	부 다시, 재차	122
在乎	zàihu	통 신경 쓰다	224
在于	zàiyú	통 ~에 있다	167
赞成	zànchéng	통 찬성하다	112
赞美	zànměi	통 찬미하다	152
糟糕	zāogāo	형 엉망이 되다, 망치다	319
造成	zàochéng	통 조성하다, 야기하다	260
则	zé	부 바로 ~이다 접 그러나	176
责备	zébèi	통 탓하다, 책망하다, 나무라다	152
摘	zhāi	통 따다, 떼다	248
窄	zhǎi	형 좁다	290
粘贴	zhāntiē	통 붙이다, 바르다	141, 315
展开	zhǎnkāi	통 펴다, 펼치다	203
展览	zhǎnlǎn	통 전람하다	083
占	zhàn	통 차지하다	199
战争	zhànzhēng	명 전쟁	173
长辈	zhǎngbèi	명 손윗사람, 연장자	107
涨	zhǎng	통 (수위나 물가 등이) 올라가다	094
掌握	zhǎngwò	통 장악하다, 정복하다	031

账户	zhànghù	명 계좌	153
招待	zhāodài	동 접대하다, 대접하다	208, 215
着火	zháohuǒ	동 불나다, 불붙다	292
着凉	zháoliáng	동 감기에 걸리다, 바람을 맞다	132
照常	zhàocháng	동 평소대로 하다 부 평상시대로	257
召开	zhàokāi	동 열다, 개최하다	226
哲学	zhéxué	명 철학	171
针对	zhēnduì	동 겨누다, 겨냥하다	016
珍惜	zhēnxī	동 아끼다, 소중히 하다	221
真实	zhēnshí	형 진실하다	296
诊断	zhěnduàn	동 진단하다	157
阵	zhèn	양 차례, 바탕 [잠시 지속되는 동작을 세는 단위]	064
振动	zhèndòng	동 진동하다	064
争论	zhēnglùn	동 논쟁하다	310
争取	zhēngqǔ	동 쟁취하다, 얻다	234
征求	zhēngqiú	동 구하다	120
睁	zhēng	동 (눈을) 크게 뜨다	030
整个	zhěnggè	형 전부의, 전체의	141
整齐	zhěngqí	형 가지런하다, 깔끔하다	319
整体	zhěngtǐ	명 (한 집단의) 전부, 전체	150
正	zhèng	형 올바르다 부 마침	030
证件	zhèngjiàn	명 증거 서류	153
证据	zhèngjù	명 증거	140
政府	zhèngfǔ	명 정부	016, 069, 203, 254
政治	zhèngzhì	명 정치	307
挣	zhèng	동 (돈을) 벌다	282
支	zhī	양 자루	240
支票	zhīpiào	명 수표	315
执照	zhízhào	명 면허증	106
直	zhí	형 곧다	271
指导	zhǐdǎo	동 지도하다	175
指挥	zhǐhuī	동 지휘하다	150
至今	zhìjīn	부 지금까지	316
至于	zhìyú	동 ~에 이르다 전 ~에 대해서	128

志愿者	zhìyuànzhě	몡 지원자	123
制定	zhìdìng	통 제정하다	071
制度	zhìdù	몡 제도	298
制造	zhìzào	통 제조하다, 만들다	106
制作	zhìzuò	통 제작하다, 만들다	085, 166
治疗	zhìliáo	통 치료하다	157
秩序	zhìxù	몡 질서	145
智慧	zhìhuì	몡 지혜	171
中介	zhōngjiè	몡 통 중개(하다)	106
中心	zhōngxīn	몡 중심, 센터	061
中旬	zhōngxún	몡 중순	221
种类	zhǒnglèi	몡 종류	265
重大	zhòngdà	휑 중대하다	126
重量	zhòngliàng	몡 중량, 무게	180
周到	zhōudào	휑 주도면밀하다, 세심하다	215
猪	zhū	몡 돼지	313
竹子	zhúzi	몡 대나무	079
逐步	zhúbù	분 점차	186
逐渐	zhújiàn	분 점점, 점차	306
主持	zhǔchí	통 주최하다, 진행하다	273
主动	zhǔdòng	휑 능동적이다, 자발적이다	114, 255
主观	zhǔguān	휑 주관적이다	310
主人	zhǔrén	몡 주인	200
主任	zhǔrèn	몡 주임	112
主题	zhǔtí	몡 주제	144
主席	zhǔxí	몡 주석, 위원장	187
主张	zhǔzhāng	몡 통 주장(하다)	179
煮	zhǔ	통 삶다, 익히다	248
注册	zhùcè	통 등록하다, 등기하다	153
祝福	zhùfú	몡 통 축복(하다)	259
抓	zhuā	통 꽉 쥐다, 붙잡다, 체포하다	061
抓紧	zhuājǐn	통 꽉 쥐다, 단단히 잡다	195
专家	zhuānjiā	몡 전문가	014
专心	zhuānxīn	휑 전념하다, 몰두하다	273
转变	zhuǎnbiàn	통 바뀌다, 바꾸다	293

转告	zhuǎngào	통 (말을) 전하다	158
装	zhuāng	통 싣다, 포장하다	033
装饰	zhuāngshì	명 통 장식(하다)	216
装修	zhuāngxiū	통 (가옥을) 장식하고 꾸미다	200
状况	zhuàngkuàng	명 상황, 형편, 상태	294
状态	zhuàngtài	명 상태	311
撞	zhuàng	통 부딪히다	314
追	zhuī	통 뒤쫓다, 쫓아가다	118
追求	zhuīqiú	통 추구하다, 탐구하다	096
咨询	zīxún	통 자문하다, 상의하다	101
姿势	zīshì	명 자세, 포즈	267
资格	zīgé	명 자격	198
资金	zījīn	명 자금	282
资料	zīliào	명 자료	278
资源	zīyuán	명 자원	103
紫	zǐ	형 자줏빛, 자줏빛의	318
自从	zìcóng	전 ~에서, ~부터	159
自动	zìdòng	형 자동이다, 자발적으로	278
自豪	zìháo	형 스스로 자랑스럽게 생각하다	147
自觉	zìjué	통 자각하다, 스스로 느끼다	008
自私	zìsī	형 이기적이다	091
自由	zìyóu	명 형 자유(롭다)	291
自愿	zìyuàn	통 자원하다	123
字母	zìmǔ	명 알파벳	179
字幕	zìmù	명 자막	077
综合	zōnghé	통 종합하다	174
总裁	zǒngcái	명 총재	232
总共	zǒnggòng	부 모두, 전부	269
总理	zǒnglǐ	명 총리	187
总算	zǒngsuàn	부 마침내, 드디어	169
总统	zǒngtǒng	명 총통, 대통령	007
总之	zǒngzhī	접 요컨대, 한마디로 말하면	307
阻止	zǔzhǐ	통 저지하다, 막다	073
组	zǔ	명 조, 그룹, 팀 양 조, 벌, 세트	236
组成	zǔchéng	통 조성하다, 구성하다	252